zu Fuß und per Rad

Grünes Band entlang der Altmark

Impressum

Bibliografische Informationen der Deutschen
Nationalbibliothek
Die Deutsche Nationalbibliothek verzeichnet
diese Publikation in der Deutschen National-
bibliografie; detaillierte bibliografische Daten
sind im Internet über
http://dnb.d-nb.de abrufbar.

ISBN: 978-3-95894-236-3 (Print)

© Copyright: Omnino Verlag, Berlin / 2023

Bildnachweis

Cover, Seite 6, Seite 9 oben: Klaus Leidorf,
Aerial Photography (www.leidorf.de)
U3: Sabrina Gorges
Seite 8 unten: Jürgen Starck
Seite 115, 133, 143, 161, 181, 207, 217, 267, 277,
278, 321, 322: Beatrix Flatt
Seite 14, 16, 17, 18: Sabrina Gorges
Seite 106, 107: Thorsten Franz
Seite 327: Michael Cramer
Coverrückseite, 12, 13, 20, 21, 26, 27, 29, 30,
34, 35, 37, 38, 40, 44, 45, 47, 48, 52, 53, 55,
56, 58, 64, 65, 67, 72, 73, 75, 76, 80, 81, 83,
84, 90, 91, 93, 94, 98, 99, 101, 102, 109, 110,
116, 117, 119, 120, 124, 125, 127, 134, 135, 137,
144, 145, 147, 148, 152, 153, 155, 162, 163, 165,
166, 170, 171, 173, 174, 176, 182, 183, 185,
186, 190, 191, 193, 194, 198, 199, 201, 202,
208, 209, 211, 212, 218, 220, 221, 223, 224,
229, 230, 231, 233, 234, 238, 239, 241, 242,
246, 247, 249, 250, 256, 257, 259, 260, 268,
269, 271, 272, 280, 281, 283, 284, 286, 290,
291, 293, 294, 297, 304, 305, 307, 308, 312,
313, 315, 316, 324, 325, 328, 329, 330, 331:
Amanda Hasenfusz

Karten:
Kartendaten: © OpenStreetMap-Mitwirkende,
SRTM. Kartendarstellung: © OpenTopoMap
(CC-BY-SA). Erstellt mit: GPXSee, GPLv3.

Amanda Hasenfusz
Beatrix Flatt

GRÜNES
BAND ENTLANG DER
ALTMARK

ERLEBNISROUTEN ZU NATUR UND GESCHICHTE

Inhalt

Grünes Band bei Haselhorst

Vorwort

Ursprünglichkeit und Wildnis, Geschichte und jede Menge Erinnerungskultur – all dies ist seit mehr als 30 Jahren am Grünen Band zwischen Altmark, Wendland und Heideregion reichlich zu finden. Mit diesem Reisebuch haben wir das „Green Belt County" erschlossen. Mehr als 30 Wander- und Radtouren über eine Grüne-Band-Länge von ca. 200 km – aufgeteilt in appetitliche Tagestouren über Längen von 7 bis 37 km – sind entstanden. Wir setzen auf eine nachhaltige Regionalentwicklung, nicht auf Massentourismus. Nutzen Sie unsere Wegevorschläge, um das zukünftige UNESCO Welterbe und derzeitige Nationale Naturmonument zu entdecken.

Deutschland ist ein Land, in dem stille Gegenden und wilde Ursprünglichkeit kaum noch zu finden sind. Umso schöner ist es, dass wir Ihnen mit diesem Reisebuch wertvolle Landschaftsschmuckstücke vorstellen können, in denen Sie beides genießen können. Das Grüne Band zwischen Altmark, Wendland und Heideregion, von uns „Green Belt County" genannt, ist ein touristisch weitgehend unerschlossenes Gebiet. In gewisser Weise war es lange Zeit das Ende der Welt, dort wo sich Ost und West im „Kalten Krieg" gegenüberstanden. Heute ist es ein wertvoller Biotopverbund voller Leben und Erinnerungen.

Das Motto des Grünen Bandes Deutschland lautet seit 1990: Vom Todesstreifen zur Lebenslinie. Und das ist es auch geworden – eine Lebenslinie, auf der nicht nur seltene Tier- und Pflanzenarten eine Heimat oder einen Wanderkorridor gefunden haben, sondern auch Menschen, die die Natur in ihrer Originalität zu schätzen wissen. Von all dem erzählen wir in diesem Buch – von Menschen, Tieren und Pflanzen. Entlang der Wanderwege und Radrouten sieht man sie, hört man sie, kann vielleicht in Kontakt mit ihnen treten.

Immer wieder wurden wir im Laufe der letzten Jahre gefragt: Wo kann

Geschichte erleben: an der ehemaligen deutsch-deutschen Grenze (Wirler Spitze)

Grünes Band bei Haselhorst

man entlangwandern oder Rad fahren am Grünen Band in unserer Region? Was gibt es zu sehen? Was macht das Grüne Band aus – jetzt, wo es auf dem Weg zum UNESCO Welterbe ist? Aus diesem Grund haben wir uns auf den Weg gemacht. Die Routen, die wir Ihnen vorstellen, wurden von uns in der Landschaft getestet, bebildert und umfassend beschrieben. Jeder einzelne Weg. Anderthalb Jahre haben

wir gebraucht, um alles zusammenzutragen. Wir „erschließen" etwas, worauf einige Zeit gewartet wurde. Einheimische dürfen genauso gespannt sein auf unsere Routenvorschläge wie Leute, die neu in die Region kommen oder touristische Gäste sind.

Das Gebiet, das wir „Green Belt County" nennen und dass wir mit diesem Buch beschreiben, hat insgesamt eine Länge von etwa 200 km. Es liegt zwischen dem UNESCO Biosphärenreservat Drömling und dem UNESCO Biosphärenreservat Elbe. Wir sind in der Altmark in Sachsen-Anhalt unterwegs, in der Prignitz, in der Börde, aber auch im Wendland und der Heideregion in Niedersachsen.

Ein solches Reisebuch ist unseres Wissens bisher einmalig für das Grüne Band in Deutschland. Zwar gibt es diverse Reiseführer und Bildbände zum Thema – diese haben jedoch das gesamte Grüne Band im Fokus: 1.400 km als eine durchgehende Strecke. Wir haben dieses Buch bewusst anders konzipiert – für einen speziellen Abschnitt des Grünen Bandes, eben des „Green

Belt Countys", und in leichten bis mittelschweren Radrundtouren oder Rundwanderungen. Tagestouren, die man bequem zurücklegen kann. Von 7 bis 37 km. Startpunkt gleich Zielpunkt. Viel Spaß!

Ihre Autorinnen
Amanda Hasenfusz (Routen am Grünen Band) & **Beatrix Flatt** (Menschen am Grünen Band)

P.S.: Nehmen Sie gerne Ihre Hunde mit auf die Wandertouren. Achten Sie jedoch auf die Naturschutzregeln. Wer mit dem E-Bike fährt sollte die E-Bike-LADEpünktchen-Stationen in der Altmark und im Wendland im Auge behalten. Mehr dazu in diesem Buch.

Zur Handhabung dieses Reisebuches

» Ein kurzer Einstiegstext weist in die Routen ein.
» Basisinfos (Start/Ziel, Anfahrt, Parkplätze, Längen und Zeiten) am Anfang jeder Routenbeschreibung.
» Eine ausführliche Tourenbeschreibung hilft den Weg und die Highlights zu finden.
» Die Karten dienen der Orientierung. Kompass mitnehmen (meist im Smartphone vorhanden).
» Tipps und Fakten bereichern die Textinformationen.
» Texte zu Menschen, die am Grünen Band leben, erzählen besondere Geschichten.
» Informationen zur Historie des Grünen Bandes und eine Listung der Grenzmuseen sind ebenfalls im Reisebuch gelistet.
» Bitte denken Sie daran, dass die ausgewiesenen Routen in der Landschaft nicht ausgeschildert sind.
» Die Radwegeleitsysteme in den Landkreisen sind unterschiedlich gut ausgeprägt.

Kanu, Kanadier, Schlauchboote, Paddeln & Wasser-Erlebnistouren

Anbieter, Ausleihe & Führungen

Biosphärenreservat Flusslandschaft Elbe
Infozentren
www.flusslandschaft-elbe.de/
informationszentren

Kanustation Elbtalaue
Hauptstr. 52 a
39615 Wahrenberg
www.kanustation-elbe.de
www.kanustation-gartow.de

elbe-kanu
Lange Str. 52
39615 Werben (Elbe)
www.elbe-kanu.de

Burg Lenzen
Burgstr. 3
19309 Lenzen
www.burg-lenzen.de/burg_lenzen/
kanus-und-sups

ALBIA KANU – Abenteuer Elbe
Am Hafen 4
29490 Neu Darchau
www.albia-kanu.de

Sofafloss Hitzacker
Altes Zollhaus Hitzacker
Zollstr. 2
29456 Hitzacker (Elbe)
www.museum-hitzacker.de/
exkursionen/zur-buchung

**einfachlosmachen
– Naturerlebnisse**
Hauptstr. 24
29471 Gartow und
Ernst-Thälmann-Str. 19
39615 Aulosen
www.einfachlosmachen.de

Elements Naturerlebnishof
Kirchweg 14
39615 Vielbaum
www.elements-nature.com

Wavecrest
Kremlin 1
29487 Luckau / OT Kremlin
www.canoes.de

Kreativhof Kunrau
Alte Bahnhofstr. 12
38486 Klötze / OT Kunrau
www.kreativhof38.de

Spielregeln in Naturschutzgebieten

In Naturschutzgebieten, im Nationalen Naturmonument und in den Biosphärenreservaten gibt es ein paar „Spielregeln":

» Verhalten Sie sich ruhig und rücksichtsvoll gegenüber Natur und Reisenden.
» Keine Wildpflanzen pflücken und keine Wildtiere erschrecken.
» Bitte die Wege nicht verlassen.
» Bitte keine Abfälle hinterlassen.
» Hunde an der Leine führen.
» Grillen und offenes Feuer sind nicht erlaubt.
» Wassersport nur in den dafür vorgesehenen Bereichen.

Wachturm an der ehemaligen deutsch-deutschen Grenze

Geschichte der DDR-Grenzanlagen und des Grünen Bands

von Prof. Dr. Thorsten Franz

Der heute „Grünes Band" genannte Grenzstreifen war bis zur Grenzöffnung Teil des DDR-Grenzsicherungs- bzw. Sperrsystems. Es gibt das „Grüne Band" also nur auf dem Gebiet der ehemaligen DDR. Der Grenzstreifen war auf Grundlage einer Polizeiverordnung aus dem Jahre 1952 errichtet worden. Der Aufbau des Grenzsicherungssystems und die „Ordnung" im Grenzgebiet war Gegenstand etlicher Verordnungen und Anordnungen. Im Folgenden wird die Situation unmittelbar vor der Grenzöffnung dargestellt:

Das DDR-Grenzsicherungssystem bestand aus einem 5-km-Sperrgebiet, das nicht frei betreten werden durfte. Die Bewohner:innen waren durch einen besonderen Eintrag im Personalausweis als Sperrgebietsbewohner ausgewiesen. Besucher:innen des Sperrgebietes benötigten einen Passierschein. Soldat:innen der Grenztruppen, die in der Regel in Grenzkasernen wohnten, kontrollierten das Grenzgebiet und hielten die Grenzanlagen instand.

An den Straßenzugängen zum 5-km-Sperrgebiet gab es an Schranken Polizeikontrollposten („Kontrollpassierpunkte"). Etwa 500 Meter vor der Grenze begann der Schutzstreifen. Er bildete eine Zone erhöhter Sicherung und Kontrolle. Der Schutzstreifen war in der Regel mit dem im Jahr 1973 errichteten Schutzstreifenzaun („Grenzsicherheitssignalzaun" bzw. „Grenzsignal- und Schutzstreifenzaun" – GSSZ) begrenzt, bestehend aus (meist) mit Stacheldraht bespannten (mitunter auch Streckmetall) 2, 4 Meter hohen Betonpfosten mit V-förmigen Abweisern sowie Alarmdrähten, durch die Schwachstrom lief. Hinzu kamen elektrische oder akustische Signalanlagen.

Aus Grenzanlagen & Todesstreifen wurde eine Lebenslinie für Flora, Fauna & Menschen.

Teile des Schutzsteifens wurden von an Laufanlagen befestigten Kettenhunden oder in Zaunanlagen laufenden Hunden, den sog. Trassenhunden, überwacht. In der Nacht wurden als besonders überwachungsbedürftig geltende Abschnitte des Schutzstreifens beleuchtet („Lichttrasse"). Unmittelbar vor dem Signalzaun befand sich in der Regel ein zwei Meter breiter, vegetationsloser Spurensicherungsstreifen (K 2), der einmal im Monat geeggt wurde. So hielten sich im Schutzstreifen außer den wenigen Bewohnern in der Regel nur Grenzsoldaten und „freiwillige Helfer der Grenztruppen" (FHG) auf, die meisten aus Ortschaften des Sperrgebiets.

Hinzu traten zivile Arbeiter, die etwa als Landwirte im Schutzstreifen Felder bewirtschafteten, als Forstarbeiter Gehölzaufwuchs beseitigten, als Fachkräfte der agrochemischen Zentren Herbizide ausbrachten oder als Monteure und Techniker Stromleitungen oder Brücken reparierten. Sie verrichteten diese Arbeiten in ständiger Begleitung von Wachkommandos. Durch Tordurchlässe im Schutzstreifenzaun, bewacht von in der Regel zwei Grenzsoldaten, führten Fahrwege zum Kolonnenweg, einem Grenzkontrollweg von 2,80 Meter Breite, bestehend aus Lochbeton-Fahrspurplatten im Abstand von 80 Zentimetern (jeweils 3 Meter Länge, 1 Meter

17

Grenzturm am Grünen Band bei Dahrendorf

Breite und 0,19 Meter Höhe). An den Zufahrtswegen zum Kolonnenweg befanden sich im Schutzstreifen im Abstand von ca. 3 Kilometern (im Jahr 1989) insgesamt 434 Beobachtungstürme, von denen aus die Grenzsoldaten freies Sicht- und Schussfeld zur Überwachung der Grenze hatten. Um dieses zu gewährleisten war Gehölzaufwuchs in einem etwa 100 Meter breiten Streifen an der Grenze entfernt und Bodenunebenheiten und Sichthindernisse eingeebnet worden. Neben den Wachtürmen gab es Betonerdbunker, die allerdings nicht ständig besetzt waren. Direkt neben dem Kolonnenweg befand sich der

in der Regel 6-10 Meter breite Kontrollstreifen (Spurensicherungsstreifen K 6 bzw. K 10), der auch „Todesstreifen" genannt wurde. Dieser wurde regelmäßig gepflügt/geeggt und oft mit Unkrautvernichtungsmitteln behandelt. Hinter dem Kontrollstreifen folgte in der Regel ein Kfz-Sperrgraben (auf 602 Kilometer), in dem „feindwärts" meist Betonplatten (Kasettenplatten) eingelegt waren. An Teilabschnitten der Grenze waren auch doppelte Sperrgräben (mitunter auch doppelte Sicherungsstreifen) angelegt. An den Sperrgraben grenzte in einem Abstand von 5-10 Meter der Grenzzaun, der auf ca. 870 Kilometer

Noch vorhandene DDR-Grenzwachtürme in Sachsen-Anhalt

Abkürzungen: BT = Beobachtungsturm; v = viereckig; FüSt = Führungsstelle; 2x2 = 2 m x 2 m; 4x4= 4 m x 4 m; BT 6, BT 9 oder BT 11 = Turm von 6, 9 oder 11 m Höhe (Betonfertigteile zylindrisch oder quadratisch). Zur Höhe der Türme werden im Internet unterschiedliche Meinungen vertreten.

Von einst ca. 50 Grenztürmen stehen noch:

» **Bömenzien** BTv 2x2 (BT 9), Baujahr: um 1977/79 (nächster nds. Ort: Nienwalde)
» **Dahrendorf** FüSt BTv 4x4 (BT 9), Baujahr: nach 1976 (nächster nds. Ort: Harpe)
» **Diesdorf/Lindhof** BTv 4x4 (BT 9), Baujahr: nach 1976 (nächste nds. Ort: Rade) dieser Turmbefindet sich weiter im Landesinneren und diente nicht unmittelbar der Grenzsicherung
» **Harbke** Autobahn Metallturm, Baujahr: 1978
» **Harbke** Autobahn Kommandantenturm der Grenzübergangsstelle Marienborn, Baujahr: um 1972/74
» **Hötensleben** I FüSt BTv 4x4 (BT 9), Baujahr: 1977-78 (nächster nds. Ort: Schöningen)
» **Hötensleben** II BT11-rund, Baujahr: um 1971; teilabgebaut/Höhe reduziert um 1976 (nächster nds. Ort: Schöningen)
» **Hoyersburg** FüSt BTv 4x4 (BT 9), Baujahr: nach 1976 (nächster nds. Ort: Lübbow)
» **Jahrstedt** (Böckwitz) FüSt BTv 4x4 (BT 9), Baujahr: nach 1976 (nächster nds. Ort: Zicherie)
» **Jeebel** (Chüden) BTv 2x2 (BT 11), Baujahr: um 1977/79 (nächster nds. Ort: Volzendorf)
» **Morsleben** (Ingersleben) FüSt BTv 4x4 (BT 9), Baujahr: nach 1976 (nächster nds. Ort: Bad Helmstedt)
» **Rhoden** FüSt BTv 4x4 (BT 9), Baujahr: nach 1976; verputzt (nächster nds. Ort: Rimbeck)
» **Seeben** (Seebenau) FüSt BTv 4x4 (BT 9), Baujahr: nach 1976 (nächster nds. Ort: Luckau)
» **Sorge** (Harz) BTv 2x2 (BT 9), Baujahr: unbekannt à vmtl. um 1977/79 (nächster nds. Ort: Braunlage)
» **Veltheim/Hessen** (Hessendamm) FüSt BTv 4x4 (BT 9), Baujahr: nach 1976 (nächster nds. Ort: Mattierzoll)
» **Walbeck** BTv2x2 (BT 9); Baujahr: um 1977/79; ungenehmigt zerlegt/im Neuaufbau, (nächster nds. Ort: Mariental)
» **Flecken Weferlingen** FüSt BTv 4x4 (BT 9), Baujahr: nach 1976 (nächster nds. Ort: Grasleben)

STRECKMETALLZAUN
GRENZSICHERUNG HIER AB 1968
EINBAU DER MINEN AB 1970
AB JULI 1970 SM 70
ABBAU DER MINEN AB OKTOBER 1984

Grenzlehrpfad bei Böckwitz-Zicherie mit Streckmetallzaun

Länge (ab etwa 1979) aus Betonpfosten mit einem in der Regel etwa 3,20 Meter hohen Streckmetallzaun bestand. Vom Jahr 1971 bis zum Jahr 1984 waren am Grenzzaun auf einer Länge von ca. 450 Kilometer (zuletzt 71.000) Selbstschussanlagen (Splitterminen SM 70) montiert. Im Bereich zwischen Sperrgraben und Grenzzaun waren vom Jahr 1961 bis Ende 1979 auf einer Strecke von ca. 850 Kilometer ca. 1,3 Millionen Bodenminen verlegt worden. Als (eine) Gegenleistung für einen Milliardenkredit der Bundesrepublik im Jahr 1983 beseitigte die DDR bis zum 30.11.1984 die SM-70 sowie bis zum Oktober 1985 alle (auffindbaren) Bodenminen.

Hinter dem Grenzzaun befand sich ein von Gehölzaufwuchs freigehaltener Geländestreifen („vorgelagertes Hoheitsgebiet") von ca. 50 bis 100 Meter bis zur Staatsgrenze, der fälschlich mitunter als „Niemandsland" bezeichnet wurde. In diesem Geländestreifen (mithin noch vor der Grenze) standen etwa 1,80 m hohe schwarz-rot-goldene DDR-Grenzmarkierungssäulen (Grenzsäulen) mit DDR-Metallemblem. Dieser Geländestreifen wurde nicht von Wehrpflichtigen, sondern von einer Sondereinheit aus Zeit- oder Berufssoldaten, den Grenzaufklärern, überwacht. Die Staatsgrenze selbst war durch eher unscheinbare Grenzsteine mit der

Wer hat den DDR-Grenzzaun produziert?

Der Steckmetallzaun/Metallgitterzaun war auf einer Länge von 1.265 km (Stand 30.06.1989) zwischen der DDR und BRD installiert. Zunächst war der Zaun unverzinkt. Ab ca. 1974 gab es feuerverzinkte Streckmetallzäune aus Stahl.

Darüber, wer den Zaun gebaut hat, gehen die Meinungen bis heute weit auseinander. Die Informationen stammen meist von Menschen, die in Ost oder West direkt mit dem Zaun und dessen Bau zu tun hatten (Bundesgrenzschutz, Grenztruppen der DDR) oder von Historikern. In der Forschungsliteratur konnte bislang noch kein eindeutiger Hinweis auf die Produktionsstätten des Streckmetallzaunes gefunden werden. Die Frage des Zaunbaus ist also eine offene Forschungsfrage, der sich Historiker dringend stellen müssten. Kurz zusammengefasst hört und liest man derzeit dies:

» Produktion in der BRD (z. B. Mannesmann, Salzgitter AG, Thyssen-Krupp, Buderus), danach Lieferung ins neutrale Schweden, Abkauf durch die DDR.
» Produktion in der UdSSR und in der DDR (z. B. VEB Eisenhüttenwerke Thale, VEB Press- und Stanzwerk Raguhn, VEB Metallweberei Neustadt)

Wer hat Recht? Liebe Historiker, macht euch an die Arbeit. Dieses Geheimnis sollte nach mehr als 30 Jahren Mauerfall gelüftet werden.

Streckmetallzaun in der Ausstellung des Swinmark Grenzlandmuseum Göhr

Aufschrift „DDR" gekennzeichnet. Im Sperrgebiet waren die Grenztruppen (mit Zivilbeschäftigten ca. 50.000 Personen) in Grenzkasernen untergebracht (bis zum Jahr 1989 etwa 70), die sich am Rand oder abseits von Sperrgebietsorten befanden. Über die sog. Grenzübergangsstellen (GÜST) wurde der Transitverkehr zwischen der Bundesrepublik und West-Berlin (so etwa GÜST Marienborn) sowie ab 1973 über eigens dafür eingerichtete GÜST auch der sog. grenznahe Verkehr bzw. „kleine" Grenzverkehr (z. B. GÜST Salzwedel) geleitet. Der Abbau der Grenzanlagen begann mancherorts bereits im Dezember 1989. Den staatlich organisierten Abbau besorgten zunächst Grenztruppen. Zudem eigneten sich viele Privatpersonen Teile der Grenzanlagen an (Grenzsäulen, Lochplatten und vor allem Streckmetallzaunelemente). Der vollständige Abbau der Zaunanlagen zieht sich bis Mitte der neunziger Jahre hin. Die bundeseigene Gesellschaft zur Rekultivierung und Verwertung von Grundstücken mbH, die auch ehemalige Angehörige der Grenztruppen beschäftigte, besorgte in den Jahren 1990 bis 1995 die (nochmalige) Beräumung der Minenfelder. Mit dem Abbau der Grenzanlagen wurden in den 1990er-Jahren auch private Firmen beauftragt. Übrig blieben nur Reste der Grenzanlagen. Relikte der Grenzgeschichte sind aber auch Reste baulicher Anlagen in Grenznähe, die nach Zwangsaussiedlungen im Rahmen der sog. „Aktion Ungeziefer" (Juni 1952) und der Aktion „Kornblume" (Oktober 1961) geschleift worden waren. Zwangsaussiedlungen mit der Beseitigung von baulichen Anlagen der Ausgesiedelten gab es auch außerhalb dieser beiden Aktionen.

Lit.: Bauer/Hein/Liebig (Hrsg.), Halt! Stehenbleiben! Grenze und Grenzregime der DDR, 2016; Baumgarten/Freitag (Hrsg.), Die Grenzen der DDR. Geschichte, Fakten, Hintergründe, 2004; BUND, Spurensuche am Grünen Band, 2015; Dullau, Die tödliche Grenzsicherung der DDR. Kommentiertes Faktenwissen, 2017; Grafe, Die Grenze durch Deutschland: Eine Chronik von 1945 bis 1990, 2008; Heimat-, Kultur- und Museumsverein Abbenrode e. V., Die innerdeutsche Grenze im Nordharz, 2019; Kaminsky (Hrsg.: Bundeszentrale für Politische Bildung), Orte des Erinnerns: Gedenkzeichen, Gedenkstätten und Museen zur Diktatur in der SBZ und DDR, 2007; Koop, Die Grenzsicherung der DDR, 1996; Lapp, Frontdienst im Frieden – Die Grenztruppen der DDR. Entwicklung – Struktur – Aufgaben, 2. Aufl., 1987; Lapp, Grenzregime der DDR, 2013 (mit vielen weiteren Literaturangaben S. 578 ff, 587 ff.); Maurer, Halt - Staatsgrenze!: Alltag, Dienst und Innenansichten der Grenztruppen der DDR, 2. Aufl., 2016; Neumann, Das Grenzkommando Nord. Standort Stendal. Die Chronik. Gedient von der Ostsee bis zum Harz, 2017; Ritter/Lapp, Die Grenze – Ein deutsches Bauwerk, 7. Aufl., 2011; Ritter/Lapp, Deutschland grenzenlos. Bilder der deutsch-deutschen Grenze. Damals und heute, 2015; Schultke, Keiner kommt durch. Die Geschichte der innerdeutschen Grenze und der Berliner Mauer 1945-1990, 2008; Thoß, Gesichert in den Untergang. Die Geschichte des DDR-Westgrenze, 2004; ZEIT Geschichte 5/2019 „Die Grenze".

Grenzmuseen zwischen Drömling, Altmark, Wendland & Elbe

Grenzmuseum Böckwitz-Zicherie
Im Rundling 2
38486 Klötze
OT Böckwitz
www.grenz-museum.de

Museum Deutsche Einheit
Bad Bodenteich
Burgstraße 8
29389 Bad Bodenteich
www.grenzmuseum-bodenteich.de

Swinmark-Grenzlandmuseum
Göhr Nr. 13
29465 Schnega
OT Göhr
www.swinmark-grenzlandmuseum.de

Johann-Friedrich-Danneil-Museum
An der Marienkirche 3
29410 Hansestadt Salzwedel
www.museen-altmarkkreis.de/johann-friedrich-danneil-museum
(Mini-Ausstellung mit Einzelstücken zur DDR-Grenze)

Grenzland-Museum Schnackenburg
Am Markt 4
29493 Schnackenburg
www.museum-schnackenburg.de

Daten & Fakten zum Grünen Band Deutschland

Natur am Grünen Band Deutschland
- » 1.393 km lang (50-200 m breit)
- » höchster Punkt: Brocken im Harz (1.141 m)
- » niedrigster Punkt: Ostsee bei Priwall
- » 146 Lebensraumtypen
- » 177 km² Fläche
- » über 5.200 Tier- und Pflanzenarten
- » mind. 1.200 Arten der Roten Liste
- » 65 % der Fläche gefährdete Biotoptypen
- » 87 % der Fläche und 1.120 km der Länge noch naturnah
- » 158 Naturschutzgebiete, 4 Biosphärenreservate, 1 länderübergreifen-
  der Nationalpark, 4 Nationale Naturmonumente
- » ca. 12 % durch Infrastrukturen (Straßen, Gewerbegebiete) und Landnutzung zerstört
- » ca. 450 Straßen queren das Grüne Band | 12 x kreuzen Autobahnen das
  Grüne Band
- » auf ca. 170 km weist das Grüne Band Lücken auf
- » Teil des 12.500 km langen Grünen Bandes Europa (Green Belt Europe)

Innerdeutsche Grenze
- » 37 Jahre Grenzsicherung (1952-1989)
- » mehrere Hundert getötete Personen bei Fluchtversuchen
- » über 100 geschleifte Ortschaften und Gehöfte (Altmark: Groß Grabenstedt, Jahrsau, Stresow)
- » mind. 14.000 zwangsumgesiedelte Personen (Aktion „Ungeziefer" und
  Aktion „Kornblume")
- » 1.265 km Metallgitterzaun, 578 Beobachtungstürme zur Grenzüber-
  wachung, 1,3 Millionen Antipersonenminen, 2.622 Grenzsäulen, 13
  Grenzbojen, 9.079 Grenzsteine, 1.339 km Kolonnenweg, fast 1 Million
  Lochbetonplatten, 473 Erdbeobachtungsstellen

Politische Bedeutung des Grünen Bandes
- » 48 Grenzmuseen und -gedenkstätten
- » 9 Bundesländer, 37 Landkreise/kreisfreie Städte, 130 Gemeinden
- » über 15.000 Flurstücke liegen am Grünen Band
- » seit 2005 als „Nationales Naturerbe"
- » seit 2007 im Bundesnaturschutzgesetz als Teil des „Nationalen Biotopverbundes" verankert
- » Leuchtturmprojekt in der Nationalen Strategie zur biologischen Vielfalt
- » Rückgrat im „Bundeskonzept Grüne Infrastruktur"
- » Nationales Naturmonument in Thüringen, Sachsen-Anhalt, Hessen und
  Brandenburg
- » seit 2023 auf dem Weg zum UNESCO Welterbe

E-Bike-Service für die Region

LADEpünktchen Altmark

E-Bike-Gäste der Altmark und E-Bike-Alltagsradelnde können auf ein flächendeckendes Netzwerk von 100 E-Bike-Ladestationen namens „LADEpünktchen" zurückgreifen. LADEpünktchen sind ausgewiesen. An ihnen können E-Bikes schnell und unkompliziert mittels Steckdose aufgeladen werden.

Der Verein „AltmarkMacher" hat dieses Netzwerk im Jahr 2023 aufgebaut und digital vernetzt. Ein passendes Schild weist vor Ort an den Ladestellen auf den Service hin. Über zwei QR-Codes können die nächsten Stationen geortet werden. Kinderleicht das Ganze!

Infos
www.altmarkmacher.de/machen/ladepünktchen

VON OEBISFELDE RÜBER

INS BENACHBARTE VELPKE

Tour-Info	Im beschaulichen Oebisfelde, dem „Tor zum Drömling", erwartet uns die älteste Sumpfburg Europas, dahinter die Parkanlage „Dämmchen" mit dem Skulpturenpark. Unweit fließt das Grenzflüsschen „Aller", das wir während unserer Tour zweimal queren. Velpke punktet mit einer guten touristischen Geopark-Infrastruktur rund um seine Seen.
Start & Ziel	Burg Café | Burgstr. 22 | 39646 Oebisfelde
Art	Radrundweg
Länge & Dauer	23 km | 4 h
Kategorie	mittelschwer
Hinkommen & Parken	Auto & Rad: Haldensleben, Gardelegen, Wolfsburg, B 188, B 244, L 22, L 24 Bahn & Bus: www.insa.de | www.vrb-online.de Parken: Burgstr. oder andere öffentliche Parkplätze in der Nähe der Burg
Tipps	» Öffnungszeiten Burg Café Oebisfelde: Vorab auf Instagram checken. Nur Montag Ruhetag. » 24 h/7 Tage-Regionalwarenkiosk „Regiomat" am Gut Büstedt kurz vor Velpke mit Einkaufsoption für Picknick. » Ausreichend Plätze für Picknicks vorhanden. » Die „Velpker Schweiz" mit ihren Seen ist kein Badegebiet. Ehemaliges Abbaugebiet.

Sumpfburg Oebisfelde

Ältestes Gebäudeensemble dieser Art in Europa. Vermutlich aus dem 10. Jahrhundert. Schmucker, gut sanierter Bau mit Ausstellungen auf 4 Etagen im Burg- und Heimatmuseum. Anfang Mai bis Anfang Oktober sonntags und feiertags am Nachmittag offen.

Startpunkt ist das „Burg Café" in unmittelbarer Nähe der **1** Sumpfburg Oebisfelde. Wir schauen uns den Innenhof und die Außenanlagen der Burg an. Hier ist der Heimatverein Oebisfelde aktiv und bietet sowohl im Außen- wie im Innenbereich der Burg Sehenswertes. Auch der Altstadtrundweg mit Park „Dämmchen" lohnt – siehe dazu: www.heimatverein-oebisfelde.de/altstadtrundweg.

Uns zieht es erstmal hinaus in die Landschaft. Durch den Park seitlich auf die L 22 Richtung Velpke. Dazu entweder direkt die Lange Straße nutzen oder kurzen Umweg über den Park „Dämmchen" machen. Radwege vorhanden. Wir treffen zuerst auf das Grenzflüsschen Aller mit einem Grenzkunstwerk und einer riesigen Infotafel zum Thema DDR-Grenzsicherungssystem. Schöner Blick auf das Grüne Band rechts und links mit feuchten Wiesen und extensiver Tierhaltung. Dann weiter zum Gut Büstedt. Wer nichts für ein Picknick dabei hat, kann hier in einem Regiomat

„Frisches vom Lande rund um die Uhr" einkaufen.

Wir fahren über die K 61 auf dem Radweg bis nach Wahrstedt über die Stendaler Straße, immer entlang der Straße des Ortes. Ca. 500 m nach der St. Petrus-Kirche rechts rein in den Weg Am Springberg/Stendaler Straße. Ungefähr 1 km Richtung Norden entlang alter Teichanlagen (links) radeln. Viele nette Picknickplätze an diesen Teichen. Rechts des Weges fließt der Katharinenbach. Gut fahrbare Schotterpiste. Nach dem km links rein, weiter ca. 250 m fahren, dann erwartet uns rechts der **2** Findlingsgarten Velpke, der zum UNESCO Geopark Harz. Braunschweiger Land. Ostfalen gehört. Große Infotafeln und Einzelerläuterungen an den Findlingen vorhanden, netter Platz für Picknick und sehr gute Sicht ins Land im oberen Bereich des kleinen Parks an der großen Eiche.

UNESCO Geopark Harz

Braunschweiger Land. Ostfalen: Ein Geopark ist ein erdgeschichtlich bedeutendes Gebiet mit Felsen, Steinbrüchen und anderen Geotopen von besonderer Seltenheit und Schönheit. 450 Millionen Jahre Erdgeschichte haben zwischen Harz und Heide ihre Spuren hinterlassen. Informationen dazu auf den vielen Infotafeln vor Ort.

Findlingsgarten Velpke (UNESCO Geopark)

Velpker Schweiz

Seit 1969 Landschaftsschutzgebiet. Altes Steinbruch- und Kiesabbaugelände. Abbau des Velpker Rhät-Sandsteins seit 1640. Die Steine wurden für zerstörte Kirchen, Klöster und Befestigungsanlagen nach dem 30-jährigen Krieg verwendet. Später Baumaterial für repräsentative Bauten (TU-Gebäude Braunschweig). Heute kein Abbau mehr. Die Steinbrüche haben sich mit Wasser gefüllt. Spannende Folgelandschaft mit Hügeln, Tälern, Wasser, Wald und Röhricht. www.elm-lappwald.de/ausflugsziele/die-velpker-schweiz

Hinter der mächtigen Eiche weiter Richtung Nordwest – ein schmaler Weg. Bei Gegenverkehr absteigen. Es wird leicht hügelig. Wir sind in den Ausläufern der **3** Velpker Schweiz. Eine alte Bahnlinie queren, dann weiter Richtung Westen entlang des großen Velpker Kies-Sees. Diesen leicht umrunden – der Karte im Buch folgen. Oft sehr schmale Wege! Wir treffen im südlichen Bereich des Sees wieder auf die alte Bahnlinie und folgen dieser immer südlich fahrend ca. 1 km nach Velpke hinein. Über die Bahnhofstraße/

Burg Café in Oebisfelde

Mittelstraße östlich weiter. Nach ca. 2 km: Zuerst neue Wohnbebauung, dann Wald mit Hügeln. Rechts weiter Richtung K 61, Oebisfelder Straße, links ca. 100 m, dann wieder rechts rein in die Kirchstraße und hinaus in die Landschaft. Über asphaltierte Feldwege nach Bahrdorf – viele Wiesen und Felder rechts und links.

Links halten und Richtung Gehrendorf fahren. Jetzt queren wir das **4** Grüne Band nochmals: großes braunes touristisches Infoschild mit Daten zur Grenzöffnung. Links ist das Grüne Band sehr schmal, fast nicht mehr zu sehen. Rechts Idealzustand des Biotopverbundes mit feuchten, großen Wiesen und lichtem Baumbestand.

Adressen

Burg Café
Burgstr. 22
39646 Oebisfelde
www.instagram.com/
burgcafe_oebisfelde

Grenzausstellung mit Originalen
und Modellen
Oebisfelder Heimatverein e. V.
Ritterstr. 9
39646 Oebisfelde
www.heimatverein-oebisfelde.de

Touristinfo Oebisfelde
in der Buchhandlung-Hoffmann
Burgstr. 9
39646 Oebisfelde
www.allerradweg.de/
ausflugsziele/poi/
tourist-information-oebisfelde

Tourismusregion Elm-Lappwald
Poststr. 3
38350 Helmstedt
www.elm-lappwald.de

Geopark Trägerverein Braunschweiger Land – Ostfalen e. V.
Niedernhof 6
38154 Königslutter
www.geopark-hblo.de

Biosphärenreservatsverwaltung
Drömling Sachsen-Anhalt
Bahnhofstr. 32
39646 Oebisfelde-Weferlingen
www.biosphaerenreservat-
droemling.de

Aller-Radweg

Aller = Verbindung zwischen We-
ser und Elbe. 250 km lang von
Verden einmal quer durch Niedersachsen bis hin zu den Aller-
quellen im sachsen-anhaltischen
Eggenstedt.
www.allerradweg.de

Wir queren anschließend das Grenzflüsschen Aller und nähern uns Gehrendorf in Sachsen-Anhalt. An der
Dorfkirche ist Platz für ein Picknick, Infos des Biosphärenreservates
Drömling vorhanden. Dann den Aller-
Radweg (Einstieg an der Bösdorfer
Straße) nutzen, um wieder nach Oebisfelde zu kommen. Der Ausschilderung des Aller-Radweges folgen,
die L 24 queren und weiter über sehr
gute Radwege östlich nach Oebisfelde rein. Dort über den Apfelweg
und die Magdeburger Straße in Richtung Sumpfburg orientieren. Vorher
den Stadtpark Dämmchen mit seinen
vielfältigen Ausstellungen (Skulptu-
ren) befahren – liegt auf der Strecke.
Jetzt ins Burg Café und anschließend
in die Innenstadt oder das Burgmu-
seum besuchen.

Amanda Hasenfusz

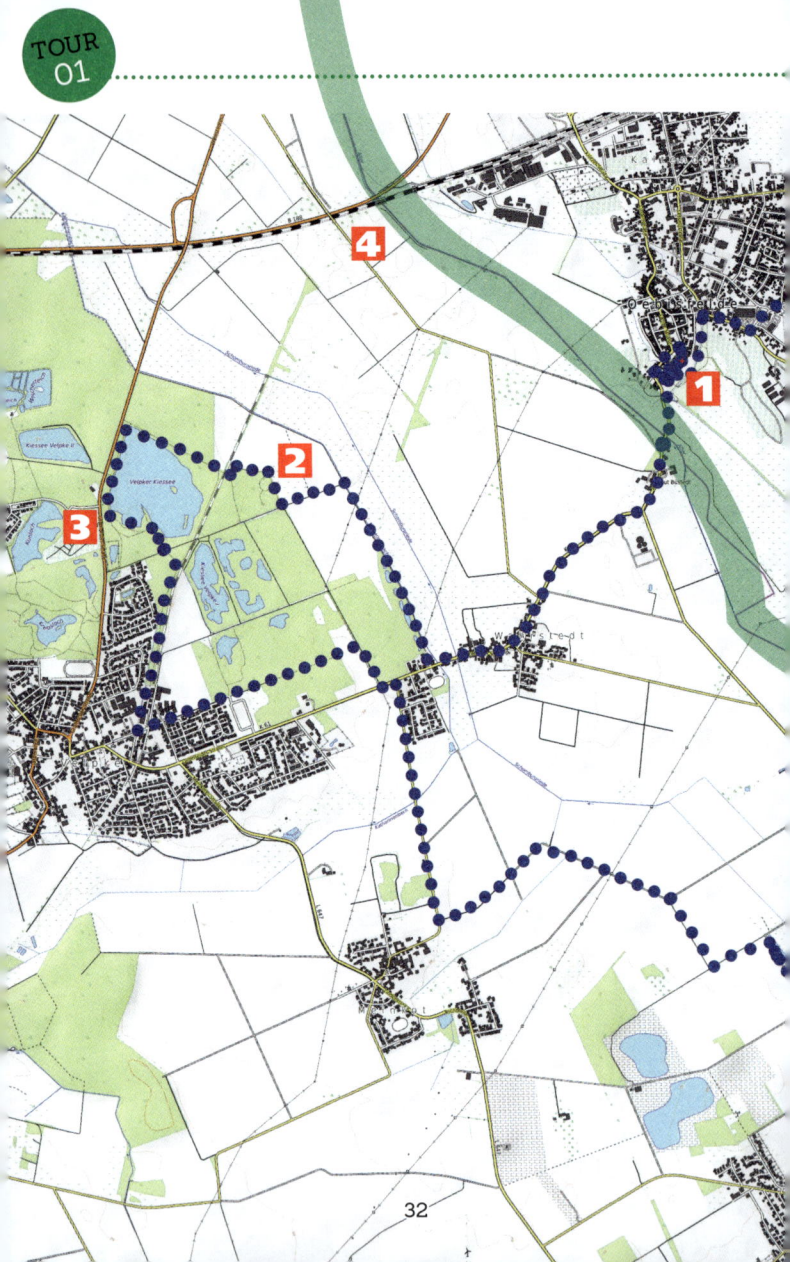

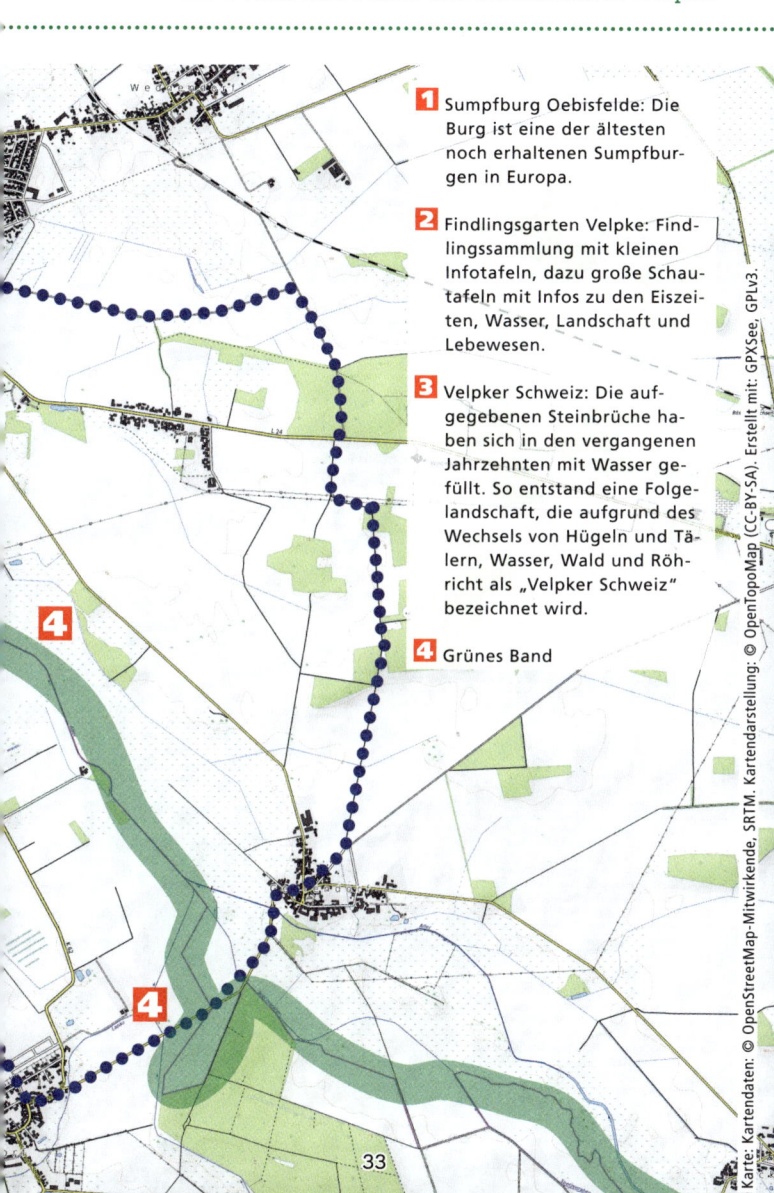

1 Sumpfburg Oebisfelde: Die Burg ist eine der ältesten noch erhaltenen Sumpfburgen in Europa.

2 Findlingsgarten Velpke: Findlingssammlung mit kleinen Infotafeln, dazu große Schautafeln mit Infos zu den Eiszeiten, Wasser, Landschaft und Lebewesen.

3 Velpker Schweiz: Die aufgegebenen Steinbrüche haben sich in den vergangenen Jahrzehnten mit Wasser gefüllt. So entstand eine Folgelandschaft, die aufgrund des Wechsels von Hügeln und Tälern, Wasser, Wald und Röhricht als „Velpker Schweiz" bezeichnet wird.

4 Grünes Band

KAISERWINKEL UND

DRÖMLINGSLANDSCHAFTEN

Tour-Info	Der Drömling besteht aus unterschiedlichen Teilgebieten mit diversen Lokalbezeichnungen. Durch etliche führt diese Tour, die ohne Mückenspray nicht angetreten werden sollte – zumindest nicht im Sommer. Feuchte Bruchwälder und weite Wiesen wechseln sich ab. Am Mittellandkanal begegnet man Bibern, Neuntötern und Schubleichtern. Eine sehr leichtgängige wunderschöne Radtour, die den westlichen und den östlichen Drömling verbindet. Mittendrin: Das Grüne Band ...
Start & Ziel	Kaiserwinkel	Guleitzer Str.	38470 Parsau / OT Kaiserwinkel
Art	Radrundweg
Länge & Dauer	33 km	4 h
Kategorie	leicht
Hinkommen & Parken	Auto & Rad: über L7 aus Dähre oder Bad Bodenteich Bahn & Bus: www.insa.de	www.mobil-im-wendland. de/fahrplanauskunft Parken: Cafés No. 3
Tipps	» Bänke und Tische ausreichend vorhanden für Picknicke. » Unbedingt Mückenspray und Fernglas mitnehmen. » Einkehroption im griechischen Restaurant Jorgos am Mittellandkanal bei Rühen oder in Buchhorst nach Voranmeldung (nur für Gruppen geeignet). Beides liegt auf unserer Strecke.

Wenn Sie früh am Morgen losfahren, kann Ihnen auf den ersten Abschnitten eine Rotte Wildschweine vor das Rad laufen. Keine Angst, eine Ausnahme. Meist sind es Vögel oder Libellen, die Sie sehen. Wir bewegen uns am Beginn der Tour in ausgesprochen wertvollen und feuchten Waldlandschaften. Für Wildschweine ein Paradies! Gestartet wird im Ort **1** Kaiserwinkel in der Hauptstraße (Guleitzer Straße), von Niedersachsen aus. Auf der ersten Teilstrecke bleiben wir zunächst im niedersächsischen Teil des Drömling. Beide Bundesländer teilen sich den Drömling: 280 qkm gehören zu Sachsen-Anhalt, 60 qkm zu Niedersachsen. Mitten durch führt das Grüne Band Deutschland. Kaiserwinkel liegt unmittelbar am Grünen Band. Kaum angekommen, hört man, wenn man Glück hat, Pirole, Kraniche und den Kuckuck – ein Empfangskonzert allererster Qualität. Es gibt etliche Rad- und Wanderwege, die hier starten oder durch den Ort führen.

Wir halten uns erstmal an die Aspaltstraße Richtung Westen nach Rühen (K 85), um den Einstieg in unsere großformatige Route zu bekommen. Etliche Wege sind im Drömling schmale Jagd- oder Forstgassen. Der K 85 ca. 1 km folgen, dann links rein in einen breiten Waldweg (Radwegeausschilderung vorhanden). Am

Zwanzigfüßergraben 1 km entlang. Infoschilder begleiten uns – zu verschiedenen Themen der Waldnutzung und des Naturschutzes. Wir befinden uns an der Nahtstelle zwischen Giebelmoor und Schulenburgschem Drömling. Links und rechts des Weges undurchdringliche, feuchte sowie hohe Wildnis, fast tropisch üppig. Bevor wir rechts weiterfahren, kann man als Abstecher eine **2** kleine Jagdhütte besuchen, davor alte Fischteiche. Idylle pur, guter Rastplatz. Im Zickzack fahren wir weiter, teils schon am Rand des Feuchtgebietes. Grobe Hauptrichtung: Süden. Es wird immer trockener am Boden. Der Rundweg Grenzerfahrungen begegnet uns ab und an. Mal folgen wir ihm, mal nicht. Wir nähern uns dem Breitenroder-Oebisfelder Drömling und sind zügig am **3** Mittellandkanal, den wir zuerst Richtung Westen (Nördlicher Serviceweg) befahren. Infotafeln erzählen uns die Geschichte des Kanals. Wegstrecke 2,5 km bis zur großen Mittellandkanalbrücke an

Drömling

Ca. 340 km² großes Feuchtgebiet. Das frühere Sumpfgebiet wurde im 18. Jahrhundert auf Weisung Friedrichs des Großen durch Entwässerung in eine Kulturlandschaft umgewandelt. Mehr unter www.biosphaerenreservat-droemling.de.

Hier haben es Rinder richtig gut:
In der UNESCO-Grabenlandschaft Drömling

der B 244. Dort kann man gut speisen. Das griechische ❹ Restaurant Jorgos lädt zum gemütlichen Verweilen ein. Das Restaurant ist zu empfehlen!

Um nach dem Essen die Brücke zu queren: Rad schieben, schmaler steiler kurzer Weg auf der nördlichen Seite der Brücke. Um auf der anderen Seite wieder nach unten zu kommen:

Gehöft in Kaiserwinkel

Ein schmaler Weg ist vorhanden, kleine Serpentinen.
Weiter Richtung Osten am Südlichen Serviceweg, direkt am Kanal
entlang (andere Kanalseite als vorhin). Auf der südlichen Seite bleiben
wir 6 km. Wunderbar beobachten
kann man hier den Wasserstraßen-
verkehr: in regelmäßigen Abständen Schubleichter, aber auch Biber,
die Zweige von Ufer zu Ufer ziehen.
Der Neuntöter (Lanius collurio, Rot-
rückenwürger) ist häufiger anzutref-
fen. Achtung: Er spießt seine Beute

Kaiserwinkel

Wurde früher Guleitz genannt.
Das bedeutet so viel wie „kah-
le Stelle" und kommt aus dem
Alt-Slowenischen. Den heutigen
Namen hat der Ort nicht, weil
ein Kaiser dort residierte, sondern weil ein Köhler des Dorfes
„Kaiser" hieß. Niedlicher kleiner
Ort mit teils schöner Forst- und
Bauernarchitektur. Mehr Infos
zum Ort sind auf der Infotafel
am Dorfeingang Richtung Grünes Band zu finden. Dort gibt es
auch Sitzplätze und einen Erinnerungsstein (Megalith) an die
Grenzöffnung.

auf. Ungefährlich für uns :-) Südlich befindet sich der Nördliche Drömling – sieht man jedoch nicht, weil ein relativ hoher Wall die Sicht darauf beschränkt. Etwas verwirrend die Bezeichnung, gemeint ist der niedersächsische Teil des Drömling. Der sachsen-anhaltische Teil hat Gebiete, die viel weiter nördlich liegen. Auf der 6-km-Strecke am Kanal überqueren wir nach 2,5 km das Grüne Band. Es gibt keine Infotafel an der Stelle, also schwer zu erkennen. Weiter zur nächsten Mittellandkanalbrücke, die wesentlich kleiner und weniger befahren ist, geradezu einsam. Weiter über sehr gut ausgebaute Betonwege nach **5** Buchhorst. Vor dem Ort sehen wir eine alte DDR-Grenzkaserne. Streckmetallzaun fast komplett und auch die Kolonnenwegplatten sind reichlich vorhanden. Heute Privatgelände. Weiter über eine alte Bahnstrecke (Erinnerungselement zur Brücke in der Dorfmitte). Am eigentlichen Siedlungsbeginn von Buchhorst begrüßt uns zuerst das Restaurant Abbaco Eventatelier. Sitzoptionen innen und außen. Gruppen können hier für einen Aufenthalt etwas vorbestellen. Für Einzelgäste ist das Restaurant nicht geeignet, da Bedarfsgastronomie (Mobil: 0170-9308682). In den Ort reinfahren, Hauptstraße hoch und wieder runter. Buchhorst ist eine ansehnliche

> ## Mittellandkanal
>
> 1928-1934 gebaut. Bundeswasserstrasse. Mit seinen 325 km ist er die längste künstliche Wasserstraße Deutschlands. Verbindet West (Rhein) mit Ost (Oder), besser gesagt den Dortmund-Ems-Kanal mit Weser, Elbe und dem Elbe-Havel-Kanal bis zur Oder.

Siedlung, mitten im UNESCO-Schutzgebiet. Gut sanierte Häuser und neue Einfamilienhäuser. Zuzugsgebiet! Im Ort kann man etliche Storchennester bewundern – im Juni mit Altstorchen und Jungtieren. Das Erinnerungssegment der abgerissenen Eisenbahnbrücke (Oebisfelde-Salzwedel) befindet sich auf dem Dorfplatz, mit passender Beschreibung. Ein Ehrenfriedhof kann in der Hauptstr. besichtigt werden. Hier wurden 53 NS-Opfer bestattet. Eine traurige Geschichte! Infotafel vorhanden. Weiter über die L 22 Richtung Nordwesten, die Ohre querend, bis zur Kolonie Wassensdorf. Den kleinen Weg links an einem Einzelgehöft nutzen, um zum Alten Schöpfwerk Buchhorst zu gelangen. Hier soll über kurz oder lang die NATURA2000 – Informationsstelle Drömling entstehen.

Wir fahren nun entlang des Steimker Grabens – eine der schönsten Passagen der Tour! Zum Teil eine einspurige Strecke. Uns begleitet eine

Am Rande des UNESCO-Biosphärenreservates Drömling

Adressen

Natur- und Landschaftsführer:innen & Unterkünfte
Biosphärenreservatsverwaltung Drömling Sachsen-Anhalt
Bahnhofstr. 32
39646 Oebisfelde-Weferlingen
www.biosphaerenreservat-droemling.de

Touristinformation Gifhorn
Marktplatz 1
38518 Gifhorn
www.suedheide-gifhorn.de/poi/touristinformation-gifhorn

Veranstaltungen und Führungen am Grünen Band
Museumsverein Böckwitz e. V.
Im Rundling 2 | Zugang über Zicherieer Str.
38486 Klötze | OT Böckwitz
www.grenz-museum.de

Restaurant „Jorgos - Georgios Protogerakis"
Oebisfelder Str. 100
38471 Rühen
www.jorgos-am-kanal.business.site

Idylle, die wie aus einem Märchenbuch der naturnahen Landschaften entsprungen scheint. Etliche Infotafeln vorhanden. Den **6** Aussichtsturm nutzen, um in die Landschaft zu schauen. Hier sind wir im Böckwitz-Jahrstedter Drömling. Dem Kartenmaterial folgen und langsam Richtung Nordwesten weiter. Nach Kaiserwinkel rein, Gedenkstein und Bänke am Grünen Band. Umfangreihe Infotafeln vorhanden. Über die Guleizter Str. zurück zum Ausgangspunkt im Ortskern von Kaiserwinkel.

Amanda Hasenfusz

1 Startpunkt Kaiserwinkel – kleines Dorf in Niedersachsen.

2 Zwischen Giebelmoor und Schulenburschen Drömling, die kleine Jagdhütte.

3 Die längste künstliche Wasserstraße in Deutschland: Der Mittellandkanal.

4 Restaurant JORGOS

5 DDR-Grenzkaserne in Buchhorst

6 Böckwitz-Jahrstedter Drömling: Aussichtsturm

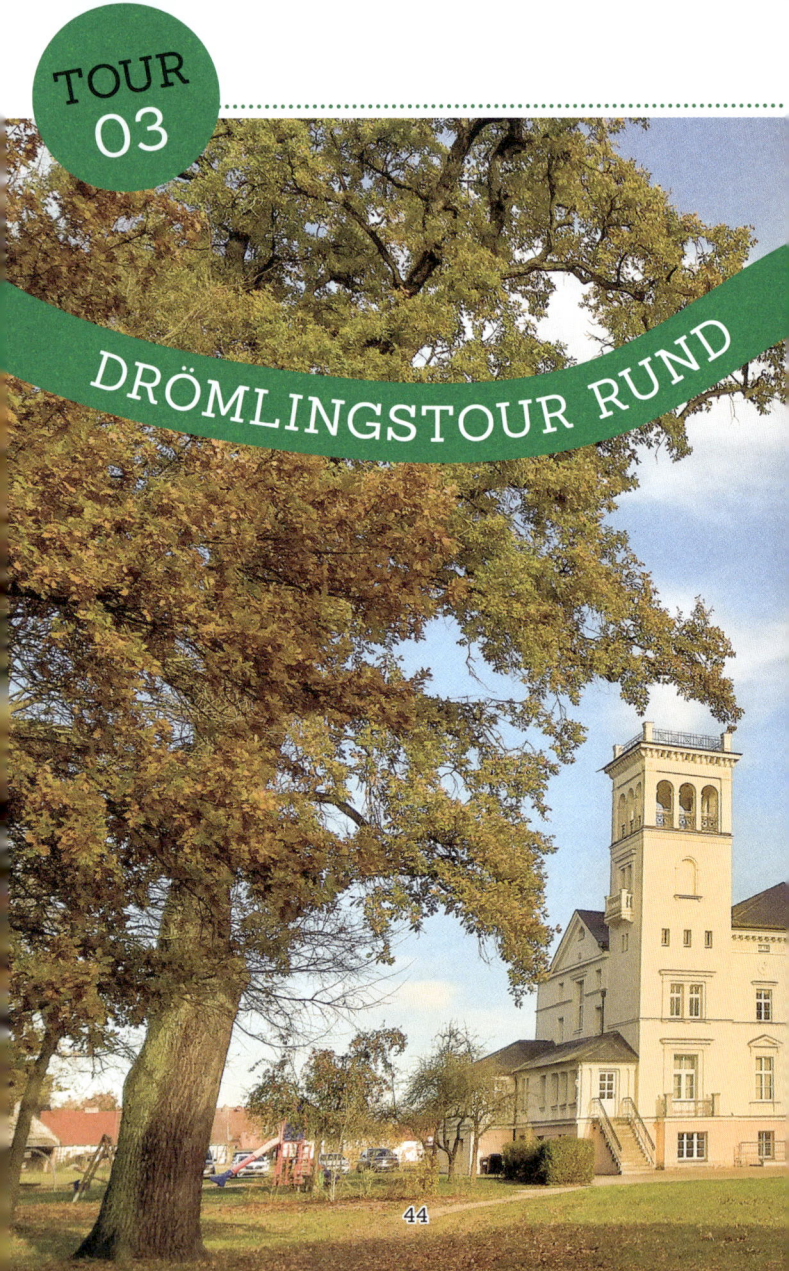

DRÖMLINGSTOUR RUND

UMS DÖRFCHEN KUNRAU

Tour-Info	Ein schmuckes Schloss mit Innenleben, dazu ein zierlicher Park. Es folgt die herrliche Naturkulisse des UNESCO-Biosphärenreservates Drömling – geschaffen vom Menschen, gut für viele wilde Tierarten. Die im Drömling zu findenden Rimpau'schen Moordammkulturen erzählen eine spannende kulturhistorische Geschichte.
Start & Ziel	Schloss Kunrau I Am Park 2 I 38468 Klötze / OT Kunrau
Art	Radrundweg oder Rundwanderung
Länge & Dauer	17 km I 2 h (Rad) I 4 h (Wanderung)
Kategorie	leicht
Hinkommen & Parken	Auto & Rad: B 71, B 188 oder B 244 und L 23 Bahn & Bus: www.insa.de Parken: am Schloss Kunrau

Ausgangspunkt ist das Dorf Kunrau – nördlich des Biosphärenreservates Drömling gelegen. Wir starten am Schloss. Das **1** Schloss Kunrau ist ein architektonischer Augenschmaus – innen und außen! Unbedingt besichtigen.

Zuerst wandern wir ein Stück durch den Schlosspark und genießen von verschiedenen Seiten den Blick auf das Schloss. Sodann auf schmalen Wegen Richtung Südwesten raus aus dem Park an den Ortsrand. Einen Schotterweg queren und das ausgeschilderte Familiengrab des Schlossbesitzers und Drömlingpioniers **2** Theodor Hermann Rimpau aufsuchen – in einem Efeuhain versteckt. Elf Grabsteine sind zu finden, hier ruhen mehrere Familienmitglieder. Ein Elysium.

Von dort über sehr schöne, aber schmale Efeuwege weiter Richtung Südwesten – man kann auf einem Nebenweg bleiben. An der nächsten Kreuzung südlich Richtung „Kolonie I". Nicht der offiziellen Ausschilderung folgen, sondern den nicht geschotterten Nebenweg nutzen.

Das Kolonistenhaus steht idyllisch in der Landschaft. In seiner Nähe ist eine Sitzbank aufgestellt und ein Hinweisschild für den überregionalen „Altmarkrundkurs". Dem Verlauf des Radkurses folgen wir ca. 1,5 km in südöstlicher Richtung, entlang des sog. Kunrauer Vorflutgrabens, der links von uns verläuft.

Entlang des Weges sind die herrlichen **3** Rimpau'schen Moordammkulturen zu finden. Genießen Sie den Blick – gerade im Herbst ist das Farbenspiel zwischen den Gräben mit seinem Bewuchs und den Wiesen sehr schön anzusehen.

Wir biegen kurz hinter dem **4** Gedenkstein für Rimpau rechts ab, verlassen den „Altmarkrundkurs" und folgen, uns südlich haltend, dem Naturlehrpfad. Auch hier eine wunderschöne Grabenlandschaft, dazu eine große Schutzhütte mit Sitzgelegenheiten und Infotafeln.

Kunrau & Drömling

Kunrau ist ein mittelgroßes Dorf mit allerhand Infrastruktur. Der Ort ist eine wendische Gründung. Der Name kommt vom altslawischen koni und bedeutet so viel wie „Pferdeort".

Der Drömling ist ca. 340 km² groß. 30 km lang, 21 km breit, mitten durch schlängelt sich das Grüne Band von Norden nach Süden und der Mittellandkanal strömt in West-Ost-Richtung durch das wertvolle Gebiet. Das frühere Sumpfgebiet wurde im 18. Jahrhundert auf Weisung Friedrichs des Großen durch Entwässerung in eine Kulturlandschaft umgewandelt. Mehr im Buch „In the middle of nüscht – go west", ab S. 72: Im Land der tausend Gräben".

Rimpau Gedenkstein

Im Drömling gibt es etliche schöne Rastplätze

Der Weg führt uns geradewegs auf den 1872 vom Rimpau gegründeten Siedlungsplatz „Belfort" zu. Benannt wurde der Ort nach dem französischen Belfort und seiner Festung, die im deutsch-französischen Krieg 1870-1871 von preußischen Truppen besiegt wurde.

Von dort aus geht es auf Betonstreifenwegen Richtung Osten – wir treffen nach kurzer Zeit erneut auf den „Altmarkrundkurs" und folgen diesem, uns rechts haltend. Lange Wege folgen.

Noch immer sehr schöne Landschaft, soweit das Auge reicht. Nach

Adressen

Eselwanderungen, Zeit mit Esel und Krämer- und Kutschfahrten durch den Drömling. Mutterkuhhaltung und Regionalvermarktung.
Lutz Kulina & Familie: Eselhof Drömling
Bei Interesse bitte Kontakt aufnehmen. Mobil: 0173 8970105 I E-Mail: eselhofdroemling@web.de
www.facebook.com/people/Eselhof-Drömling/100063593530165

Kanu- und Paddeltouren im Drömling/Grünes Band
Kreativhof Kunrau
Alte Bahnhofstr. 12
38486 Klötze / OT Kunrau
www.kreativhof38.de

E-Bike + Pedelec Verleih
Drömlingsrad
Am Drömling 23
38486 Klötze / OT Kunrau
www.droemlingsrad.de

Radtouren und Grenzwanderungen
Museum Böckwitz
Im Rundling 2
38486 Klötze/OT Böckwitz
www.grenz-museum.de

Natur- und Landschaftsführer:innen & Unterkünfte
Biosphärenreservatsverwaltung Drömling Sachsen-Anhalt
Bahnhofstr. 32
39646 Oebisfelde-Weferlingen
www.biosphaerenreservat-droemling.de

ca. 1 km Richtungswechsel nach Nordost, weiter auf gut ausgebauten Betonwegen. Nochmal ca. 2,5 km auf dem sog. „Zuschlagsdamm". Die Wiesen werden extensiv bewirtschaftet. Hier kann man viele Vogelarten beobachten.

Dem auf der Karte im Buch angegebenen Wegen folgen – wir befinden uns jetzt auf dem Rückweg. Allerdings gelingt es nicht, schnurstracks auf Kunrau (von Süden kommend) zuzuwandern, deshalb bitte Richtung Neuferchau östlich halten und über die L 23 (Neuferchauer Str.) auf dem Radweg wieder nach Kunrau hereinwandern. Am neu gebauten Umspannwerk vorbei und im Ort in die Str. „An der Schule" links rein.

Weiter Richtung Alte Bahnhofstraße, vorbei am **5** Kreativhof Kunrau. Dort Station machen (Gespräch, Kaffee, Tee) – vorab anfragen. Dann am kultig nach Ostalgie aussehenden Konsum in der Hauptstraße vorbei – unbedingt einen Blick reinwerfen und „Waren des täglichen Bedarfes" konsumieren.

Weiter zur **6** Backsteinkirche Kunrau, die zum Pfarrbereich Steimke-Kusey gehört. Durch die Str. „Am Park" oder „An der Kirche" wieder auf das Schloss zu. Geschafft!

Amanda Hasenfusz

1 Schloss Kunrau: 1847 erwarb Theodor Hermann Rimpau das Anwesen und beauftragte 1859 den Schlossbau. Heute wird es von Vereinen des Ortes, vom Fremdenverkehrsverein und vom Zweckverband Natur- und Kulturlandschaft Drömling genutzt.

2 Theodor Hermann Rimpau lebte von 1822-1888. Sein Name ist eng mit der Urbarmachung des Drömling verbunden. Noch heute heißt das von ihm entwickelte Verfahren zur Trockenlegung des Gebietes „Rimpau´sche Moordammkulturen".

3 Rimpau´schen Moordammkulturen: Ein großer Teil des Drömlings wurde entwässert. Damals bediente man sich einer neuen Entwässerungstechnik, die heute hoch umstritten wäre: Die Moorlandschaft wurde in Abständen von 25 m aufgeschlitzt, breite Gräben wurden angelegt – oft viele hundert Meter lang. Zwischen den Gräben wurde eine gedüngte Sandschicht aufgetragen. So wurde der Boden für eine landwirtschaftliche Nutzung präpariert. Heute werden die Wasserstände wieder angehoben.

4 Der Rimpau-Gedenkstein markiert die Stelle, an der Rimpau 1862 den ersten Moordamm angelegt hatte.

5 Kreativhof Kunrau: Hier wird Naturfloristik genauso angeboten, wie besondere Veranstaltungen (Nähkurse, Braukurse) sowie andere Themen zum Thema „Entschleunigung in der Natur". Es gibt eine FeWo, Wohnmobil ist auch möglich.

6 Backsteinkirche Kunrau: Kann besichtigt werden. Bitte melden unter www.kirchenkreis-salzwedel.de/gemeinden/pfarrbereiche/pfarrbereich-steimke-kusey oder 039008-330.

Karte: Kartendaten: © OpenStreetMap-Mitwirkende, SRTM. Kartendarstellung: © OpenTopoMap (CC-BY-SA). Erstellt mit: GPXSee, GPLv3.

VON BÖCKWITZ-ZICHERIE

DIESER BAUM WURDE VON
HANS-DIETRICH GENSCHER
AUßENMINISTER A.D. GEPFLANZT
- 26. AUGUST 1998 -

NACH JAHRSTEDT

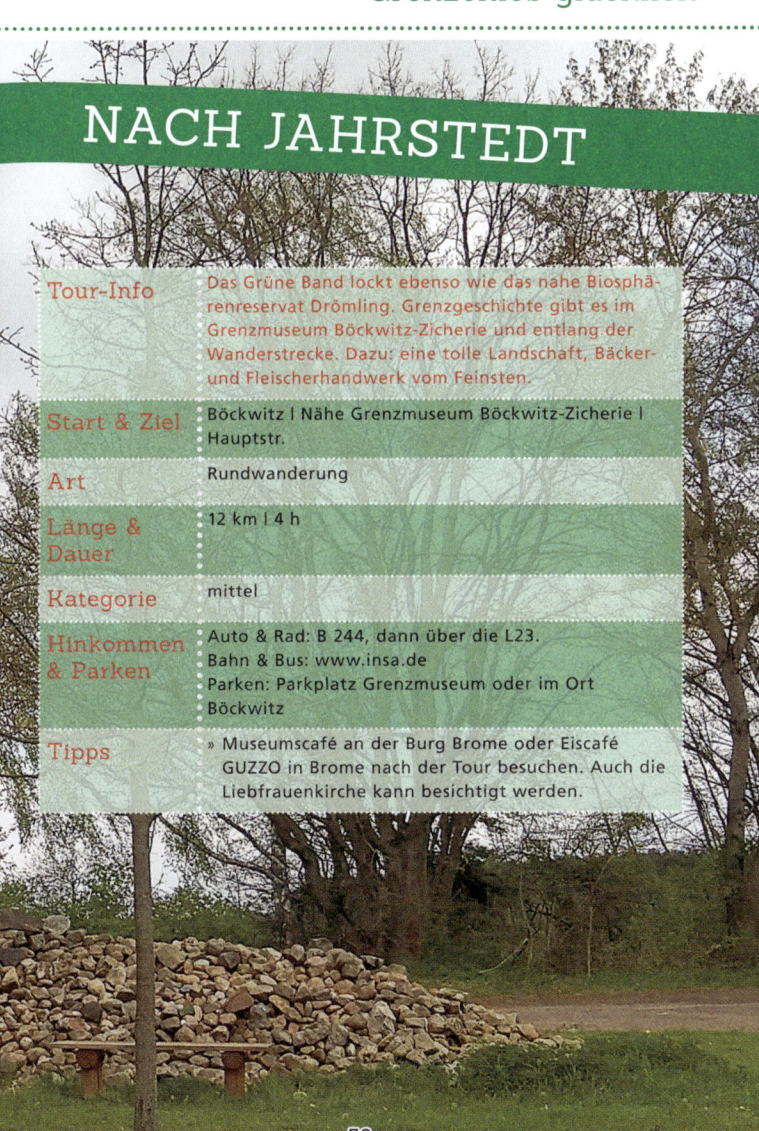

Tour-Info	Das Grüne Band lockt ebenso wie das nahe Biosphärenreservat Drömling. Grenzgeschichte gibt es im Grenzmuseum Böckwitz-Zicherie und entlang der Wanderstrecke. Dazu: eine tolle Landschaft, Bäcker- und Fleischerhandwerk vom Feinsten.
Start & Ziel	Böckwitz	Nähe Grenzmuseum Böckwitz-Zicherie	Hauptstr.
Art	Rundwanderung
Länge & Dauer	12 km	4 h
Kategorie	mittel
Hinkommen & Parken	Auto & Rad: B 244, dann über die L23. Bahn & Bus: www.insa.de Parken: Parkplatz Grenzmuseum oder im Ort Böckwitz
Tipps	» Museumscafé an der Burg Brome oder Eiscafé GUZZO in Brome nach der Tour besuchen. Auch die Liebfrauenkirche kann besichtigt werden.

Erinnerungskultur und Naturschutz... bei dieser Wanderung treffen die beiden wichtigen Schlagworte des Grünen Bandes gekonnt zusammen. Ein Reigen, der nicht nur schön, sondern ziemlich einmalig ist. Wir starten in Böckwitz, das zum zu Grenzzeiten getrennten Doppeldorf Böckwitz-Zicherie gehört. Der Biotopverbund „Grünes Band Deutschland" schlängelt sich zwischen den beiden Ort hindurch – und vereint, was zu Zeiten des Kalten Krieges getrennt war. Das **1** Grenzmuseum Böckwitz-Zicherie bietet eigene Touren an und kümmert sich um den „Grenzlehrpfad" (den auch wir besuchen). Es ist ein junges, zum Teil internationales Team. Im Museum gibt es neben einer Ausstellung zur Grenzgeschichte auch eine zum Thema Landwirtschaft. Das Museum hat nicht durchgehend geöffnet – bitte vorab informieren auf der Homepage.

Zuerst schauen wir uns das **2** Rundlingsdorf Böckwitz an. Gegenüber des Museums ist eine große Übersichtstafel zur Region. „Lembkes Getränke-Eck" ist auch in der Nähe – für evtl. Getränke, die man zur Wanderung mitnehmen möchte.

Dann weiter westlich, rein in die Straße Im Rundling. Gut sanierte Häuser, Friedenseiche und Weltkriegs-Gedenkstein grüßen. Seitlich rechts wieder raus aus dem Rundling. Hier folgt der Einstieg in die große grüne „Europawiese" (Grünes Band) – etliche Informationstafeln und Hinweisschilder geben Auskunft über diesen geschichtsträchtigen Ort.

Über die Böckwitzer Straße nach Zicherie rein. Dann links über Am Steckel und den Drömlingsweg raus in die Landschaft. Zuerst der Asphaltstraße folgen.

Alternative A (nur nutzen, wenn die Felder bereits abgeerntet sind): Den ersten Feldweg hinter dem Ortsausgangsschild nutzen, links rein (gegenüber ist eine kleine Holzblockhaus-Siedlung), am kleinen Teich vorbei und direkt auf das Grüne Band zu. Ein Stück rechts weiter am Feldrandweg entlang, dann „rübermachen". Achtung: Hier wird es etwas abenteuerlich! Fast fühlt man sich wie ein Republikflüchtling, nur dass

Rundling

Ein Rundling ist eine spezielle dörfliche Siedlungsform aus der Frühzeit des Landesausbaus. Überwiegend slawische Bevölkerung wurde von einem örtlichen Grundherrn in einem geplanten Vorgang angesiedelt oder neu zusammengefasst. Die Höfe sind keil- oder sektorenförmig um einen runden oder ovalen Platz gruppiert. Rundlinge haben oft nur einen Zugang.

Teil des Grenzlehrpfades Böckwitz-Zicherie

DDR-Grenzturm am Grenzlehrpfad Böckwitz-Zicherie
(mit KFZ-Senke)

wir in den Osten flüchten. Über ca. 100 m ist kein Weg vorhanden. Den Grenzgraben überwinden, dabei bitte keine Tiere stören und keine Feldfrüchte zerstören. Kurz am Acker entlang, dann den Wiesenweg nach Süden nutzen (rechts davon ist eine wunderschöne große Hecke (Grünes Band). Immer weiter Richtung Süden – wunderbare weite und intakte Nutzlandschaft. Nach ca. 600 m sehen wir einen **3** DDR-Grenzturm – er schimmert weiß in der Landschaft, Typ BT 9 mit 4 x 4 m Grundfläche. Weiter den Wiesenweg nutzen, bis dieser zu Ende ist. Man kommt automatisch zum Grenzturm und zum „Grenzlehrpfad" am „Croyaer Weg".

Alternative B (mehr Asphalt, aber sicherer): Nach der Wegabbiegung Alternative A dem asphaltierten Drömlingsweg weiter geradeaus folgen bis hinter die Sitzbank, ca. 500 m. Dann links rein in einen schmalen Wanderweg. 200 m in Richtung Osten wandern, dann rechts Richtung Süden auch ca. 200 m. Jetzt sind wir auf dem Croyaer Weg mit dem Grenzlehrpfad. Hier gibt es eine sehr gut ausgebaute Schilder- und Informationsinfrastruktur, Sitzplätze, Parkplätze und vor allem eine Freiluftausstellung darüber, wie sich der Grenzzaun zwischen DDR und BRD im Lauf der Jahre entwickelt hat. Sehr

sehenswert. Wer möchte kann sich zudem das Gedenkkreuz „Kurz Lichtenstein" anschauen. Kurt Lichtenstein wurde im Oktober 1962 an der Grenze erschossen – ein Infoschild am Gedenkkreuz informiert über die Umstände. Wer zum Kreuz möchte: kurz vor den Kolonnenweg mit Grenzlehrpfad (aus Richtung Westen kommend) dem Weg Richtung Süden ca. 600 m folgen. Im Rechteck wieder über den Grenzlehrpfad mit den Lochplatten zurück nördlich zum Croyaer Weg. Ausschilderungen sind vorhanden.

Weiter geht`s auf unserer Wanderung! Und zwar östlich. Den Croyaer Weg bis Jahrstedt nutzen. Zwischendurch Gräben und Landschaft satt. Im Frühling und Herbst hört man Kraniche. Wir befinden uns am Rande des **4** Biosphärenreservates Drömlings. Ein Grillplatz mit Schutzhütte und wiederrum alte Zaunreste (Signalzaunanlage) begegnen uns. Immer weiter bis Jahrstedt.

In Jahrstedt grüßt rechts zuerst ein altes DDR-Kasernen-Gelände. Nicht schön anzusehen, aber Teil der Realität. Links ebenfalls DDR-Charme: ein Kuhstall. Weiter in den Ort hinein, erste Wohnbebauungen tauchen auf, schmucke neue Häuser. Nach kurzer Zeit den kleinen Verbindungsweg rechts zw. Croyaer Weg und Drömlingerstr. nutzen (Weg zw. Hausnr.

heute die morgen Festung Europa

2011

Streetart auf Mauerresten am Grenzlehrpfad Böckwitz-Zicherie

15 und 11). Wir gehen außen um das Dorf herum. Die Drömlingerstraße überqueren und an einem weiteren landwirtschaftlichen Unternehmen vorbei. Einen Weg nutzen, der sich östlich an die Ohre herantastet. Dort kann man gut picknicken, direkt an einem Angelteich (alte Badeanstalt), Schutzhütte vorhanden.

Die Ohrebrücke queren, dahinter links weiter, Richtung Norden, ca. 1 km. Eine neu gebaute Fischtreppe ist zu sehen. Wir wandern nun genau zwischen den Orten Jahrstedt und Germenau. Sehr schön, idyllisch. Kurz vor dem Ausstieg aus diesem Teil der Wanderung gibt es eine Sitzbank an einer alten Esskastanie. Dann haben wir links die Ohrebrücke auf Ohrestraße (L 23) vor uns. Jetzt Richtung Westen, rein in den Ort Jahrstedt. Zuerst, vor der Brücke, eine parkähnliche Anlage namens „Kniggen" für Dorffeste. Das erste Haus auf der linken Seite ist eine sehr gute Verpflegungsstation: die **5** Bäckerei Gieselberg. Hier Pause machen: Kaffee und Kuchen.

Weiter über die Jahrstedter Dorfstraße. Zur nächsten Versorgungsoption: **6** Landfleischerei Bratke. Ein Traditionsbetrieb – hier wird in der 4. Generation gewirtschaftet.

Jetzt beginnt unsere Rücktour. Wir schauen uns den Halbrundling Jahrstedt an – dazu die Bauernstraße nutzen. An der Braunschweiger Chaussee wieder in den Croyaer Weg Richtung Südwesten biegen. Den Weg ein Stück wandern. An der Stelle, die wir vorhin in den Ort hereingekommen sind, geradeaus weiter an zwei alten Garagen vorbei.

Weiter ca. 1 km Richtung Südwesten über sehr schöne Wanderwege durch Wald und Wiesenflur. Hecken und herrliche Landschaft. Erste Kreuzung rechts Richtung Norden wieder zum Grillplatz am Croyaer Weg – auch da waren wir vorhin schon. Weiter Richtung Norden auf einem gut ausgebauten Wander- und Radwanderweg mit seitlichen Heckenstrukturen zur Asphaltstraße Richtung Böckwitz. Auf dem straßenbegleitenden Radweg westlich ins Dorf rein.

Amanda Hasenfusz

Adressen

Veranstaltungen und Führungen am Grünen Band
Museumsverein Böckwitz e. V.
Im Rundling 2 | Zugang über Zicherieer Str.
38486 Klötze | OT Böckwitz
www.grenz-museum.de

Touristinformation Gifhorn
Marktplatz 1
38518 Gifhorn
www.suedheide-gifhorn.de/poi/
touristinformation-gifhorn

Museum Burg Brome
Junkerende
38465 Brome
www.museen-gifhorn.de/
museum-burg-brome

Bäckerei und Konditorei
Gieselberg
Dorfstr. 1
38486 Klötze / OT Jahrstedt
Tel.: 039008 589

Landfleischerei Bratke
Jahrstedter Dorfstr. 3
38486 Klötze / OT Jahrstedt
www.landfleischerei-bratke.de

1 Grenzmuseum Böckwitz-Zicherie: Ausstellung und Führungsangebote zum Thema innerdeutsche Grenze/Grünes Band. Ab 2022 von Feb.-Okt. jeden 3. So. von 14-17 Uhr geöffnet. Vorab bitte die Homepage checken. www.grenz-museum.de

2 Böckwitz und Zicherie haben eine lange gemeinsame Geschichte, die erst durch den Kalten Krieg beendet wurde. Nach 1990 wurden beide Dörfer wieder ein Herz und eine Seele. Zum Thema „Rundling" siehe unter „Facts".

Alternativroute

3 DDR-Grenzturm: Listung aller noch in Sachsen-Anhalt vorhandenen DDR-Grenztürme im Buch.

4 Der Drömling ist ca. 340 km² groß. Der sachsen-anhaltische Teil ist seit 2019 UNESCO-Biosphärenreservat. Mehr unter www.biosphaerenreservat-droemling.de oder in „In the middle of nüscht – go west", ab S. 72: Im Land der tausend Gräben".

5 Das Haus der Bäckerei ist stilsicher und schön. Hier wird das alte Bäckerhandwerk geschätzt, keine Massenbackwaren. „Bei uns läuft die Ware nicht vom Band, gebacken wird mit Herz und Hand." Steht auf einem Schild. Drinnen gibt es einen Sitztisch. Sonntag kein Betrieb.

6 Die Landfleischerei hat ein gutes Sortiment. Bei meiner Wanderung traf ich die Seniorchefin – ein nettes Pläuschchen gehalten. Mittwochs ist Suppentag. Zusätzlich gibt es ein täglich wechselndes Gericht als Mittagstisch. Gute Preise!

Der Drömling ruft!

Der Drömling ist eine historisch gewachsene Kulturlandschaft mit Moorcharakter an der Grenze zwischen den Bundesländern Niedersachsen und Sachsen-Anhalt im Norden Deutschlands mit einer Flächengröße von 45.370 ha.

Die naturnahe Kulturlandschaft mit einem stetigen Wechsel von Gräben, Äckern, Wiesen, Baumreihen und Hecken erleben Sie am besten mit dem Fahrrad, zu Fuß oder auf dem Kremser. Wer Ruhe sucht, ist im Drömling genau richtig.

Wegen der knapp 2.000 km Wasserläufe wird der Drömling auch als „Land der tausend Gräben" bezeichnet.

Der Mittellandkanal ist wertvoller Lebensraum und Wanderweg für viele Tierarten. Die Flachwasserzone in

Piplockenburg bildet zusammen mit der einmaligen Drömlingslandschaft das Potential für eine naturverträgliche touristische Entwicklung des Gebietes.

Der 132 km lange Drömlingsrundweg verbindet alle Drömlingsregionen und ihre schönsten Orte. Der Rundweg besteht aus fünf seperaten Rundkursen.

Die Entwicklung der ehemaligen innerdeutschen Grenze vom „Todesstreifen zur Lebenslinie" erleben Sie am besten bei einer Radtour. Geführte Exkursionen zu diesem Thema können Sie individuell planen.

Weitere abwechslungsreiche Radtouren, Wanderungen und Spaziergänge durch die einzigartige Drömlingslandschaft warten ebenfalls auf Sie. Wir freuen uns auf Ihren Besuch!

Infos

Biosphärenreservatsverwaltung Drömling
Bahnhofstr. 32
39646 Oebisfelde
Telefon für Infos und Planungen:
039002-85011
Poststelle-obf@biores.mwu.
sachsen-anhalt.de
www.Biosphaerenreservat-droemling.de

unesco
Biosphärenreservat

Biosphärenreservat
Drömling

UNESCO-DRÖMLINGSTOUR ZWISCHEN

JAHRSTEDT UND BUCHHORST

Tour-Info	Eine naturnahe Landschaft ohne Menschen und ohne Besiedlung. Auf dieser Tour können wir erahnen, wie die Natur ausschaut, wenn sich der Mensch zurückhält. Wir tauchen tief in den feuchten Drömling ein, sehen halboffene Weidelandschaften und viele Muttertierherden. Sehr angenehme Radwege und ein gutes Informationsleitsystem. Willkommen in einer Welterbe-Landschaft.
Start & Ziel	Str. „Zum Scharfenberg"l 38486 Jahrstedt-Germenau
Art	Radrundweg
Länge & Dauer	30 km l 5 h
Kategorie	leicht
Hinkommen & Parken	Auto & Rad: B 244, dann über die L23. Bahn & Bus: www.insa.de Parken: Str. „Zum Scharfenberg" (an der alten Eiche) oder Straßenrand gegenüber in der Germenauer Straße
Tipps	» Keine Einkehroption direkt an der Strecke, aber viele schöne Picknickplätze. » Zwei Abstecher möglich: Buchhorst und Kaiserwinkel

Auf in den **1** Drömling, 1.000 Gräben erwarten uns! Startpunkt ist Germenau. Das Dorf und Jahrstedt hängen eng zusammen. Zusammengeschweißt werden sie vom Flüsschen Ohre. Genau in diesem Dorf-Zwischenbereich starten wir die Tour – von der Ohrestraße nach Süden wenden, durch den kleinen gestalteten Parkstreifen (genannt Kniggen) entlang der Ohre fahren. Sehr schön, idyllisch. 200 m nach dem Einstieg in das grüne schmale Tal gibt es links eine Sitzbank an einer alten Esskastanie. Rechts ein Kinderspielplatz. Wir kommen nach ca. 700 m an einer 2022 neu errichteten Fischaufstiegstreppe vorbei.

Rechts, auf der anderen Seite der Ohre, sehen wir einen Angelteich mit überdachten Sitzoptionen. Früher war das die Badeanstalt des Ortes. Jetzt links (östlich) halten, in die Feldflur hinein. Ca. 400 m radeln, dann weitere 400 m südlich. Sehr gute Radwege (ländlicher Wegebau). Richtungswechsel nach Osten – ca. 400 m Wegstrecke, Feld und Waldrahmung an der Strecke. Vorbei am Gehöft Hahnenberg. Nach ca. 200 m rechts auf den Altmarkrundkurs einschwenken. Weitere 1,2 km fahren. Entlang des Weges sind nun die ersten **2** Rimpau'schen Moordammkulturen zu sehen.

Wir verlassen den Altmarkrundkurs am **3** Gedenkstein für Rimpau.

Rechts ab und auf den sandigen Grasweg, ein Naturlehrpfad. Auch hier eine wunderschöne Grabenlandschaft, dazu eine überdachte Schutzhütte mit Sitzgelegenheiten und Infotafeln. Der Weg führt uns geradewegs auf den 1872 vom Rimpau gegründeten Siedlungsplatz Belfort zu. Benannt wurde der Ort nach dem französischen Belfort und seiner Festung, die im deutsch-französischen Krieg 1870-1871 von preußischen Truppen besiegt wurde.

Von dort aus geht es auf Betonstreifenwegen Richtung Osten – wir treffen nach kurzer Zeit erneut auf den Altmarkrundkurs und folgen diesem, uns rechts haltend. Jetzt geht es ca. 2 km schnurrgeradeaus entspannt weiter…immer Richtung Südosten. Bis zur L 22, diese ca. 400 m lang nutzen, um weiter nördlich rechts wieder in die Drömlingslandschaft

Theodor Hermann Rimpau

Er lebte von 1822-1888. Sein Name ist eng mit der Urbarmachung des Drömling verbunden. Noch heute heißt das von ihm entwickelte Verfahren zur Trockenlegung des Gebietes „Rimpau'sche Moordammkulturen". Ein Entwässerungsprojekt in den Niederlanden wurde ihm zu Ehren Cunrau benannt. Die Schule in Kunrau trägt seinen Namen.

Aussichtsplattform an der Heckrinderkoppel
(halboffene Weidelandschaft)

einzutauchen. Schwarze Rinder mit geschwungenen Hörnern sind zu sehen: Heckrinder. Sie leben in einem Projektgebiet, das unter der Bezeichnung **4** halboffene Weidelandschaft läuft. Infotafeln und Aussichtsturm entlang des Weges vorhanden. Dem Kartenmaterial zum Friedrichskanal mit seiner alten Schleuse folgen. Weiter über leicht befahrbare Feld-, Sand- und Schotterwege Richtung Osten und dann nach Südwesten. Überall **5** Moordammkulturen und herrliche feuchte Drömlingsflächen. Neben den vielen Muttertierherden kann man jede Menge Vögel beobachten – der Neuntöter ist hier keine Seltenheit. Grünspechte, Goldammern, Weißstörche tauchen regelmäßig auf.

Bis zur Ohre durchfahren. Wer will macht einen Abstecher nach **6** Buchhorst. Ansonsten geht es weiter Richtung Nordwesten entlang der Ohre bis zur Kolonie Wassensdorf. Die L 22 queren und den kleinen Weg links an einem Einzelgehöft nutzen, zum Alten Schöpfwerk Buchhorst zu gelangen. Hier soll über kurz oder lang die NATURA2000 – Informationsstelle Drömling entstehen.

Wir fahren nun entlang des Steimker Grabens – die schönste Passage der Tour! Uns begleitet eine Idylle, die wie aus einem Märchenbuch der naturnahen Landschaften entsprungen

zu sein scheint. Infotafeln sind vorhanden. Schmaler Radweg. Dem Kartenmaterial folgen und langsam Richtung Nordwesten weiter. Wir bewegen uns in den kommenden ca. 6 km auf Jahrstedt zu. Nach ca. 4 km kann man einen Abstecher Richtung **7** Kaiserwinkel wagen. Das Dorf liegt bereits in Niedersachsen. Am Grünen Band finden wir einen Gedenkstein vor.

Über die Drömlinger Straße nach Jahrstedt einfahren. Der Ort war einst ein Rundling – man sieht es an der alten Dorfstruktur in der Bauernstraße. Über diese und die Jahrstedter Dorfstraße zurück zum Startpunkt. Davor begegnen uns zwei Geschäfte zum Einkehren – zumindest in der Woche. Die Landfleischerei Bratke

Rimpau'schen Moordammkulturen

Ein großer Teil des Drömlings wurde entwässert. Damals bediente man sich einer neuen Entwässerungstechnik, die heute hoch umstritten wäre: Die Moorlandschaft wurde in Abständen von 25 m aufgeschlitzt, breite Gräben wurden angelegt – oft viele Hundert Meter lang. Zwischen den Gräben wurde eine gedüngte Sandschicht aufgetragen. So wurde der Boden für eine landwirtschaftliche Nutzung präpariert. Heute werden die Wasserstände wieder angehoben.

Adressen

Natur- und Landschaftsführer:innen & Unterkünfte
Biosphärenreservatsverwaltung
Drömling Sachsen-Anhalt
Bahnhofstr. 32
39646 Oebisfelde-Weferlingen
www.biosphaerenreservat-droemling.de

Veranstaltungen und Führungen
am Grünen Band
Museumsverein Böckwitz e. V.
Im Rundling 2 | Zugang über Zicherieer Str.
38486 Klötze | OT Böckwitz
www.grenz-museum.de

Eselwanderungen, Zeit mit
Esel und Krämer- und Kutschfahrten durch den Drömling. Mutterkuhhaltung und
Regionalvermarktung.
Lutz Kulina & Familie: Eselhof
Drömling
Bei Interesse bitte Kontakt aufnehmen. Mobil: 0173 8970105
E-Mail: eselhofdroemling@web.de www.facebook.com/people/Eselhof-Drömling/100063593530165

Kanu- und Paddeltouren im
Drömling/Grünes Band
Kreativhof Kunrau
Alte Bahnhofstr. 12
38486 Klötze / OT Kunrau
www.kreativhof38.de

E-Bike + Pedelec Verleih
Drömlingsrad
Am Drömling 23
38486 Klötze / OT Kunrau
www.droemlingsrad.de

Weidelandschaften

Halboffene Weidelandschaften zeichnen sich aus durch beweidetes Grasland. Bäume und Büsche sind locker eingestreut. Weidelandschaften sind im Rahmen der vorindustriellen, extensiven Landnutzung früher von selbst entstanden. In Europa ist diese Art der Landnutzung aufgrund der geringen Erträge heute unrentabel. Sie wird im Rahmen von Beweidungsprojekten, als Pflegemaßnahme des Naturschutzes, zur Erhaltung des Landschaftsbildes und zur Förderung bedrohter Arten, mit öffentlichen Mitteln gefördert und dadurch aufrechterhalten. (Quelle: wikipedia und Bundesamt für Naturschutz)

hat ein gutes Sortiment. Mittwochs ist Suppentag. Zusätzlich gibt es ein täglich wechselndes Gericht als Mittagstisch. Das Haus der Bäckerei Gieselberg wenige Meter weiter auf der anderen Straßenseite ist stilsicher und schön. Hier wird das alte Bäckerhandwerk geschätzt, keine Massenbackwaren. „Bei uns läuft die Ware nicht vom Band, gebacken wird mit Herz und Hand." steht auf einem Schild. Drinnen gibt es Sitztische. Wir queren die Ohre ein letztes Mal und freuen uns, dass wir die 30 km geschafft haben!

Amanda Hasenfusz

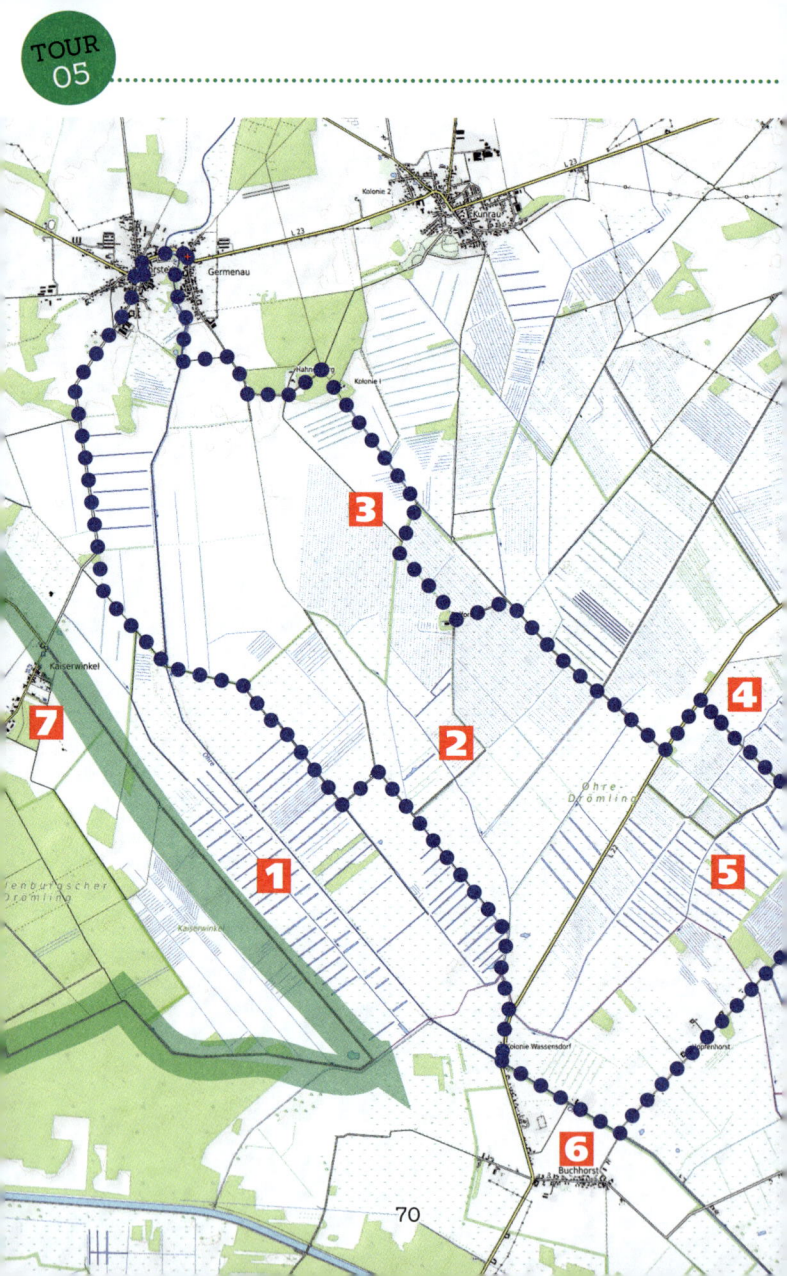

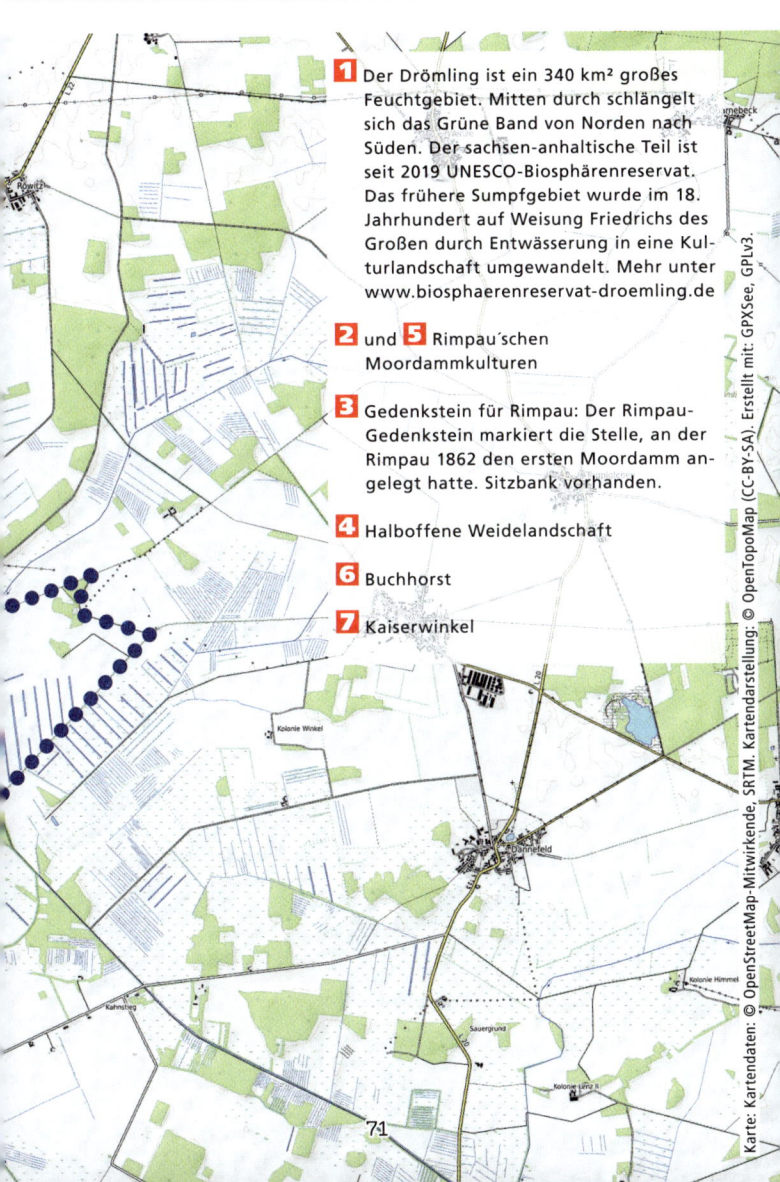

1 Der Drömling ist ein 340 km² großes Feuchtgebiet. Mitten durch schlängelt sich das Grüne Band von Norden nach Süden. Der sachsen-anhaltische Teil ist seit 2019 UNESCO-Biosphärenreservat. Das frühere Sumpfgebiet wurde im 18. Jahrhundert auf Weisung Friedrichs des Großen durch Entwässerung in eine Kulturlandschaft umgewandelt. Mehr unter www.biosphaerenreservat-droemling.de

2 und **5** Rimpau´schen Moordammkulturen

3 Gedenkstein für Rimpau: Der Rimpau-Gedenkstein markiert die Stelle, an der Rimpau 1862 den ersten Moordamm angelegt hatte. Sitzbank vorhanden.

4 Halboffene Weidelandschaft

6 Buchhorst

7 Kaiserwinkel

VON BURG BROME

NACH STEIMKE

Tour-Info	Diese Tour ist vielfältig und spannend, denn wir sind städtisch und ländlich unterwegs. Die Bromer haben sich mit ihrem Museum auf der Burg Brome und dem Naturlehrpfad am Ohresee richtig Mühe gegeben: schick, lehrreich und sehenswert. Im Doppeldorf Böckwitz-Zicherie chillen wir gekonnt auf der Europawiese herum, bevor es weiter ins schmucke Steimke an der Ohre geht. Auf dieser Tour queren wir das Grüne Band mehrmals.
Start & Ziel	Museum Burg Brome ǀ Junkerende ǀ 38465 Brome
Art	Radrundweg oder Rundwanderung
Länge & Dauer	13 km ǀ 2,5 h (Rad) ǀ 4 h (Wandern)
Kategorie	mittelschwer
Hinkommen & Parken	Auto & Rad: über B 244 und B 248 nach Brome Bahn & Bus: www.regionalverband-braunschweig.de/oepnv-und-mobilitaet/fahrplaene Parken: Parkplatz an der Burg Brome
Tipps	» Museumscafé an der Burg Brome oder Eiscafé GUZZO in Brome nach der Tour besuchen. Auch die Liebfrauenkirche kann besichtigt werden.

Startpunkt ist die kleine, aber feine 1 Burg Brome – ein Museum des Landkreises Gifhorn. Sehenswerte Außendarstellung mit Infoleitsystem, innen ebenfalls Augenschmäuse. Öffnungszeiten beachten, gilt auch für das Museumscafé. Von der Burg geht es zuerst westlich – entlang der Str. Junkerende. Schöne Fachwerkhäuser und eine idyllische Pflasterung. Weiter geradeaus über die Hauptstr. mit der Liebfrauenkirche. An der Ecke Mühlenstr. rechts halten und von dort 100 m weiter links einbiegen in den 2 Naturerlebnispark, der entlang des Ohremühlengrabens führt und als Rad- bzw. Wanderweg weitergehend um den Ohresee läuft.

Infotafeln zu Naturschutzthemen wie Kopfweiden, Biberbewirtschaftung, Fließgewässer etc. Jede Menge Sitzbänke, ein Aussichtsturm und sehr gute Radwege. Wir umrunden den Doppelsee und kommen anschließend zurück zur Ecke Mühlenstr./Hauptstr. Leicht rechts halten (Bahnhofstr.), dann aber zügig gegenüber in die Braunschweigerstr. Diese ca. 150 m fahren, dann links rein in einen Waldweg (zwischen zwei Häusern ist der Beginn: Kartenmaterial im Buch sichten).

Wir bewegen uns jetzt auf das 87 ha große 3 Naturschutzgebiet „Bromer Busch"/„Ohreaue bei Altendorf und Brome" zu – direkt dahinter liegt das Grüne Band mit seinem sachsen-anhaltischen Schutzstatus „Nationales Naturmonument" (NNM) und „NATURA2000". Immer am Waldrand entlang – teilweise nicht einfach zu fahren mit dem Rad, weil grasig. Zum Wandern jedoch sehr gut geeignet. Wir kommen zur Str. „Ziegelei". Genau an diesem Punkt sind wir dem Grünen Band sehr nah: die Landesgrenze zw. Niedersachen und Sachsen-Anhalt bildet an der Kreuzung eine spitze Ecke. Sitzmöglichkeiten vorhanden.

Weiter auf „Ziegelei" in Richtung Böckwitz. Sehr gut fahrbar. Gute Naturkulisse. Am Friedhof Böckwitz vorbei. Über den Mühlenweg und die Böckwitzer Str. auf die 4 Europawiese. Hier kann wunderbar entspannt werden, Zeit fürs Chillen. Jede Menge Infotafeln und Bänke/Tische. Die Europawiese verbindet das Doppeldorf Böckwitz-Zicherie – das Grüne Band ist symbolträchtiger Teil der Europawiese.

Weiter geht's! Zum 5 Grenz-Museum Böckwitz-Zicherie in der Zicherieer Str. Ein Besuch lohnt – bitte die besonderen Öffnungszeiten beachten! Nur jeden 3. Sonntag im Monat geöffnet. Danach weiter über die gegenüberliegende Steimker Str. Richtung Ohre-Dörfchen Steimke. Leicht bergauf. Kurz vor Steimke links rein zum Einzelgehöft über

Museum Burg Brome

Relikte: DDR-Grenzpfeiler und Handkurbel vor Steimke

Kolonnenwegplatten (gut zu befahren) – dort steht noch ein Grenzrelikt: eine alte DDR-Grenzsäule und eine DDR-Handkurbel (öko, weil ohne Strom). Dann weiter, Berg runter, nach **6** Steimke rein. Sehr gepflegter Ort mit mittigem Dorfplatz, Kirche und Naturdenkmal Stieleiche/Wappeneiche. Diese Eiche ist ca. 350 Jahre alt und hat einen Umfang von ca. 7 m. Sie steht unweit der Kirche. (www.monumentale-eichen.de/sachsen-anhalt/2-kategorie/steimke). Über die Steimker Hauptstr. nun Querung der Ohre über die Ohrebrücke, danach über die Lange Str. Vordorf (leicht bergauf) in Richtung Ortsausgang. Nach ca. 500 m links schräg Richtung **7** Grünes Band abbiegen, das wir nach ca. 1 km erreichen. Gute Strecke für Räder. Dort zeigt sich das Grüne Band relativ unspektakulär – breiter Gehölzstreifen mit offenen Stellen, man ahnt noch, wie es hier vor 30 Jahren aussah. Danach entspannt über einen Wald-Feldweg zurück zur Burg Brome. Man kann kurz vor Brome wunderbar weite Sichten auf die Burg ergattern, da sie idyllisch am Ortsrand liegt. Dem Kartenmaterial im Buch folgen: eine weitere Ohrebrücke (hölzern) folgt kurz vor der Burg.

Amanda Hasenfusz

Adressen

Touristinformation Gifhorn
Marktplatz 1
38518 Gifhorn
www.suedheide-gifhorn.de/poi/touristinformation-gifhorn

Museum Burg Brome
Junkerende
38465 Brome
www.museen-gifhorn.de/museum-burg-brome

Museumsverein Böckwitz e. V.
Im Rundling 2
38486 Klötze I OT Böckwitz
www.grenz-museum.de

E-Bike + Pedelec Verleih
Drömlingsrad
Am Drömling 23
38486 Klötze / OT Kunrau
www.droemlingsrad.de

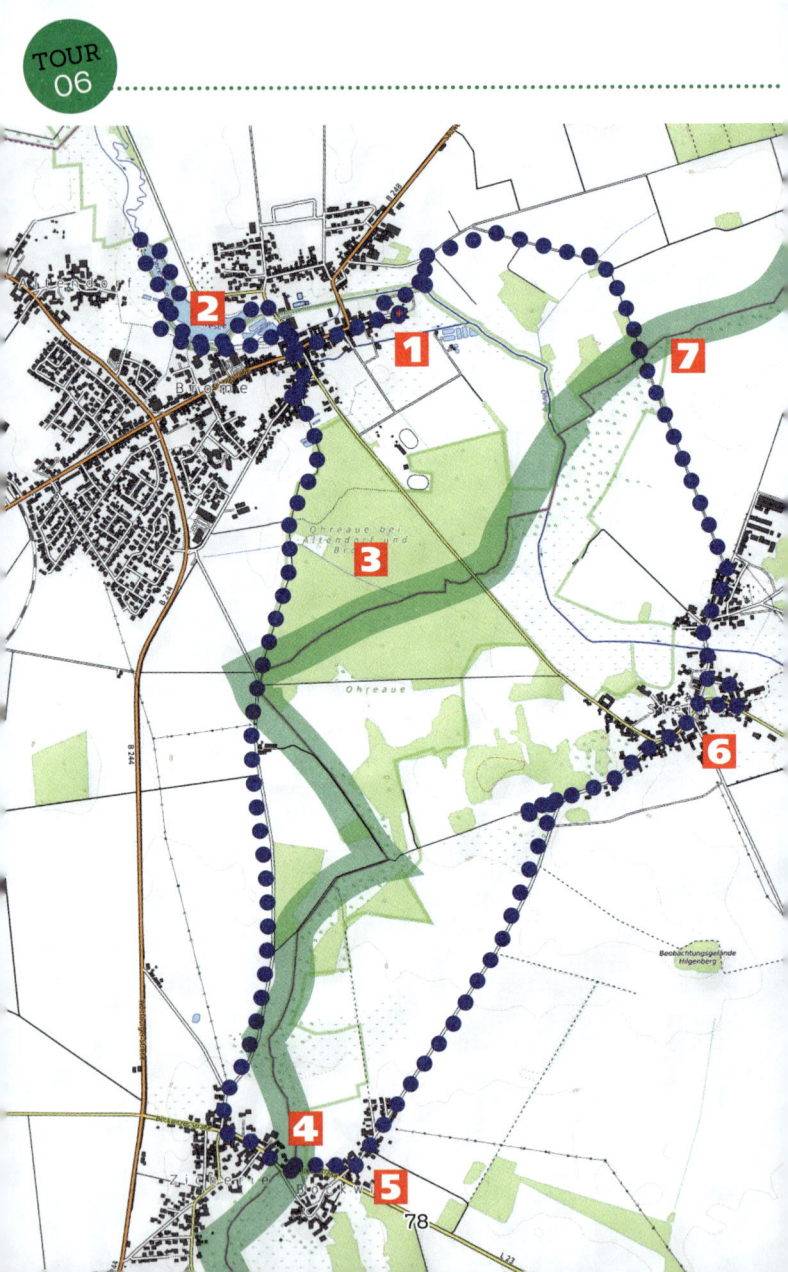

1 Burg Brome: Eine Wasserburg, vor 1195 von Heinrich dem Löwen gegründet. Bis in das 20. Jahrhundert Sitz eines Burgvogts, welchem die Verwaltung der umliegenden Dörfer unterstand. Von 2009-2014 wurde der Bau aufwändig saniert.

2 Naturerlebnispark Brome: Natur- und Kulturlehrpfad für Kinder und Erwachsene. Die Tier- und Pflanzenwelt der einheimischen Gewässer kann kennengelernt werden. Holzstege vorhanden, sowie acht Stationen mit Informationstafeln.

3 NSG Bromer Busch & Ohreaue bei Altendorf und Brome | NNM | NATURA2000: Hohe Schutzkategorien! Bitte immer auf den Wegen bleiben. Keine Tiere stören, keine Pflanzen stören. Infos unter: www.de.wikipedia.org/wiki/Ohreaue_bei_Altendorf_und_Brome

4 Europawiese Böckwitz-Zicherie: Die beiden Dörfer haben eine lange gemeinsame Geschichte, die erst durch den Kalten Krieg beendet wurde. Nach 1990 wurde aus der Grenze die Europawiese.

5 Grenz-Museum Böckwitz-Zicherie: Das Grenzmuseum ist ab 2022 von Feb.-Okt. jeden 3. So. von 14-17 Uhr geöffnet. Vorab bitte die Homepage checken. Es werden Führungen am GB angeboten.

6 Steimke: Ortsteil von Klötze. Früher ein Doppelrundplatzdorf, heute ein Haufendorf. Ca. 400 Einwohner:innen. Sehenswert ist u.a. auch die Kirche: evangelisch, klassizistischer rechteckiger Bau von 1825, hohe Rundbogenfenster, Orgel 19. Jahrhundert.

7 Grünes Band: Nationales Naturmonument (NNM) und NATURA2000-Areal. Hohe Schutzkategorien! Bitte immer auf den Wegen bleiben.

VON JÜBAR

Von der 1.000 Jahre alten Linde in Jübar zur „Ohreaue" am Grünen Band

NACH HANUM

Tour-Info	Richtig alte Bäume gibt es nicht mehr viele. Umso schöner ist es, in Jübar eine 1.000jährige Linde zu umrunden. Herrliche Feldwege auf dieser Tour, der kleine Neustaller See kann zum Picknicken genutzt werden, ein Großsteingrab kann aus der Ferne beschaut werden. Drei ehemalige Sperrgebietsdörfer und die wertvolle „Ohreaue" am Grünen Band sind auch dabei.
Start & Ziel	Jübar ǀ Breite Str. in Dorfmitte ǀ zw. den Gaststätten am Spielplatz
Art	Radrundweg
Länge & Dauer	22 km ǀ 3 h
Kategorie	mittelschwer
Hinkommen & Parken	Auto & Rad: B 248 Rohrberg über K 1118ǀ B 244 Zasenbeck über K 1118 Bahn & Bus: www.insa.de Parken: Dorfmitte Jübar (zw. den Gaststätten, Breite Str., am Spielplatz)
Tipps	» Die Gastronomien in Jübar sind Bedarfsgaststätten. Bitte unbedingt vorher anrufen, wenn man Essen und Trinken möchte. » Edeka Nachbarschaftsladen in der Breiten Str. 24 in Jübar. Tgl. außer Sonntag geöffnet. » Abstecher nach Lüdelsen: mehrere Megalithgräber, u.a. das sog. „Königsgrab", Routing über www.outdooractive.com/de/route/wanderung/altmark/stonehenge-in-deutschland-archaeologisch-historischer-wanderweg-luedelsen/108252279

Das mittelgroße Dorf **1** Jübar ist unser Startpunkt. Und zwar die Dorfmitte, unmittelbar neben der 1.000jährigen Sommerlinde (Naturdenkmal), nach der auch eine Gaststätte des Ortes benannt ist. Das Wappen des Dorfes ist eng mit diesem Baum verbunden. Naturkundler schätzen das Alter auf nur 500 Jahre. Der Baumveteran hat eine starke Schlagseite, treibt aber jedes Jahr neu aus. Wie dem auch sei – auf jeden Fall ein imposanter Baum! Über die „Fibrolastr." geht es nun erstmal nach Südost, nette Häuser, dann Feldwege. Wir bewegen uns auf dem „Altmarkrundkurs" nach **2** Neuenstall mit seinem (Angel)See. Ort und See befinden sich am Rand des Forstes „Wismar".

Nach dem Seeblick wieder retour nach Neuenstall und weiter südwestlich, dann südlich über gut ausgebaute Feldwege (neue Betonspuren, ländlicher Wegebau) Richtung Nettgau, immer am Rand des „Wismar" entlang. Eine riesige Industrieanlage liegt vor uns, im Volksmund das „Glunzwerk". Hier werden unter portugiesischer Flagge aus Holz verschiedene Holz- und Verbundmaterialien gefertigt. Vor dem Werk sieht man auf einem Feld ein Megalithgrab unter Bäumen (Zugang leider nicht möglich). Weiter südlich fahren („Bromer Weg"). Nach dem Werk rechts rein (Schotterweg), dann links direkt auf das ehemalige

Sperrgebietsdorf Nettgau zu. Eine landwirtschaftliche Produktionsstätte weist uns den Weg rein ins Dorf. Über die „Hauptstr." (K 1127) Richtung Westen. In der Mitte des Dorfes, nahe an der Bushaltestelle, steht ein ungewöhnlicher Brunnen. Die Weltkugel dreht sich auf einem Wasserspiel. Sehr aufwändig gestaltet! Sehr schön! Ein guter Rastplatz!

Weiter über den Weg "Zur Ohreaue" nähern wir uns dem Grünen Band und damit dem **3** NATURA2000-Gebiet „Ohreaue" bzw. „Mittlere Ohreaue". Die Ohre trennt hier die Altmark von Niedersachsen, Ottergebiet, herrliche alte Erlen. Infotafel und Bank vorhanden. Weiter geht es Richtung Westen, über die kleine Ohrebrücke, dann den gut zu befahrenden Wegen folgen, die das Kartenmaterial vorgibt. 400 m geradeaus, dann scharf rechts und weitere 900 m nördlich. Rechts von uns läuft das Grüne Band mit dem NATURA2000-Gebiet mit. Sehr wertvolles Gebiet – hier darf die Natur walten, der Mensch hält sich zurück. Wir fahren östlich weiter, an der K 92, die von Radenbeck kommt, nach Gladdenstedt rein. Auch dieser Ort war zu DDR-Zeiten ein Sperrgebietsdorf. Die Straße „Zur Mühle", die wir nutzen, um in den Ort reinzufahren, erinnert an „Wichmanns Mühle". Ein Infoschild zur ehemaligen Mühle findet man direkt gegenüber dem

Rinderhaltung am Grünen Band zwischen Hanum und Gladdenstedt

Sitzbänke vor Jübar mit weitem Blick in die
Altmarklandschaft

großen braunen Infoschild mit Datum der Grenzöffnung. Die Mühle lag am südwestlichen (rechten) Ohreufer. Sie gehörte den von der Schulenburg in Wolfsburg und wurde mit der deutsch-deutschen Teilung abgerissen (Aktion „Ungeziefer"). Im Dorf findet man noch eine alte DDR-Grenzsäule, die jedoch nicht original hier stand. Die „Lindenstr." und den „Hanumer Weg" nutzen, um Gladdenstedt nördlich zu verlassen. Jetzt immer entlang des NATURA2000-Gebietes fahren. Schotterweg, gut zu befahren. Der Weg ist relativ lang, ca. 4 km bis Hanum. Auch **4** Hanum war Sperrgebiet – wer will kann einen Abstecher in den Ort unternehmen. Mittig steht die Dorfkirche. Über die K 1118 geht es danach gemütlich, leicht bergan, zurück nach Jübar. Geschafft.

Amanda Hasenfusz

Adressen

Gastronomie/Bistro
Jübar: Gaststätte „Zur Linde" & „Zur Kastanie" (LADEpünktchen Altmark")
Ahlum: Bistro „Bootshaus Ahlum", Tel.: 0171 4670031

Unterkünfte in der Nähe
Drebenstedt: Pension „Zur Eiche", www.pensionzureiche.de
Stöckheim: Ferienhaus Plaasch, Tel.: 039007 911970
Hanum: Ferienhof Hanum, www.ferienhof-hanum.de

Kunst in Lüdelsen
Beton Design, handmade bei Rositha Peters: www.rositha-peters.de

Touristinformation Wittingen
Lange Str. 29
29378 Wittingen
www.suedheide-gifhorn.de/poi/touristinformation-wittingen

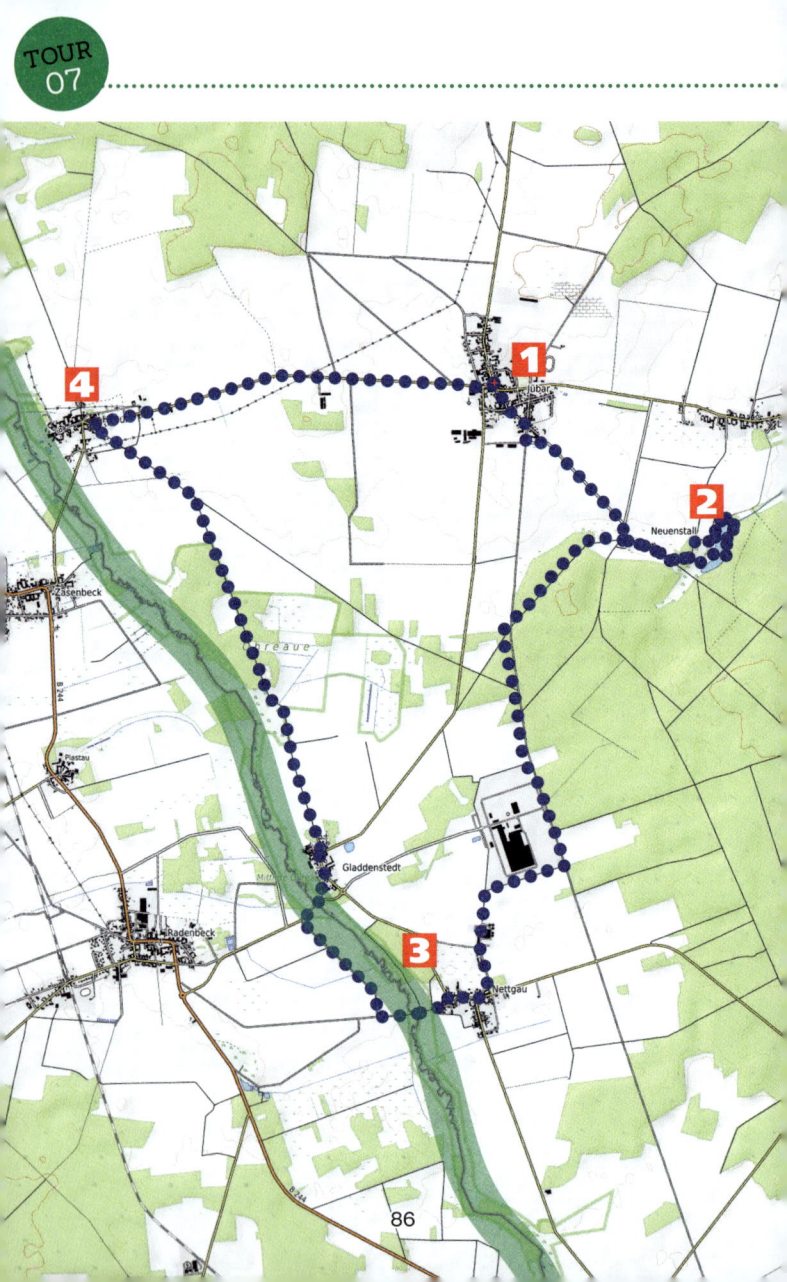

1 Jübar: Gute Infrastruktur mit Nachbarschaftsladen, 2 Gaststätten, Grundschule, Gemeindehaus, Kirche. Mehrfach ausgezeichnet als schönstes Dorf im Altmarkkreis Salzwedel. Bronzeplakette im Bundeswettbewerb „Unser Dorf hat Zukunft". Die Ortschaft befand sich bereits im 13./14. Jahrhundert in Grenzlage des deutsch-slawischen Gebiets. Der Ortsname wechselte häufiger: Von Inbere über Jobere, Inber bis Jübar.

2 Neuenstall mit seinem See: Wenige Häuser in idyllischer Landschaft. Der See liegt im Wald, Wegweiser helfen ihn zu finden. Er wird vom Bach „Hartau" gespeist, denn er liegt im Quellgebiet des Baches. Jede Menge Picknickplätze rund um den See, auch überdacht. Er kann leider nicht komplett umrundet werden; ¾ Umrundung möglich. Äußerst lauschig!!!

3 NATURA2000-Gebiet „Mittlere Ohreaue": Das FFH-Feuchtgebiet ist Teil des Grünen Bandes und erstreckt sich über ca. 15 km zwischen Niedersachsen von Waddekath im Norden bis Wendischbrome im Süden. Hier wurden Biber und Fischotter nachgewiesen. Das ganze Gebiet hat einen europäischen Schutzstatus. Wer über die NATURA-2000-Gebiete in Sachsen-Anhalt und Niedersachsen mehr wissen möchte: www.bfn.de/thema/natura-2000

4 Dorf & Kirche Hanum: Den Schlüssel für die Kirche bitte vorab anfragen bei Wilfried Hendrich, Hanum Nr. 2, Tel.: 039003 518. Es handelt sich um eine überformte Feldsteinkirche. Das Dorf Hanum gehört zur Gemeinde Jübar und liegt gemächlich in der Landschaft, nahe am Grünen Band. Ca. 160 Einwohner, viele Pferde.

Retreat-Hotel im Herzen der Altmark

Der Seminarhof Astraea ist ein wundervolles, ökologisches Retreat Hotel mit Schlafmöglichkeiten in hochwertig ausgestatteten Tipis (10 Stück) und Jurten (8 Stück), mitten in der unberührten Natur. Ausgestattet mit einem modernen Seminarbereich, einem lichtdurchfluteten Restaurant und einem Yoga- und Spabereich, können hier unterschiedliche Gruppengrößen empfangen werden. Die Bestuhlung im Seminarraum ist flexibel anpassbar. Der denkmalgeschützte Seminarhof liegt im Herzen der Altmark auf einem 4 ha großen Grundstück mit freiem Blick in die unberührte Natur.

Wir sind ein Familienunternehmen

und mögen Menschen und schöne Dinge, heizen mit nachwachsenden Rohstoffen, servieren biologische Lebensmittel und begegnen Gästen, Mitarbeitern und unserer Umwelt mit Herz und Respekt. Die Gastgeber Jana & Christian freuen sich auf Ihren Besuch und stehen für sämtliche Anfragen gerne zur Verfügung.

Kontakt
www.astraea.de
info@astraea.de
Vissum 14
39619 Arendsee
0176 43686348

Grenzmauer

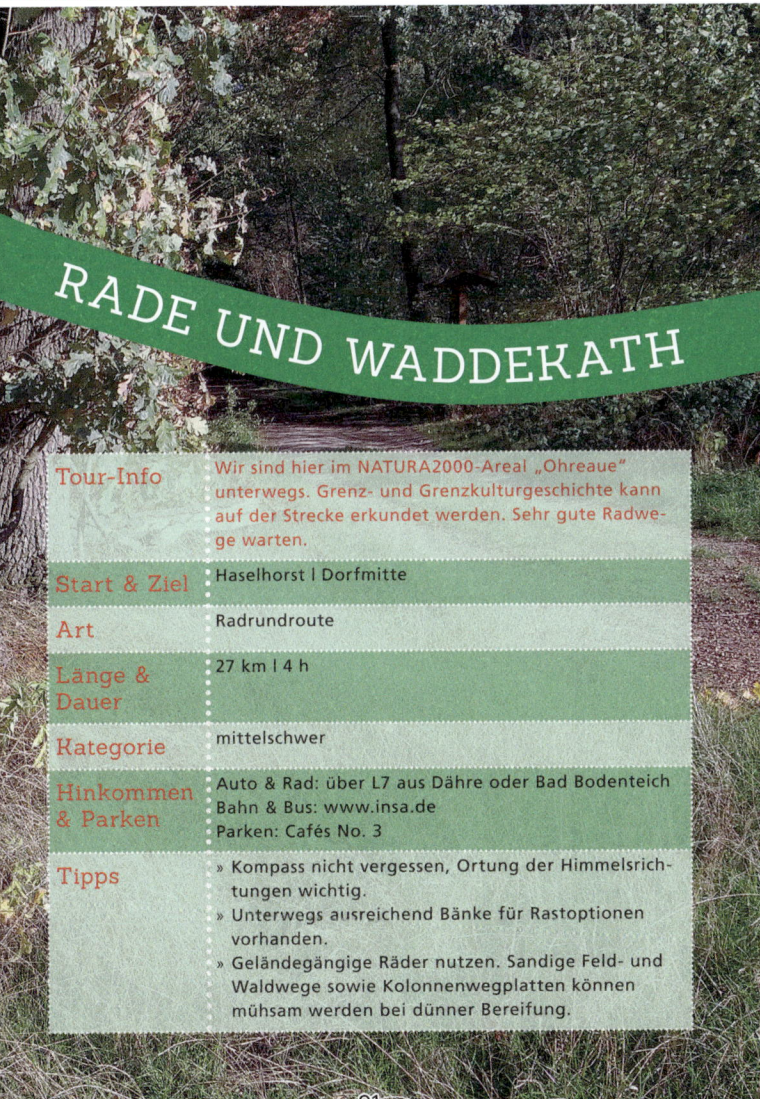

RADE UND WADDEKATH

Tour-Info	Wir sind hier im NATURA2000-Areal „Ohreaue" unterwegs. Grenz- und Grenzkulturgeschichte kann auf der Strecke erkundet werden. Sehr gute Radwege warten.
Start & Ziel	Haselhorst I Dorfmitte
Art	Radrundroute
Länge & Dauer	27 km I 4 h
Kategorie	mittelschwer
Hinkommen & Parken	Auto & Rad: über L7 aus Dähre oder Bad Bodenteich Bahn & Bus: www.insa.de Parken: Cafés No. 3
Tipps	» Kompass nicht vergessen, Ortung der Himmelsrichtungen wichtig. » Unterwegs ausreichend Bänke für Rastoptionen vorhanden. » Geländegängige Räder nutzen. Sandige Feld- und Waldwege sowie Kolonnenwegplatten können mühsam werden bei dünner Bereifung.

1 Haselhorst scheint am Ende der Welt zu liegen… dabei fängt dort die richtig gute (wertvolle!) Welt erst an! Der Ort befindet sich in unmittelbarer Nähe des Grünen Bandes und hat eine herrliche Umgebung. Start in der Dorfmitte. Südöstlich halten und den ca. 2,5 km langen Wald- und Feldweg nach Hanum nutzen. Rechts von uns verläuft das wertvolle **2** NATURA 2000- und FFH-Gebiet „Ohreaue". Im altmärkischen **3** Dorf Hanum kann man sich u.a. die Kirche anschauen. Sie befindet sich im ursprünglichen Dorfkern – den Charakter als Rundplatzdorf kann man noch erkennen. Die Grenzöffnung Hanum-Zasenbeck erfolgt am 6.01.1990, ein Gedenkstein sowie eine Grenzsäule am Eingang zum Rundplatzbereich erinnern daran. Auf dem Weg nach Zasenbeck finden wir weitere Informationen zur Grenzöffnung zwischen Hanum und Zasenbeck. Neben der Kirche Hanum haben sich zwei Pensionen etabliert. Hier kann man in Ferienwohnungen übernachten.

Nun in südliche Richtung aus Hanum heraus. Neues Ziel: Zasenbeck. Ein straßenbegleitender Radweg kann genutzt werden. Er führt direkt zum Grünen Band. Infotafeln, die sich mit dem Thema „Innerdeutsche Grenze", „Grenzöffnung" und Sehenswürdigkeiten rund um Wittingen beschäftigen, sind zu finden. Es grüßt das bekannte

4 große braune touristische Hinweisschild mit Datum und Uhrzeit der Grenzöffnung. Gute Rastoption, Tische und Bänke vorhanden. Herrliche Landschaft am Grünen Band – Feuchtwiesen mit Binsen, Erlenbruchwald am Flüsschen Ohre.

Weiter südlich über die Hanumer Straße nach Zasenbeck rein. Typisches niedersächsisches Dorf mit großen Bauerngehöften. Breite Dorfstraße mit schönen alten Eichen, Kartoffelverkauf an der Straße. Über die Straße Unter den Eichen geht es westlich weiter, dann nördlich den Feldweg Alter Weg nutzen, um näher ans Grüne Band zu fahren. In Teilen Schlaglochpiste, aber gute Ausblicke (östlich sieht man die Dächer von Hanum). Dem Kartenmaterial im Buch folgen. Zur B 244 – ca. 600 m Bundesstraße fahren. Achtung: kein Radweg vorhanden, vorsichtig sein, wenn viel Verkehr ist!

Dann wieder von der B 244 runter auf asphaltierte Feldwege. Richtung: Norden. Sehr gut zu fahren! Wir haben nun rechts von uns wieder das NATURA 2000- und FFH-Gebiet „Ohreaue". Den Ort **5** Ohrdorf umrunden wir leicht nördlich über den Weg „Zur Nachtweide" (Milchtankstelle vorhanden, ausgeschildert). Über den Weg „Klintgarten" weiter westlich, wird zum Graswerg, teilweise schwer zu fahren. Gute Sicht auf die Turmholländermühle von Ohrdorf! Sie wurde

Mauerreste bei Waddekath

Landidylle in Haselhorst

1867 gebaut und bietet ebenfalls eine Übernachtungsoption.

Jetzt weiter nördlich auf dem asphaltierten Verbindungsweg zwischen Ohrdorf und Rade bzw. Waddekath. Ebenfalls sehr gut zu fahren, relativ wenig Verkehr. Nach ca. 1 km kommt eine große Eiche. Dort rechts reinfahren über eine kleine Birnbaumallee (Grasweg) direkt zur **6** Landwehr. Dort befindet sich ein sehr gutes Informationsschild zur Landwehr der Kreis- und Stadtarchäologie Gifhorn. Zurück auf den Weg Richtung Rade. Wir queren die L 282 und fahren direkt auf Rade zu. Noch vor dem Ort:

Am Holz-Hinweisschild „Grenzmauer" einen Abstecher Richtung Osten unternehmen und zum Grünen Band fahren. Nur ein kurzer Sprung. Dort **7** Infotafel und Reste einer DDR-Grenzanlage bei Waddekath. Wissenswertes zum Thema „Innerdeutsche Grenze". Dazu dem Waldweg folgen. Auf dem Rückweg kommen wir ebenfalls an diesem Erinnerungsort mit Rastoption vorbei. Rade ist sehenswert. Schmucke Backsteinhäuser. Nach Rade weiter Richtung Norden, ca. 2 km auf Feld- und Waldwegen. Dann wieder direkt zum Grünen Band – „rübermachen" in die Altmark und südlich auf dem Kolonnenweg Richtung Waddekath fahren. Achtung: vorsichtig fahren oder besser schieben. Offene Landschaft mit weiten Blicken! Neuanpflanzung von Bäumen. Nach ca. 2 km kommen wir wieder an der alten DDR-Grenzanlage von vorhin vorbei. Danach in den Ort und die schöne Feldsteinkirche Waddekath besichtigen: Wunderbarer Platz zum Innehalten und Verweilen, ursprünglicher Kirchenraum. Den Schlüssel gibt es schräg gegenüber bei Hella Sievert, Dorfstr. 17, Tel.: 03902-535. Südöstlich ca. 3 km über einen asphaltierten Feld- und Waldweg direkt auf Haselhorst zu. Gut zu fahren, kaum Verkehr. Geschafft.

Amanda Hasenfusz

Adressen

Touristinformation Wittingen
Lange Str. 29
29378 Wittingen
www.suedheide-gifhorn.de/poi/touristinformation-wittingen

Museum – Deutsche – Einheit Bad Bodenteich
Burgstr. 8
29389 Bad Bodenteich
www.grenzmuseum-bodenteich.de

Ferienhof Hanum
Hanum 15
38489 Hanum
www.ferienhof-hanum.de

Gästehaus Hansen
Pfingstberg 5
29378 Wittingen / OT Ohrdorf
www.gaestehaus-hansen-wittingen.de

Mühlenurlaub Südheide
Windmühle Ohrdorf
Windmühle 1
29378 Wittingen /OT Ohrdorf
www.muehlenurlaub-suedheide.de

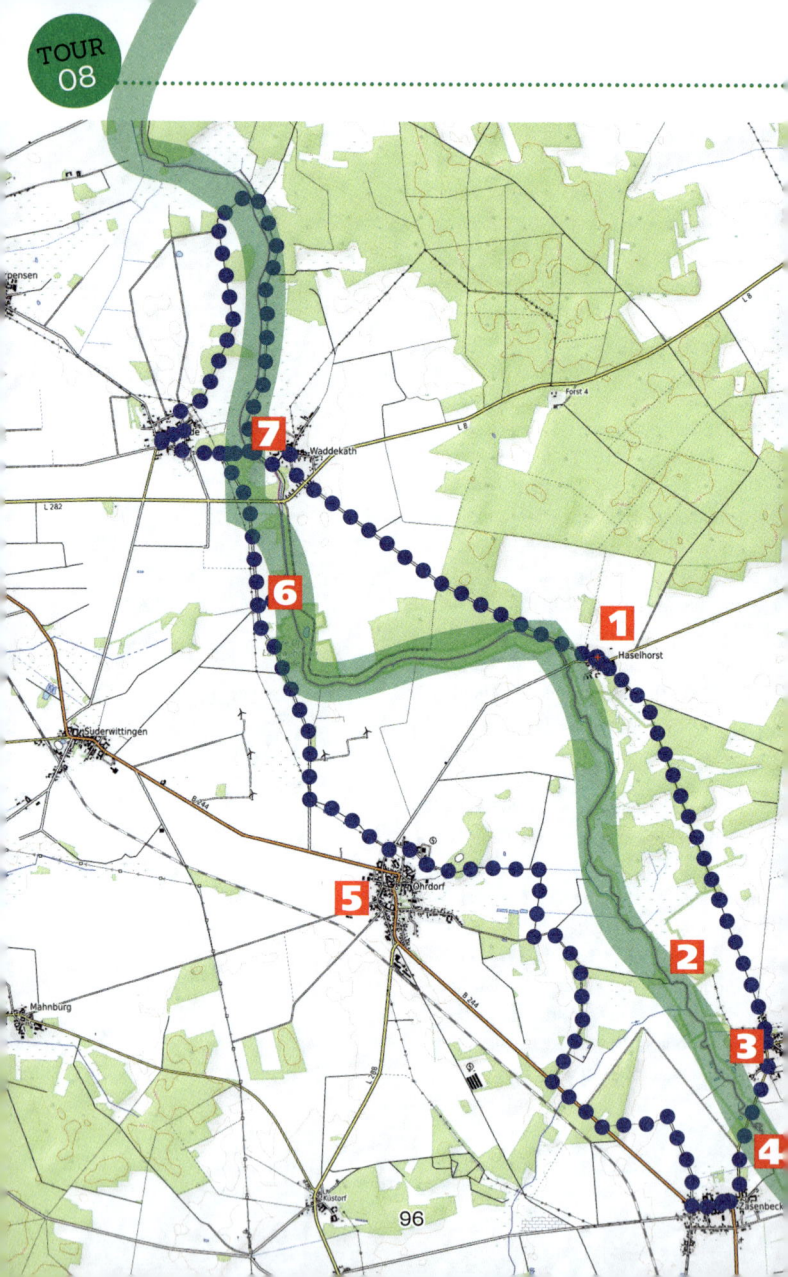

1 Haselhorst: Ein Ortsteil des Fleckens Diesdorf. Miniort mit ca. 40 Einwohnern. Sehr idyllisch und sehr viel Ruhe.

2 Ohreaue: Das NATURA 2000- und FFH-Gebiet ist Teil des Grünen Bandes und erstreckt sich über ca. 15 km entlang der Landesgrenze zu Niedersachsen von Waddekath im Norden bis Wendischbrome im Süden. Die Zauneidechse besiedelt die Randlagen des Nadelwaldes und die Heiden westlich von Steimke. Aus den vorhandenen kleinen Weihern sind zwei Vorkommen des Kammmolches bekannt. Auch Knoblauchkröte, Moorfrosch und Laubfrosch kommen vor. (Quelle: Landesverwaltungsamt Sachsen-Anhalt I www.natura2000-lsa.de/schutzgebiete/natura2000-gebiete/ohreaue)

3 Dorf & Kirche Hanum: Den Schlüssel für die Kirche bitte vorab anfragen bei Wilfried Hendrich, Hanum Nr. 2, Tel.: 039003 518. Es handelt sich um eine überformte Feldsteinkirche. Das Dorf Hanum gehört zur Gemeinde Jübar und liegt gemächlich in der Landschaft, nahe am Grünen Band. Ca. 160 Einwohner, viele Pferde.

4 Hinweisschilder Grenzöffnung: Diese Schilder sind auf Initiative des Landes Sachsen-Anhalt entstanden. Sie sind an 109 Bundes- und Kreisstraßen zu finden, die das Grüne Band in Deutschland kreuzen.

5 Ohrdorf: Ursprünglich ein Rundplatzdorf. Gehört zu Wittingen im Landkreis Gifhorn. Westlich des Ortes entspringt die „Ohre". Im Dorf kann die Feldsteinkirche St.-Laurentius besichtigt werden. Unterkunftsoptionen „Gästehaus Hansen" und in der Windmühle vorhanden (siehe Adressen).

6 Landwehr Rade/Waddekath: Historische Grenzbefestigung, ca. 4,5 km lang (!), 13./14. Jhd.; alte Grenzanlage zw. den Fürstentümern Lüneburg und der Mark Brandenburg. Drei Wälle mit 4 Gräben, ca. 30 m breit. Seit 1992 unter Denkmalschutz. Infoschild der Kreis- und Stadtarchäologie des Landkreises Gifhorn ist südwestlich von Waddekath auf dem asphaltierten Feldweg nach Ohrdorf erreichbar (abbiegen an der alten Eiche; GPS-Koordinaten: 52.717793, 10.791754).

7 Reste einer DDR-Grenzanlage: Mauerreste, Bunkerrelikt und Sitzgruppe für Picknick vorhanden. Auf der „Westseite" gleich daneben im Wald eine gute Infotafel vorhanden.

TOUR 09

ALTES GRENZGEBIET, WALD

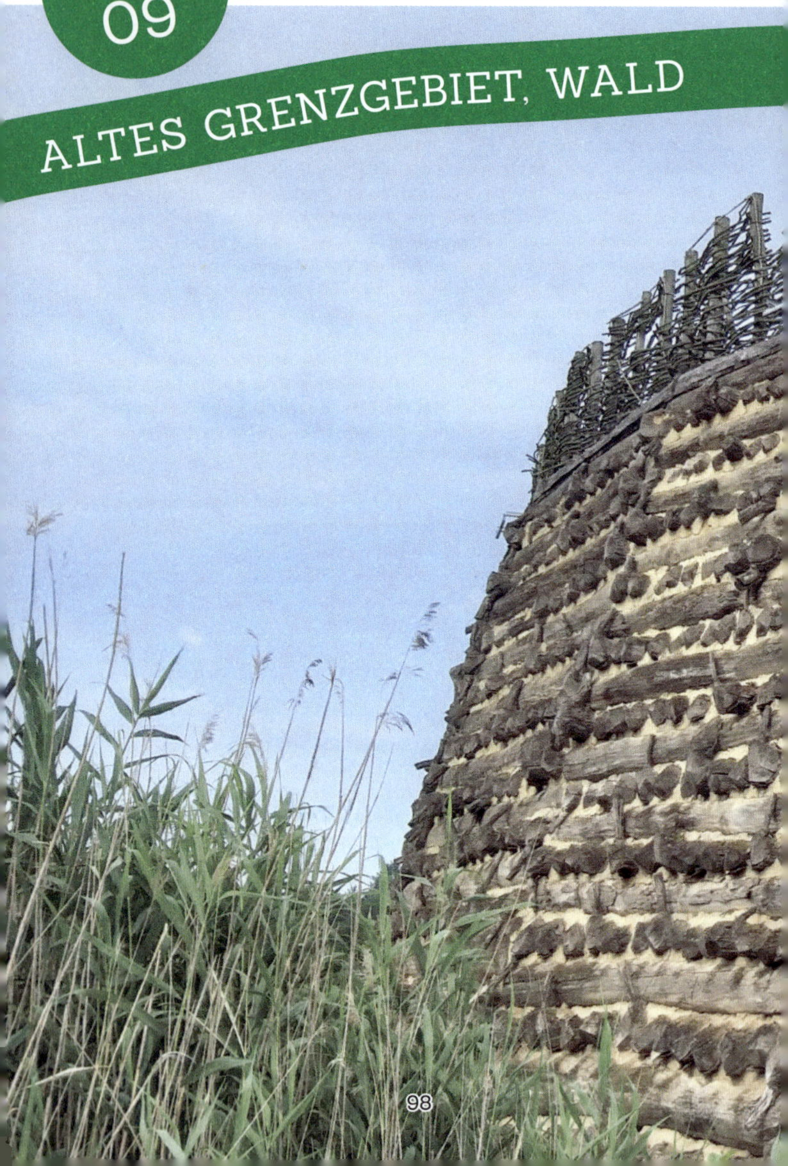

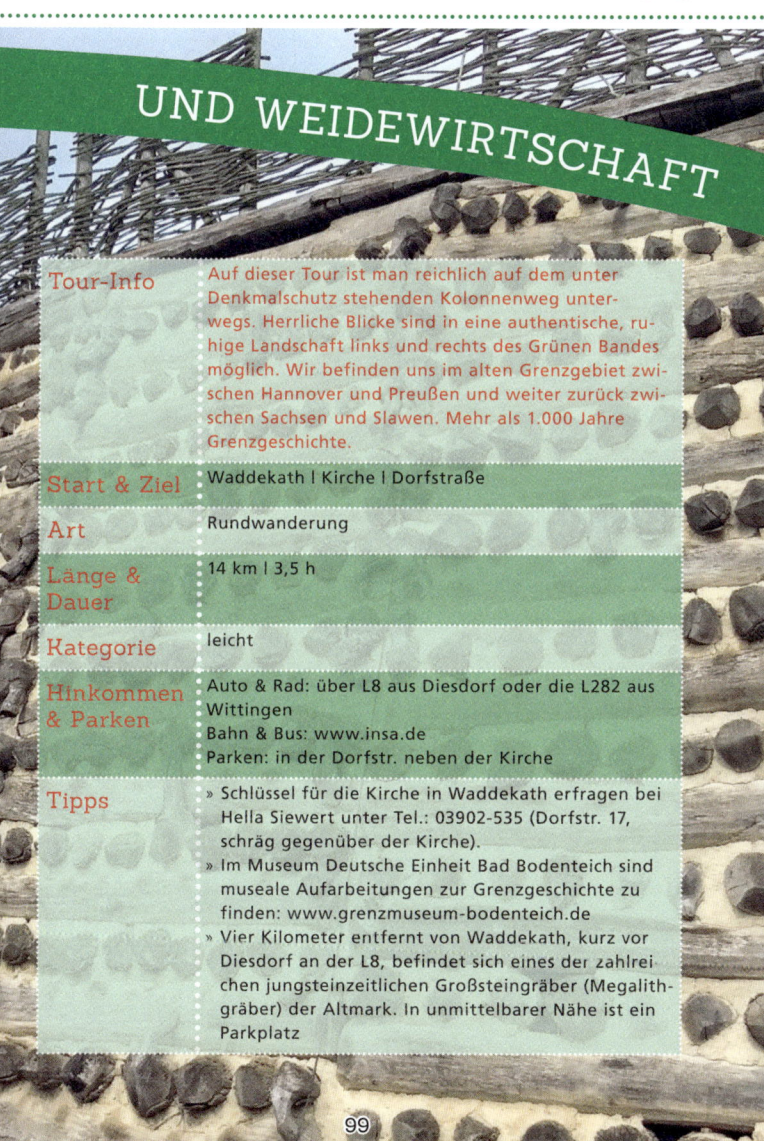

UND WEIDEWIRTSCHAFT

Tour-Info	Auf dieser Tour ist man reichlich auf dem unter Denkmalschutz stehenden Kolonnenweg unterwegs. Herrliche Blicke sind in eine authentische, ruhige Landschaft links und rechts des Grünen Bandes möglich. Wir befinden uns im alten Grenzgebiet zwischen Hannover und Preußen und weiter zurück zwischen Sachsen und Slawen. Mehr als 1.000 Jahre Grenzgeschichte.
Start & Ziel	Waddekath I Kirche I Dorfstraße
Art	Rundwanderung
Länge & Dauer	14 km I 3,5 h
Kategorie	leicht
Hinkommen & Parken	Auto & Rad: über L8 aus Diesdorf oder die L282 aus Wittingen Bahn & Bus: www.insa.de Parken: in der Dorfstr. neben der Kirche
Tipps	» Schlüssel für die Kirche in Waddekath erfragen bei Hella Siewert unter Tel.: 03902-535 (Dorfstr. 17, schräg gegenüber der Kirche). » Im Museum Deutsche Einheit Bad Bodenteich sind museale Aufarbeitungen zur Grenzgeschichte zu finden: www.grenzmuseum-bodenteich.de » Vier Kilometer entfernt von Waddekath, kurz vor Diesdorf an der L8, befindet sich eines der zahlreichen jungsteinzeitlichen Großsteingräber (Megalithgräber) der Altmark. In unmittelbarer Nähe ist ein Parkplatz

1 Waddekath eignet sich sehr gut als Ausgangspunkt für eine gemütliche Grenztrophy. Direkt am Grünen Band liegend, ist man nach wenigen Metern an der ehemaligen innerdeutschen Grenze. Die Kirche, an der unsere Tour beginnt, kann besichtigt werden. Sie trägt zwar keine spätmittelalterlichen Wandmalereien, ist aber dennoch klein und fein.

Hinter der Kirche in die Tour einsteigen – zwischen alten Wirtschaftsgebäuden vorbei auf den ehemaligen Grenzweg zu. Nach ca. 100 m kommt der gut erhaltene Kolonnenweg. Richtung Norden wandern, nach ca. 250 m folgen Mauerreste und ein 2-Mann-Bunker als Grenzdenkmal sowie eine überdachte Sitzgruppe. In unmittelbarer Nähe gibt es im Wäldchen nebenan, auf niedersächsischer Seite, ein zweiteiliges Infoschild zu den Themen „Grenzbefestigungen im Raum Wittingen" und „Innerdeutsche Grenze": dazu dem Trampelpfad folgen, Panzersperrgraben „überwinden" und „rübermachen". Danach auf den Kolonnenweg zurück.

Wir wandern nun entlang des Panzersperrgrabens (links von uns, identisch mit dem Grenzgraben Rade). Rechts des Weges wurden von der Umweltstiftung des Landes Sachsen-Anhalt neue Bäume gepflanzt. Heckensäume durchziehen die Weite – alles sehr schön anzusehen. Man glaubt es kaum, aber es gab hier einst eine mächtige **2** Dammburg. Heute ist es ein archäologisches Bodendenkmal, das leider nicht mehr obertägig erhalten ist. Früher war es eine Wehranlage am Rande des sächsischen Gebietes.

Weiter dem Kartenmaterial im Buch folgen. Nach rechts langsam vom Grünen Band in eine Acker-Wald-Landschaft hineinwandern. Sandwege. Jetzt sind wir in Texas! Das Gebiet heißt im Volksmund wegen seiner Siedlungsstruktur so. Bei Bergmoor, Neuekrug und Reddigau war die DDR zu Ende. Hier gab es Weite, Wald und Wiesen und sonst nichts. Überall Einzelgehöfte oder winzigste Dörfer. Und: Das „Café Moskau"! Auf dem nahen Schwabenberg (108 m über NN) hatte die Sowjetische Armee zu DDR-Zeiten einen Stützpunkt mit 500 Soldaten. Von hier aus beobachtete man die Manövertätigkeit in der Lüneburger Heide. Heute ist es ein Lost Place und nur über die Str. von Bergmoor und Höddelsen zu erreichen. Achtung: Privatbesitz!

Wir kommen an ein Einzelgehöft. Nicht irritieren lassen von den Toranlagen, die den Weg „Im Kesselgrund" versperren. Die Tore sind meist offen, da es sich um einen öffentlichen Weg handelt. Man kann auch den Trampelpfad links zwischen den alten Eichen nutzen, um weiter

Landwehr bei Waddekath

Glückliche Kühe neben Kolonnenwegplatten (bei Waddekath)

zu wandern (Nutzung des Trampelpfades auf eigene Gefahr!). Bitte die Pferde nicht stören und die Besitzer des Gehöftes auch nicht. Wir lassen das Gehöft hinter uns und wenden an der nächsten Feldwegkreuzung südlich in den Wald.

Ca. 2,5 km auf Waldwegen. Zwischendurch das „Waldbaden" nicht vergessen: still verharren, tief durchatmen, Tieren lauschen, das satte Grün auf sich wirken lassen.

Die L8 queren – Vorsicht, schneller Verkehr, kein Radweg oder Wanderweg. Auf der L8 ca. 70 m links halten, dann gegenüber den ersten Waldweg nutzen. Für die nächste Waldwanderung (Strecke ebenfalls ca. 2,5 km) das Kartenmaterial immer wieder konsultieren. Sehr schöne Waldränder sind dabei – oft mit Blick zurück auf Waddekath. Insgesamt bewegen wir uns jetzt wieder auf das Grüne Band zu.

Das Grüne Band zeigt sich hier als zum Teil feuchtes **3** NATURA2000-Gebiet namens „Ohreaue". Wir sind wieder auf dem Kolonnenweg unterwegs, links der Panzersperrgraben. Richtung: Norden. Das Grüne Band ist hier mehr als 100 m breit. Auf der niedersächsischen Seite, quasi auf der anderen Seite des NATURA2000-Gebietes, gibt es die **4** Landwehr von Rade zu bestaunen. Erdwälle, die mehrere Hundert Jahre alt sind. Eine

alte Grenzanlage – entstanden lange bevor es BRD und DDR gab.

Jetzt immer weiter Richtung Norden, Waddekath kommt in Sicht. Dem Kolonnenweg folgend, kommen wir am Westrand von Waddekath an der L8 heraus. Rechts grüßt das große braune Infoschild „Hier waren Deutschland und Europas bis zum 17.02.1990 um 9 Uhr geteilt". Weiter auf dem Kolonnenweg bis zu dem Bereich, der unser Einstieg in die Wanderung war.

Amanda Hasenfusz

Adressen

Touristinformation Wittingen
Lange Str. 29
29378 Wittingen
www.suedheide-gifhorn.de/poi/touristinformation-wittingen

Wohnmobilstellplätze Diesdorf
Str. „Schäfertor" (Zugang ist ausgeschildert)
8 Stellplätze

Freilichtmuseum und Museumscafé Diesdorf
Molmker Str. 23
29413 Flecken Diesdorf
www.freilichtmuseum-diesdorf.de
www.museumscafe-diesdorf.de

1 Waddekath: Ein altmärkisches Rundplatzdorf mit einer schmucken Feldsteinkirche, das sehr nah am Grünen Band liegt und daraus richtig was machen könnte! Wie viele ehemalige Grenzdörfer im Altmarkkreis Salzwedel schläft der Ort etwas vor sich hin, hat aber jede Menge Charme. Walenkote, Watekoten und Wadencote sind Namen, die der Ort einst trug. Er wurde zu DDR-Zeiten nicht grundlegend geschleift, viele Häuser blieben stehen, die meisten Dorfbewohner zogen nicht weg.

2 Dammburg Rade/Waddekath: GPS 52.751264, 10.791407. Wall, Graben und Tore der Befestigungsanlage sind nicht mehr zu kennen. Alles, was man sieht, ist eine leicht erhöhte Struktur. Die Burg stammt wahrscheinlich aus dem frühen Mittelalter (8. - 10. Jhd.). Es handelte sich ursprünglich um einen Ringwall von etwa 50 m Durchmesser mit vorgelagertem Graben. Archäologen ordnen sie dem sog. Pipinsburg-Typus zu.

3 NATURA2000-Gebiet „Ohreaue": Das FFH-Feuchtgebiet ist Teil des Grünen Bandes und erstreckt sich über ca. 15 km zwischen Niedersachsen von Waddekath im Norden bis Wendischbrome im Süden. Hier wurden Biber und Fischotter nachgewiesen. Das ganze Gebiet hat einen europäischen Schutzstatus. Wer über die NATURA-2000-Gebiete in Sachsen-Anhalt und Niedersachsen mehr wissen möchte: www.bfn.de/thema/natura-2000

4 Landwehr Rade/Waddeakth: Historische Grenzbefestigung, ca. 4,5 km lang (!), 13./14. Jhd.; alte Grenzanlage zw. den Fürstentümern Lüneburg und der Mark Brandenburg. Drei Wälle mit 4 Gräben, ca. 30 m breit. Seit 1992 unter Denkmalschutz. Infoschild der Kreis- und Stadtarchäologie des Landkreises Gifhorn ist südwestlich von Waddekath auf dem asphaltierten Feldweg nach Ohrdorf erreichbar (abbiegen an der alten Eiche; GPS-Koordinaten: 52.717793, 10.791754).

UNTERWEGS IM DACHS-COUNTY

BEI HÖDDELSEN & REDDIGAU

Tour-Info	Der kleine Ort Höddelsen ist unser Ausgangspunkt. Entlang von wunderschönen Feldwegen geht es in eine sehr schöne, ruhige Landschaft. Wiesen, Wälder und Äcker wechseln sich ab. Überall Dachsfährten! Zur Hälfte der Tour kommen wir ans Grüne Band, wo noch mehr wertvolle Natur und manchmal sogar Moorfrösche auf uns warten.
Start & Ziel	Schmölau | Cafe No. 3 | Schmölau Nr. 3 | 29413 Dähre
Art	Rundwanderung
Länge & Dauer	10 km | 3 h
Kategorie	leicht
Hinkommen & Parken	Auto & Rad: aus Diesdorf über K1001, weiter K1390 aus Dülseberg Bahn & Bus: www.insa.de Parken: Parknischen hinter dem Dorfclubhaus nutzen
Tipps	» Wenig Sitzgelegenheiten auf der Strecke. » Im Sommer an Mückenspray denken. » Fernglas nicht vergessen.

Diese Tour ist Ines Agte aus Reddigau gewidmet, die den Anstoß gab, das Grüne Band von dieser besonderen „Texas-Seite" zu erkunden. Ines ist oft in der Landschaft unterwegs und liebt die idyllischen Feldflure.

Startpunkt ist das  Dorfclubhaus in Höddelsen. Den Ort erkunden wir auf der Rücktour – jetzt geht es erstmal Richtung Nordwesten bzw. Westen über den asphaltierten „Schmölauer Weg" hinaus ins „Texas" der Altmark. Achtung – wertvolles NATURA2000-Areal. Texas heißt Texas, weil die Gegend dünn besiedelt ist, die Landschaft endlos und der wilde Westen (Niedersachsen) nicht weit.

Nach ca. 500 m den „Schmölauer Weg" verlassen, um einen Feldweg zu nutzen, der schräg weiter nördlich des „Schmölauer Weges" verläuft. Diesen ca. 1 km Richtung Westen entlangwandern. Vor uns links sehen wir die Dächer von Neuekrug, nördlich einen großen Wald.

An der ersten Kreuzung weiter Richtung Westen gehen. An der Kreuzung fällt eine mehrere hundert Jahre **2** alte Eiche auf. Der Weg wird nun immer herrlicher – facettenreiche Strukturen von Gehölzen. Der alte Feldweg windet sich durch die Landschaft, sehr pittoresk. Dann kommt das Grüne Band, an das wir nicht direkt herangehen, sondern, weiter südlich gehend über einen Wieserand,

im Abstand von ca. 200-400 m parallel begleiten. Wir wandern auf den **3** Ise-Quellgraben mit kleinem Teich zu, den wir bereits von der Schmölau-Neuekrug-Lüben-Tour kennen.

Den Teich umrunden, dann südlich halten. Im Abstand von ca. 50 m am Grünen Band südlich ca. 800 m entlangwandern. Entlang eines Grabens, in dem man auch schon mal Moorfrösche sehen kann. Achtung: Wiesenfläche, leichter Gang über mittelhohes bis hohes Gras möglich (je nach Jahreszeit, im Winter und Frühjahr sehr gut zu laufen). Über Waldwege weiter südöstlich – siehe Kartenmaterial. Wir stoßen dann auf den asphaltierten „Wittinger Weg" und nutzen diesen, um direkt auf Reddigau zuzugehen. In umgekehrter Richtung (also westlich weiterwandernd) befindet sich, direkt am Grünen Band, ein kleiner Gedenkstein zur Grenzöffnung.

4 Reddigau ist ein verwunschenes kleines Dorf, das unmittelbar an Neuekrug grenzt. Wir wandern nördlich über die „Alte Frachtstraße" in

NATURA2000

NATURA2000-Gebiete sind auf der europäischen Ebene geschützt. Ein hoher Schutzstatus, weil wertvolle Flora und Fauna! Wer über die NATURA-2000-Gebiete in Sachsen-Anhalt mehr wissen möchte, kann nachlesen unter: www.natura2000-lsa.de

Authentisch: Shabbychickes Wegeleitsystem in Reddigau
(im Hintergrund Streckmetallzaun)

Grünes Band an der Isequelle, Grenzgraben mit Moorfröschen

den Ort hinein, vorbei an den alten grauen DDR-Grenzkasernen (eine für die Offiziere, eine für die einfachen Soldaten). Dann weiter Richtung Osten über einen sehr schönen Feldweg („Alter Schulweg"), gepflastert und vorwiegend von Schlehenhecken gesäumt (schick im frühen Frühjahr anzusehen). Auch dieser Weg windet sich etwas in der Landschaft... das macht ihn umso schöner.

Jetzt nördlich über den asphaltierten „Wittinger Weg" und die „Salzwedeler Straße" zum Ausgangspunkt unserer Wanderung. Höddelsen zeigt sich hier von seiner schönsten Seite – eine interessante Dorfanlage! Weitläufig, baulich aufgelockert, kurvig im Straßenbild. Texas halt....Unweit entspringt in den umliegenden Wiesen die Quelle der „Salzwedeler Dumme" und der „Alten Dumme".

Amanda Hasenfusz

Adressen

Café No. 3 Schmölau
Schmölau Nr. 3
29413 Dähre/OT Schmölau
www.cafe-no3-schmoelau.de

Lübener Tenne + Museum im Dorf Lüben
Lüben 1
29378 Wittingen/OT Lüben
www.luebener-tenne.de
www.museum-im-dorf-lueben.de

Museum Deutsche Einheit
Bad Bodenteich
Burgstraße 8
29389 Bad Bodenteich
www.grenzmuseum-bodenteich.de

Touristinformation Wittingen
Lange Str. 29
29378 Wittingen
www.suedheide-gifhorn.de/poi/
touristinformation-wittingen

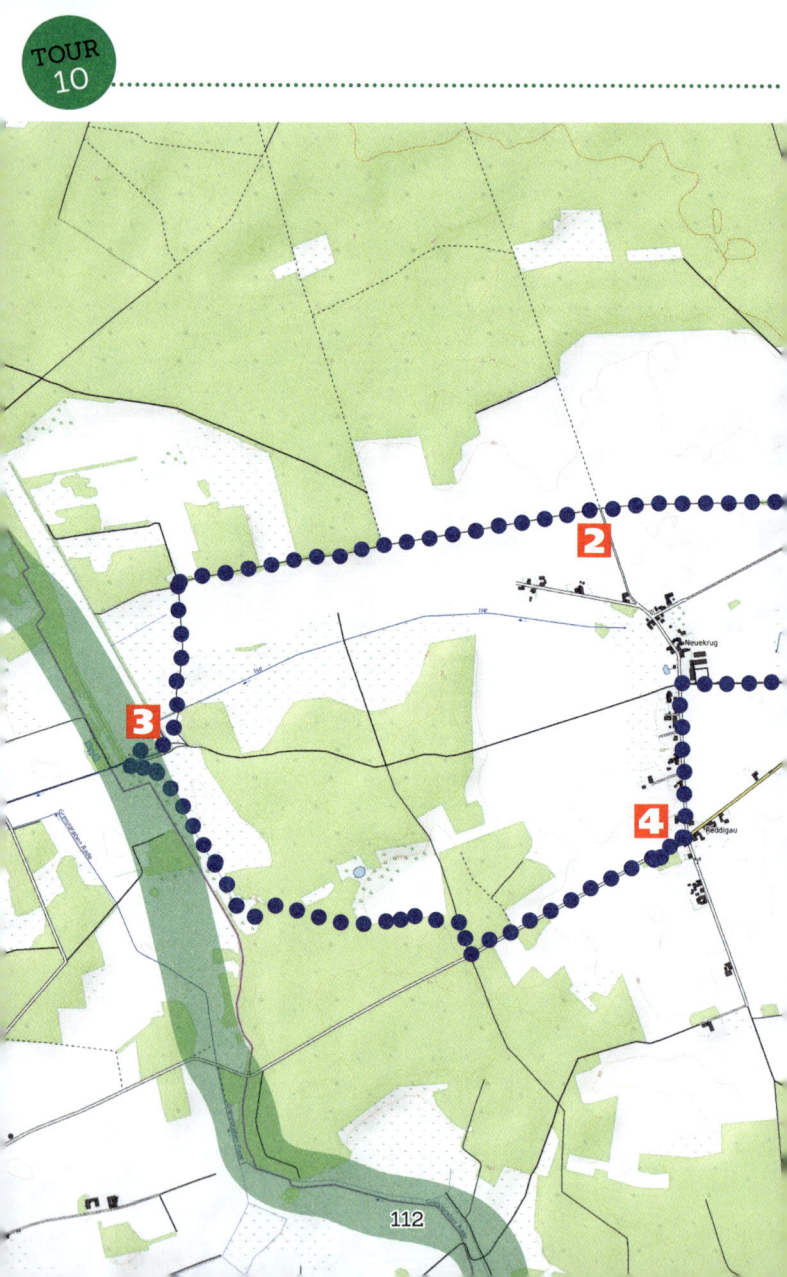

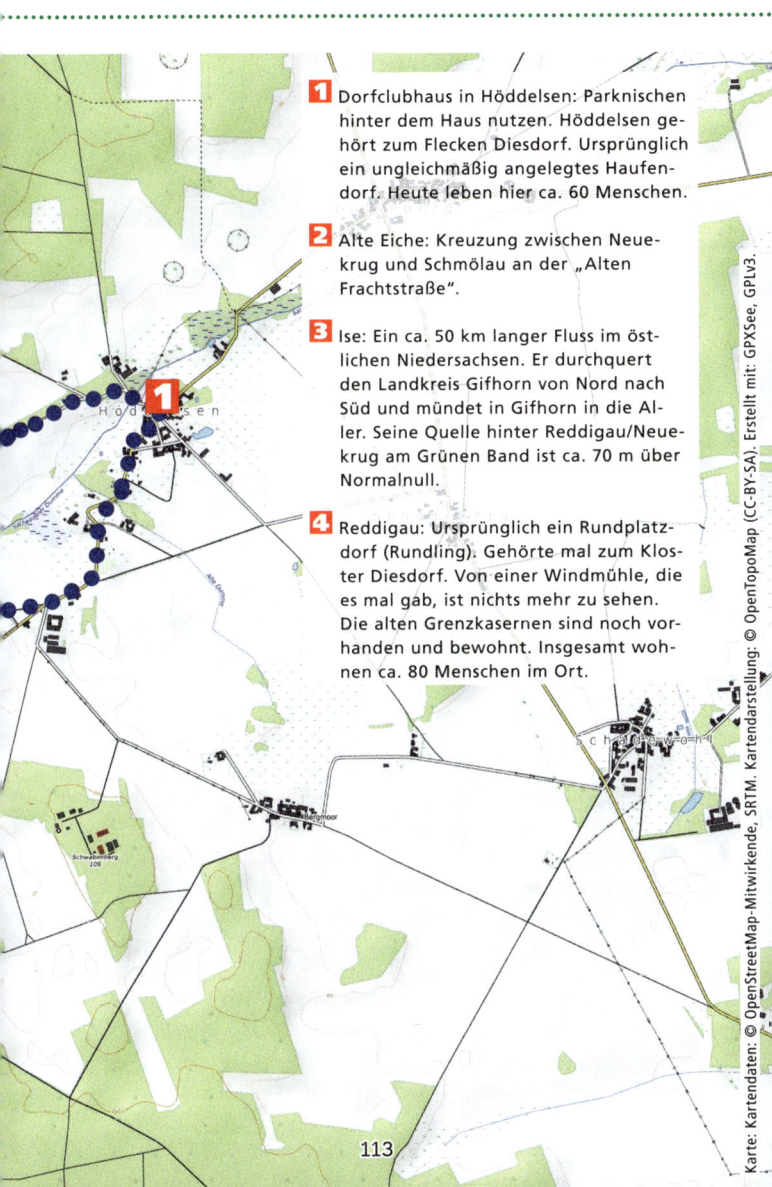

1 Dorfclubhaus in Höddelsen: Parknischen hinter dem Haus nutzen. Höddelsen gehört zum Flecken Diesdorf. Ursprünglich ein ungleichmäßig angelegtes Haufendorf. Heute leben hier ca. 60 Menschen.

2 Alte Eiche: Kreuzung zwischen Neuekrug und Schmölau an der „Alten Frachtstraße".

3 Ise: Ein ca. 50 km langer Fluss im östlichen Niedersachsen. Er durchquert den Landkreis Gifhorn von Nord nach Süd und mündet in Gifhorn in die Aller. Seine Quelle hinter Reddigau/Neuekrug am Grünen Band ist ca. 70 m über Normalnull.

4 Reddigau: Ursprünglich ein Rundplatzdorf (Rundling). Gehörte mal zum Kloster Diesdorf. Von einer Windmühle, die es mal gab, ist nichts mehr zu sehen. Die alten Grenzkasernen sind noch vorhanden und bewohnt. Insgesamt wohnen ca. 80 Menschen im Ort.

Karte: Kartendaten: © OpenStreetMap-Mitwirkende, SRTM. Kartendarstellung: © OpenTopoMap (CC-BY-SA). Erstellt mit: GPXSee, GPLv3.

Astrid Lüders
Kuchen im Museumscafé

„Ich habe meine Leidenschaft gefunden und bin bei mir selbst angekommen", resümiert Astrid Lüders, während sie in der kleinen Küche des Museumscafés Diesdorf Hefeteig für altmärkischen Butterkuchen zubereitet. Aufgewachsen ist die 56-Jährige in Salzwedel. Nach dem Abitur zog es sie zum Studium nach Greifswald. Es folgten Auslandsaufenthalte in Kanada und USA und viele Jahre Großstadtleben in Berlin. Als Geologin hat sie nie gearbeitet, dafür aber für die kanadische Botschaft, parallel ein Fotolabor aufgebaut und Textilkunst geschaffen. 2012 besuchte sie ihre Eltern in Salzwedel und machte mit ihrer Tochter einen Ausflug ins Freilichtmuseum Diesdorf. „Das Museum war interessant, aber ich hätte gerne auch noch einen Kaffee getrunken. Aber es gab nichts", erinnert sie sich. „Über den Winter überlegte ich, wie so ein Café aussehen könnte." Das Konzept und ihren Business-Plan stellte Lüders dem Museumsleiter und den Verantwortlichen im Landkreis vor, in dessen Trägerschaft das Museum ist. Man einigte sich auf eine Probesaison von August bis Oktober 2014. Für Lüders ein Kraftakt, denn zu der Zeit arbeitete sie noch in Berlin und kam nur am Wochenende nach Diesdorf, um sich um „ihr" Café zu kümmern. Für die anderen Tage hatte sie eine Mitarbeiterin. Aber es lief gut, und sie wagte den nächsten Schritt: Sie zog mit ihrer Tochter nach Diesdorf und wurde Betreiberin des Cafés. „Ich wollte sowieso wieder aufs Land ziehen und näher bei meinen Eltern sein." Das Café entwickelte sich ständig weiter. „Irgendwann habe ich beschlossen, Kuchen nicht mehr zu kaufen, sondern selbst zu backen." Als diplomierte Geologin aus einem Lehrerhaushalt gehörte Backen nicht zu ihren Kernkompetenzen. „Ich habe den Winter ausprobiert und viele Tutorials angeschaut – eben Learning by doing."

Mittlerweile kommen die Menschen auch nur zum Kaffeetrinken und Torte essen. Es gibt Gruppen, die sich zur Kaffeetafel anmelden, sie backt Torten auf Anfrage für unterschiedliche Anlässe. In dem Café hat sie einen kleinen Laden mit Stoffen und regionalen Produkten eingerichtet. „Im Winter ist es ruhiger, da habe ich Zeit für andere Projekte wie Nähcafés, Spielenachmittage oder Lesungen. Diese Zeit brauche ich aber auch, um mich zu erholen und Kraft für die neue Saison zu tanken."

Lüders nimmt wahr, dass sich Altmark und Wendland annähern. „Aber das dauert. 40 Jahre DDR haben die Entwicklung in dieser Region gebremst." Das Wendland hat durch die Anti-Atomkraft-Proteste Menschen aus ganz Deutschland angezogen, die hier leben und sich ausprobieren wollten. Die Altmark entwickelt sich langsam. Aber das Geschäft läuft. Die Touristen nehmen zu. Es gibt viele Privatinitiativen, die das Angebot in der Region erweitern und für die Altmark und das Grüne Band werben. „Davon profitiere ich bzw. auch das Café." Die Cafébetreiberin bedauert allerdings, dass von kommunaler Ebene zu wenig passiert und vor allem alles viel zu lange dauert. Als ein Beispiel nennt sie den Klimawandel in der Region, der ihr Sorgen bereitet. „Wir kämpfen hier mit Trockenheit und in Zukunft sicherlich auch mit Wasserknappheit. Aber es gibt keine Antworten oder Diskussionen darüber von öffentlicher Seite. „Ich habe mit meinen Mitarbeitenden vereinbart, dass wir das Wasser, mit dem wir Obst und Gemüse waschen, auffangen und zum Blumengießen auf der Terrasse nutzen. Das ist nur ein kleiner Beitrag und unsere Privatinitiative. Aber da müssten doch von öffentlicher Seite Vorschläge und Ideen kommen, wie sich eine Region auf den Klimawandel und die Wasserknappheit vorbereitet."

Der Kreis hat sich geschlossen: Astrid Lüders ist in der Altmark aufgewachsen und ist jetzt zurückgekehrt. Aber sie ist überzeugt, dass sie nur zurückkehren konnte, weil sie so lange weg war und so viel erlebt hat. „Ich kann mir im Moment keinen schöneren Arbeitsplatz vorstellen", sagt sie, während sie auf ihr Café, ihre Torten und das Museum mit typisch altmärkischen Gebäuden zeigt.

Beatrix Flatt

TOUR
11

SCHMÖLAU-LÜBENER

GENUSSTOUR

Tour-Info	Diese Tour ist anspruchsvoll. Relativ schwer in der Fläche, weil viele sandige Wald- und Feldwege. 2 x müssen Felder kurz gequert werden. Dafür bewandert man das Grüne Band in Teilen direkt, mit wunderschönen Aussichten. Für Kulinarik sorgen das Café No. 3 in Schmölau und die Lübener Tenne. Zudem kann in Lüben ein Museum-im-Dorf besucht werden.
Start & Ziel	Schmölau I Cafe No. 3 I Schmölau Nr. 3 I 29413 Dähre
Art	Rundwanderung
Länge & Dauer	18 km I 5 h
Kategorie	schwer
Hinkommen & Parken	Auto & Rad: über L7 aus Dähre oder Bad Bodenteich Bahn & Bus: www.insa.de Parken: Cafés No. 3
Tipps	» Winterwanderungen vermeiden, da Forst- und Flurwege evtl. zu nass. » Gute Wanderschuhe anziehen. 2 x Feldquerungen notwendig – insgesamt ca. 500 m, da Wanderwege weggepflügt wurden. » Nicht als Radtour geeignet. » Im Museum Deutsche Einheit Bad Bodenteich Grenzgeschichte der Region erkunden: www.grenzmuseum-bodenteich.de

Wir sind in „Texas" unterwegs! Das Gebiet heißt im Volksmund wegen seiner Siedlungsstruktur so. Bei Bergmoor, Neuekrug und Reddigau war die DDR definitiv zu Ende. Hier gab es Weite, Wald und Wiesen und… Ruhe. So ist es noch heute und das ist wunderbar. Die Hektik der Welt… hier ist sie nicht zu spüren. Überall Einzelgehöfte oder winzige Dörfer.

Gestartet wird in Schmölau am **1** Café No. 3. Entweder vor Beginn der Wanderung Kaffee & Kuchen genießen oder danach. Vom Café aus direkt südlich wenden. Wir gehen einen Feld- und später Waldweg (alte Frachtstraße) entlang, ca. 6 km. Weite Blicke im Feldbereich möglich. Im Wald sieht man verschiedene Forstkulturen – Sandwege und leicht hügelige Landschaft. Rechts von uns läuft im Abstand von 1 bis 1,5 km das Grüne Band mit – dort entlang kommen wir auf dem Rückweg.

Über unseren Feldweg erreichen wir **2** Neuekrug. Es grüßt zuerst… ein Streckmetallzaun! Nicht in seiner ursprünglichen Variante als Grenzzaun, sondern verwandelt in einen Haustierzaun. Hier hat sich jemand richtig viel Mühe gegeben, um aus Schwertern Pflugscharen zu machen. Hinter dem Zaun sieht man Schafe laufen. Sie gehören zu Eckhard Kausch, der schon immer in Neuekrug lebt, wie er sagt. Wenn man den rüstigen Rentner auf der Straße trifft, kann man ein schönes Schwätzchen mit ihm halten.

Das texanische Neuekrug strahlt vor allem eines aus: Ruhe. Einige schmuck sanierte Häuser sind zu sehen. Ruinen natürlich auch. Backstein herrscht vor. Der Ort ist klein und geht, fast übergangslos, in Reddigau über. Wir biegen nun rechts ab, ca. 150 m hinter dem Ortsschild „Reddigau". Zuvor sehen wir einen kleinen Teich. Am Teich gibt es eine Rastoption mit Bänken und Holzskulptur. Das Schild „Reitrouten in der Altmark" weist uns den „Alten Schulweg" Richtung Westen. Über Kolonnenwegplatten direkt auf den Wald zu – näher ran ans Grüne Band.

Nach dem Wald kommen wir direkt auf das **3** Grüne Band – leider keine Infotafel vorhanden. Man merkt es an den weiten Wiesenflächen, den kleinen Teichen und dem Grenzgraben. Hier fließt auch das Grenzflüsschen „Ise". Sehr idyllische Landschaft. „Rübermachen" in den Westen – rein nach Niedersachsen.

Unser nächstes Ziel ist das schönste Dorf im Landkreis Gifhorn, das **4** Rundlingsdorf Lüben. Wir gelangen dorthin über einen Wald- bzw. Feldweg, dann die befestigte sog. „Zonenrandstr." nutzen. Die Hälfte unserer Tour ist nun geschafft, ab hier sind wir auf dem Rückweg. Wer in der Lübener Tenne speisen möchte, sollte sich

Holzskulptur (Landart) zwischen Neuekrug und Reddigau

Relikt der DDR-Grenzanlagen: Kleine Grenzmeldeanlage am Schmölauer Seitenweg

vorab erkundigen, ob sie offen hat. Es gibt regelmäßig Lunch-Buffetts.

Im Ort sollte man sich die Rundlings-struktur ansehen. Es gibt ein „Museum im Dorf", das an einigen Tagen im Jahr geöffnet hat. Dort geht es um das Thema Erhaltung historischer land- und hauswirtschaftlicher Maschinen und Geräte. Lüben und die Lübener Tenne sind in jedem zweiten Sommer auch

DDR-Kaserne

Wer ein paar Schritte weiter nach Reddigau reingeht über die „Alte Frachtstraße", kann eine alte DDR-Kaserne der Grenzsoldaten anschauen. Diese Bauten gibt es heute noch in fast jedem Sperr-gebietsdorf – hübsch saniert könnte hier reichlich Wohnraum für den dringend benötigten Zuzug generiert werden.

Adressen

Café No. 3 Schmölau
Schmölau Nr. 3
29413 Dähre/OT Schmölau
www.cafe-no3-schmoelau.de

Lübener Tenne + Museum im
Dorf Lüben
Lüben 1
29378 Wittingen/OT Lüben
www.luebener-tenne.de
www.museum-im-dorf-lueben.de

Museum Deutsche Einheit
Bad Bodenteich
Burgstraße 8
29389 Bad Bodenteich
www.grenzmuseum-bodenteich.de

Touristinformation Wittingen
Lange Str. 29
29378 Wittingen
www.suedheide-gifhorn.de/poi/
touristinformation-wittingen

Austragungsort der „Internationalen Werkstattwoche Lüben" (www.internationale-werkstattwoche.de)
Wir wandern weiter Richtung Norden. Raus aus Lüben, rein in die Landschaft. Am Friedhof vorbei und gleich die erste Straße Richtung Nordosten nutzen – direkt auf das Grüne Band zu. Eine kleine Eiche weist uns den Weg – sie steht an der Ecke, die wir zum Abbiegen nutzen. Den asphaltierten Weg gehen wir ca. 800 m und wenden uns an einem langgezogenen Erdwall, wo links der Wald beginnt, Richtung Norden. Jetzt sind wir fast ausschließlich auf dem Grünen Band unterwegs – bis fast nach Schmölau. Wir wechseln immer mal wieder von Sachsen-Anhalt nach Niedersachsen – je nachdem, wie sich der Weg gestaltet und wie die Vegetation ist. Das Grüne Band wird bald zu einem breiten Streifen, der sich wunderbar begehen lässt. Zwischendurch muss man auch mal über einen Ackerrandstreifen gehen, weil der Weg weggepflügt wurde.

Immer das Kartenmaterial im Buch nutzen, um die Navigation hinzubekommen. Bei Schmölau (westlich des Ortes), muss ein Acker gequert werden, um auf den umlaufenden Dorfweg zu kommen. Dieser Weg ist ein Schmuckstück, baum- und grasstauengesäumt sowie mit einem Wehr und einer alten DDR-Grenzmeldestation bestückt. Unweit gab es zu Zeiten der geschlossenen Grenze eine Hundelaufanlage der DDR. Der Weg führt uns nördlich nach Schmölau rein. Jetzt die Landesstraße nutzen. Direkt auf das Café No. 3 zu und gemütlich Kaffee trinken bzw. Kuchen essen.

Amanda Hasenfusz

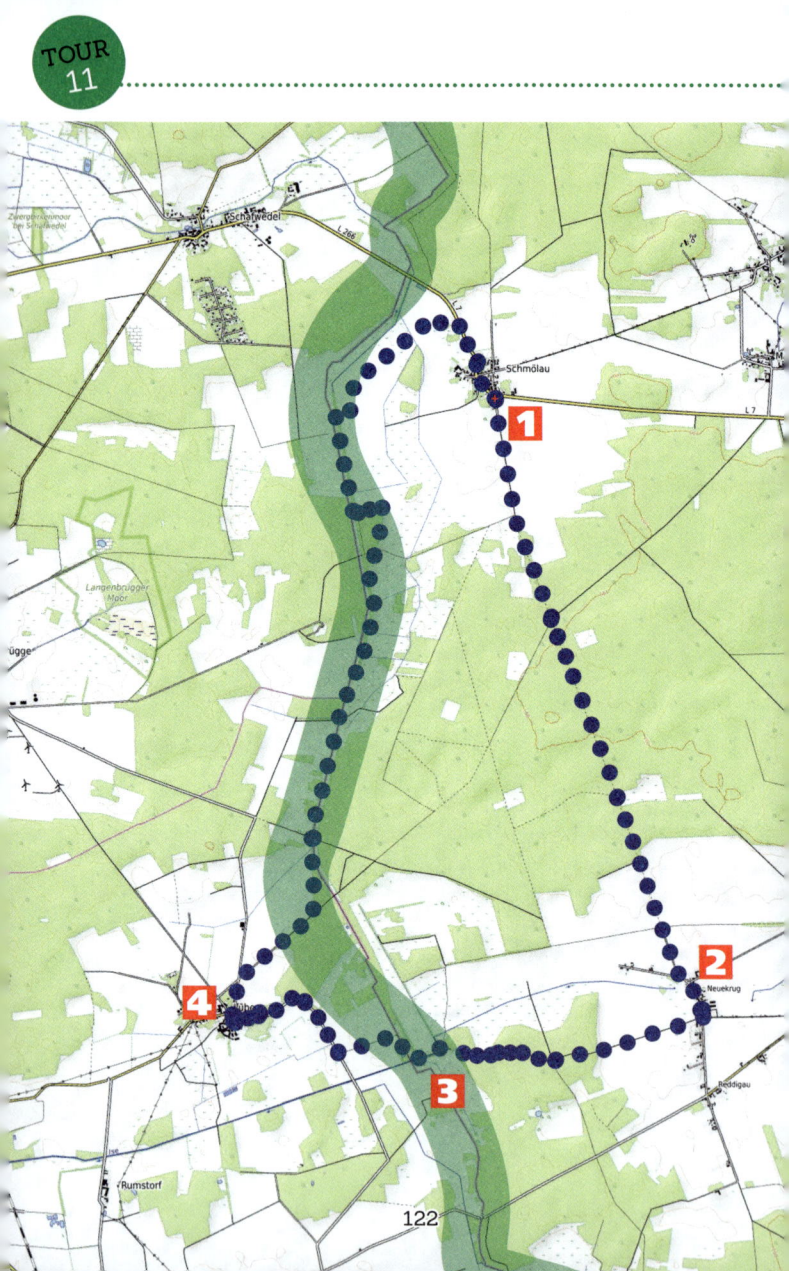

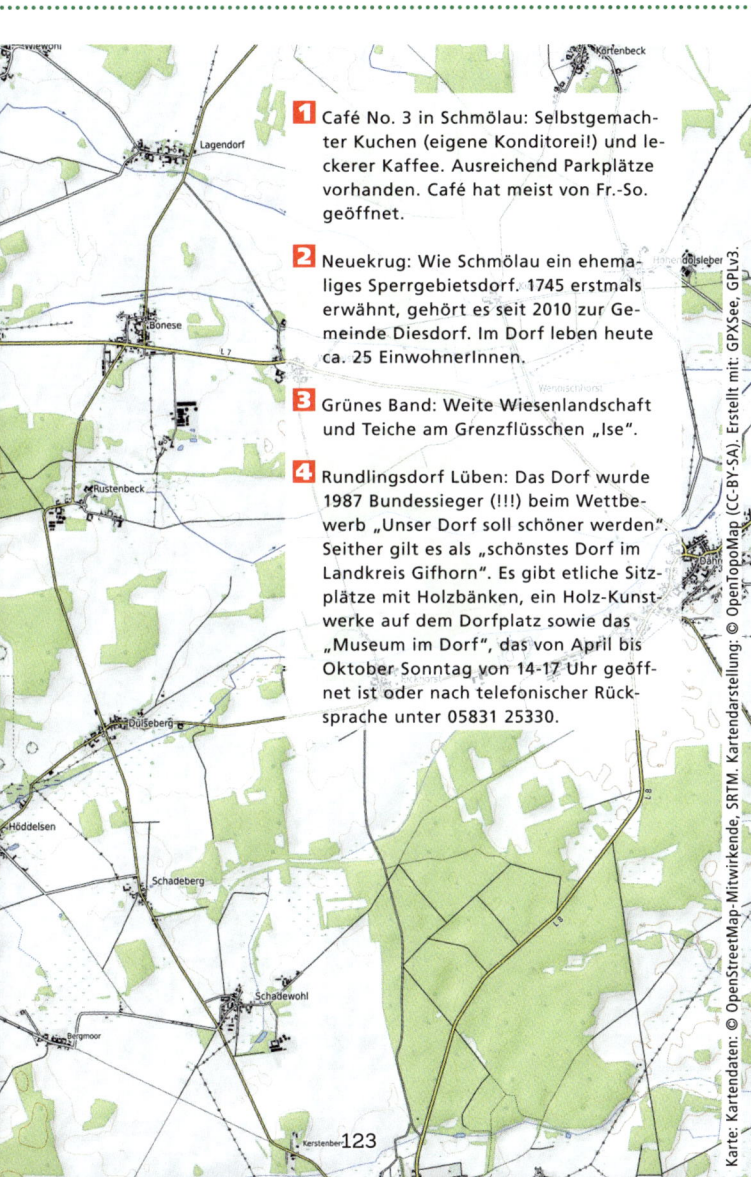

1 Café No. 3 in Schmölau: Selbstgemachter Kuchen (eigene Konditorei!) und leckerer Kaffee. Ausreichend Parkplätze vorhanden. Café hat meist von Fr.-So. geöffnet.

2 Neuekrug: Wie Schmölau ein ehemaliges Sperrgebietsdorf. 1745 erstmals erwähnt, gehört es seit 2010 zur Gemeinde Diesdorf. Im Dorf leben heute ca. 25 EinwohnerInnen.

3 Grünes Band: Weite Wiesenlandschaft und Teiche am Grenzflüsschen „Ise".

4 Rundlingsdorf Lüben: Das Dorf wurde 1987 Bundessieger (!!!) beim Wettbewerb „Unser Dorf soll schöner werden". Seither gilt es als „schönstes Dorf im Landkreis Gifhorn". Es gibt etliche Sitzplätze mit Holzbänken, ein Holz-Kunstwerke auf dem Dorfplatz sowie das „Museum im Dorf", das von April bis Oktober Sonntag von 14-17 Uhr geöffnet ist oder nach telefonischer Rücksprache unter 05831 25330.

AUF DEM GRUND EINES SEES

NACH BAD BODENTEICH!

Tour-Info	Wer immer schon wissen wollte, wie es sich anfühlt auf dem Grunde eines Sees Rad zu fahren, wird von dieser Tour begeistert sein. Wir queren den ehemals größten See der Region. Allerdings war das im 18. Jahrhundert! Heute sind „nur" naturschutzfachlich wertvolle Seewiesen und ein Zwergbirkenmoor übriggeblieben. Ein Erholungsgebiet mit Naturlehrpfad. Wir besuchen die Burg Bad Bodenteich sowie das „Museum Deutsche Einheit".
Start & Ziel	INFOPUNKT Grünes Band / Herberge am kleinen Weingarten Dahrendorf | Dahrendorf Nr. 22 | 29413 Dähre / OT Dahrendorf Alternativ: in Thielitz starten, Eichenring Nr. 12, Baumhaus-FEWO.
Art	Radrundweg
Länge & Dauer	33 km | 5 h
Kategorie	mittelschwer
Hinkommen & Parken	Auto & Rad: Anfahrt über K 1001 oder K 1002 Bahn & Bus: www.insa.de | www.regionalverband-braunschweig.de/oepnv-und-mobilitaet/fahrplaene Parken: Parkplatz Herberge Dahrendorf
Tipps	» Diese Tour wird als mittelschwer eingestuft, weil die Wegequalitäten sehr unterschiedlich sind: Sand, Gras, Schotter, aber auch viel Asphalt. An- und Abstiege ca. 300 m. » Café- und Eisgenuss sowie deftige Mahlzeiten unterwegs erhältlich. Vorab immer die Öffnungszeiten checken!

Wir starten am östlichen Rande von Dahrendorf an der **1** Herberge am kleinen Weingarten Dahrendorf. Dort ist ein INFOPUNKT Grünes Band. Alle nennenswerten Publikationen zum Biotopverbund liegen vor. Es werden zudem regelmäßig Führungen angeboten.

Durch das Dorf Richtung Westen, bis hinter Wiewohl rollt das Rad herrlich auf Straßenbelag. Die Feldsteinkirche in Dahrendorf, die wegen ihrer umfangreichen spätmittelalterlichen Wandmalereien bekannt ist, kann auf der Rückfahrt besichtigt werden. Am westlichen Ortsausgang von Dahrendorf hat der Künstler Andreas Hertel sein Atelier: eine kleine Landart-Ausstellung weist darauf hin. Kontaktdaten in der Herberge erhältlich.

Immer weiter Richtung Westen/Wiewohl (ca. 1 km durch den schönen Mischwald „Wiedstruck"). Nicht nach Wiewohl hinein, an der ersten Kreuzung geradeaus. Übrigens: Seit Dahrendorf läuft das Grüne Band parallel nördlich mit. Abstand zu unserem Weg ca. 500 m. Wir fahren nach der Wiewohler Kreuzung ca. 800 m auf Feld- und Waldwegen westlich weiter. Dann leicht rechts rein (an einem Megalith = großer Stein). Jetzt geht es direkt auf das **2** Grüne Band zu. Leicht bergan, schwer zu fahren, tlw. grasig, kleinen Gang nutzen. Der Grenzbereich ist unspektakulär:

KFZ-Sperrgraben kaum noch zu erkennen, keine Ausschilderung, der ehemals beraumte Geländestreifen zu zugewachsen.

Nach dem Grünen Band geht es bergab, leichter zu fahren. Weiterhin Waldwege. Auf Thielitz zu. Fahrstrecke ca. 1 km. Im Heidedörfchen kann man in einer kleinen **3** Baum-FEWO übernachten.

Weiter Richtung Schafwedel auf der K 63. Aspaltstr., direkt auf das Grüne Band zu. Wir erreichen die nordwestlichste Ecke von Sachsen-Anhalt. Ein Infoschild zum Thema „Landwehr Schafwedel" und ein schmucker alter Hinweisstein mit Richtungswegweiser zeigen an, dass wir Richtung Süden abbiegen müssen. Das Grüne Band läuft jetzt links von uns, ca. 50 m entfernt. Der Weg ist hinter dem Wald ist sehr sandig, absteigen und schieben bis wir rechts in Richtung **4** Siemkenmühle Schafwedel abbiegen – sehr schöner Feldweg mit Heckenstrukturen und Bachüberquerung.

An der Mühle westlich auf einem sich schlängelnden Feldweg vorbei, ca. 100 m. Über einen Bach und weiter nördlich zur asphaltierten Straße K 63 Thielitz – Schafwedel. In Schafwedel „Am Heuberg" nutzen, Richtung Schostorf. Dieses Dorf erreichen wir nicht, wir schauen seine Silhouette aus der Ferne von den Seewiesen an. Nach Schafwedel geht

Die Seewiesen vor Bad Bodenteich

es ca. 250 m links rein, runter zu den Seewiesen. Bitte dem Kartenmaterial im Buch folgen. Jetzt sind wir auf dem **5** Grund eines ehemaligen Sees. Wiesenflächen und einzelne Baumbestände. Tierhaltung an einigen Stellen, Schafe. Wir befinden uns auf einem Naturlehrpfad, der uns die Historie des Sees näherbringt. Der lange Wiesenweg, den wir nutzen, um nach Bodenteich zu gelangen, ist grasig. Schwer zu fahren,

niedrige Gänge nutzen. Sitzbänke sind vorhanden.

Kurort Bad Bodenteich! Schon aus der Ferne sieht man den Turm der St. Petri-Kirche. Der Ausschilderung zur Burg folgen, wir kommen östlich rein – herrliche Waldwege, Querung von Wasserläufen: Schöpfwerkskanal und Aue. Über „Burgstr." auf das Gelände der **6** Burg Bodenteich (inkl. MDE Museum Deutsche Einheit). In Ruhe umschauen und die Angebote wahrnehmen, auch die Touristinfo besuchen. Der Besuch des MDE lohnt in jedem Fall - vorab die Öffnungszeiten checken!

Über den Marktplatz mit Eiscafé und Hauptstr. mit dem sehr netten „Café Schweden Hüüs" weiter in den Kurpark. Sehr schön angelegtes Areal zum Erholen, diverse Freizeitangebote. Über „Am Leinenberg" und „Schulstr." zur St. Petrikirche (1836 im klassizistischen Stil erbaut). Nach deren Besichtigung geht es über die „Hauptstr." und die „Abbendorfer Str." (L 266) raus aus Bodenteich. Richtung Abbendorf. Es ist kein Radweg vorhanden, vorsichtig unterwegs sein bei Verkehr. Dafür guter Asphalt

zum zügigen Vorwärtskommen – wir sind auf dem Rückweg. Abbendorf durchfahren, weiter Richtung Schafwedel. Vor Schafwedel kann man links das geschützte **7** Zwergbirkenmoor besuchen.

In Schafwedel gut essen. Der **8** Landgasthof Schafwedel ist für seine ausgezeichnete Küche bekannt. Weiter über die L 266 nach Schmölau. 500 m vor dem Grenzdörfchen passieren wir erneut das GB – das große braune Hinweisschild gibt Auskunft über die Grenzöffnung. Rechts: Paradesicht auf das GB (Offenland), links verschwindet das GB im Wald. Zwischenstation im **9** Café No. 3 der Konditormeisterin Kathleen Goedicke. Selbstgemachte Kuchen & Torten vom Feinsten! Unbedingt verweilen. Danach radeln wir nordöstlich auf einem ziemlich holprigen Feldweg (Seitenstreifen nutzen) ca. 2 km nach Markau. Den Ort queren und über den

Burg & Museum Deutsche Einheit Bad Bodenteich

Historische Burganlage mit 1.000jähriger Geschichte. Burgturm, Backhaus, Kneipp- und Kräutergarten, Touristinfo (TI) sowie Museum zur ehemaligen innerdeutschen Grenze und zum Bundesgrenzschutz. Sehr gut gepflegtes Terrain rund um die Burg mit vielen Erlebnisprogrammen. Wer will kann diverse Feste im Laufe des Jahres in Bad Bodenteich besuchen: Burgspektakel, Kurkonzerte, Seeparkfest, Kürbis- und Apfeltag und verschiedene Themenführungen. Die TI gibt fachkundige Auskünfte.

Siemkenmühle Schafwedel

Alte Lehnsmühle der Herzöge von Braunschweig und Lüneburg, ursprünglich in brandenburgischem Besitz. Sie wurde wahrscheinlich 1560 erbaut und zuerst vom Müller Peter Simcken betrieben. War bis 1948 in Betrieb. Heute werden die Gebäude und umliegenden Flächen landwirtschaftlich genutzt.

Adressen

INFOPUNKT Grünes Band / Herberge am kleinen Weingarten Dahrendorf
Dahrendorf Nr. 22
29413 Dähre / OT Dahrendorf
www.herberge-dahrendorf.de

Baumhaus Thielitz
Eichengrund 12
29594 Soltendieck / OT Thielitz
www.ferienwohnung-lg-heide.de

Museum Deutsche Einheit
Bad Bodenteich
Burgstr. 8
29389 Bad Bodenteich
www.grenzmuseum-bodenteich.de

Café Schweden Hüüs
Hauptstr. 4
29389 Bad Bodenteich
www.cafe-schweden-huus.de

Landgasthof Schafwedel
Schmölauer Str. 18
29389 Bad Bodenteich / OT Schafwedel
www.facebook.com/pages/Landgasthof-Schafwedel

Café No. 3 Schmölau
Schmölau Nr. 3
29413 Dähre / OT Schmölau
www.cafe-no3-schmoelau.de

Feldweg hinten raus nach Lagendorf. Weite Sichten, alte Kulturlandschaft. Vor Lagendorf die große Eiche mit alter Sitzbank beachten… sehr schöner Platz zum Verweilen, ein Space, wie man ihn wahrscheinlich auch im 18. Jahrhundert hätte antreffen können. In Lagendorf nutzen wir die lange Dorfstr., um durch den Ort zu wandeln. Große schmucke Bauerngehöfte mit teils reichem Fassadenschmuck sind zu sehen. Auch die Backsteinkirche (sog. Rübenkirche), zeugt vom einstigen Wohlstand des Ortes. 1911/12 wurde sie als Ersatz für eine Feldsteinkirche gebaut.

Wir vollenden die Tour über die Str. Lagendorf-Dahrendorf (K 1001). Bevor man die Herberge erreicht, kann man die **10** Feldsteinkirche Dahrendorf mit ihren herrlichen spätmittelalterlichen Wandmalereien besichtigen.

Amanda Hasenfusz

1 Herberge am kleinen Weingarten Dahrendorf: Liegt ca. 400 m vom Grünen Band entfernt. Gemütliche Ferienunterkünfte.

2 Grünes Band

3 Baum-Ferienwohnung Thielitz: In einer 200-jährigen Eiche auf 5 m Höhe. 14 m² Wohnfläche, 10 m² Balkon. Kochplatten, kleiner Kühlschrank, Spüle, Geschirr vorhanden.

4 Siemkenmühle Schafwedel: Siehe unter Facts.

5 Grund eines Sees: Ehemaliger „Bodenteicher See", verlandet. Noch in 12 m Tiefe ist die Moorschicht zu finden. 1777 als das größte Gewässer der Region bezeichnet. Heute Wiesenwirtschaft. Das Areal ist im Süden durch den Neubau der Bundesstraße 190 n gefährdet, die 3-spurig entlang des Wiesengebietes führen soll.

6 Burg Bodenteich: Siehe unter Facts.

7 Zwergbirkenmoor: Naturschutzgebiet. Hochmoorstandort. Das seit 1928 bekannte Vorkommen der nordischen Zwergbirke (Betula nana) war Grund für die Unterschutzstellung. Auf den Wegen bleiben!

8 Landgasthof Schafwedel: Geöffnet von Di.-Sa. ab 17:30 Uhr und So., von 12-14 Uhr. Schmucker Gastraum und gemütlicher Biergarten.

9 Café No. 3: Fr. bis So. geöffnet. Alle Infos zum Café, die genauen Öffnungszeiten und zum ehemaligen Grenzort Schmölau gut unter www.cafe-no3-schmoelau.de nachlesbar.

10 Feldsteinkirche Dahrendorf: Infoschild mit Schlüsselhinweis vorhanden. Zu den spätmittelalterlichen Wandmalereien in altmärkischen Feldsteinkirchen mehr unter www.wandmalereien.lda-lsa.de und www.kirchenrouten-altmark.de

Marianne und Johannes Schmid
Neustart in der Altmark

Sie haben ihren Traumort gefunden. An einem heißen Sommernachmittag genießen sie den Schatten unter der Trauerweide am Ende des großen Grundstücks mit Blick auf Felder und dahinter Wald. Marianne und Johannes Schmid sind gebürtige Badener und haben auch ihr ganzes Leben dort verbracht. Fast 40 Jahre lebten sie in der Nähe von Freiburg. Während Johannes in seinem Beruf als Facharzt im Krankenhaus aufging, träumte Marianne Jahrzehnte von einem Bauernhaus mit viel Platz. Aber die Vernunft siegte, und die Familie mit zwei Kindern wohnte stattdessen im eigenen Reihenhaus und in verschiedenen Mietobjekten. „Die Region ist dicht besiedelt und Wohnraum ist teuer. Es ist eine Tourismusregion und großzügige Bauernhäuser gibt es so gut wie nicht auf dem Markt." Für die beiden war klar, dass der Traum vom eigenen Haus auf dem Land erst einmal nicht in Erfüllung gehen würde. Die Kinder zogen aus, die Rente rückte näher und somit hatten sie die Freiheit, neu nachzudenken, wie sie in der nächsten Lebensphase leben wollten.

Marianne wollte auf jeden Fall Richtung Norden. „Bei einem Aufenthalt in Brandenburg war ich überwältigt von dem Licht und dem Himmel." Auch Johannes freundete sich mit dem Gedanken an, Freiburg zu verlassen und Richtung Norden zu ziehen. Die beiden einigten sich darauf, dass sie in Deutschland bleiben, in eine kühlere Region ziehen, aber nicht direkt an die Küste. Jahrelang waren sie regelmäßig im Wendland unterwegs. „Der Spirit faszinierte uns. Man konnte sich engagieren und Kontakte knüpfen, musste aber nicht." Drei Jahre lang suchten sie aktiv im Wendland nach einer neuen Bleibe, besichtigten auch mehrere Objekte, kamen aber nie zum Zuge, da die Nachfrage groß ist. Dann kam Corona und die Situation verschärfte sich. Preise stiegen nochmal. „Wir verabschiedeten uns quasi vom Wendland und wollten uns auf die Suche nach einer Alternative machen." Und dann kam ein Anruf von einer Freundin aus dem Wendland: Sie wüsste von einem Hausverkauf, nicht im Wendland, sondern in der Altmark in Sachsen-Anhalt direkt am Grünen Band.

Im Juni 2021 kauften sie das etwa ein Hektar große Grundstück mit dem Backsteinhaus von 1912 in einem kleinen Dorf im Altmarkkreis Salzwedel.

Im September des gleichen Jahres zogen sie um. Das Erdgeschoss war bereits renoviert, so dass die beiden sofort einziehen konnten. „Dieses Haus wird unseren verschiedenen Bedürfnissen gerecht", bringt es Marianne auf den Punkt. „Johannes handwerkelt und tüftelt gerne und ich sehne mich nach Weite und Natur."

Es sei schon etwas Besonderes auf historischem Boden im ehemaligen Sperrgebiet in unmittelbarer Nähe zum Grünen Band zu leben. „Von unserem Haus aus konnte man damals die Selbstschussanlagen sehen", weiß Marianne. „Das Einleben war mühelos. Wir sind freundlich aufgenommen worden und haben viel Unterstützung erfahren", erzählen die beiden. Johannes baut gerade den ersten Stock im Wohnhaus um. Dann warten noch einige Nebengebäude auf eine neue Nutzung. „Mir ist klar, dass wir hier nie fertig werden", gibt er zu. Marianne ergänzt: „Das große Grundstück macht mir schon manchmal zu schaffen. Gerade als im Sommer die üppige Vegetation einsetzte, wusste ich nicht, wo ich anfangen sollte." Aber beide sind überzeugt, dass sie am richtigen Ort sind. „Die Altmark ist nicht aufdringlich, fast unspektakulär. Darin liegt ihr Reiz. Es gibt keine Berge, keine Seen, einfach nur Landschaft", beschreibt Marianne fast liebevoll die neue gemeinsame Heimat.   Beatrix Flatt

VON DAHRENDORF NACH

SCHMÖLAU UND SCHAFWEDEL

Tour-Info	Keine leichte Tour, aber abwechslungsreich! Im äußersten Nordwesten Sachsen-Anhalts, und damit der Altmark, ist das Grüne Band ursprünglich, abgelegen und deshalb sehr schön. Die Tour hat Waldstrecken, Sandwege, Asphaltwege. Das Gute ist: Mittagessen sowie Kaffee und Kuchen warten auf Sie! Und Grenzgeschichte gibt's als Sahnehäubchen obendrauf.
Start & Ziel	INFOPUNKT Grünes Band / Herberge am kleinen Weingarten Dahrendorf I Dahrendorf Nr. 22 I 29413 Dähre / OT Dahrendorf
Art	Rundwanderung
Länge & Dauer	27 km I 4,5 h
Kategorie	mittelschwer
Hinkommen & Parken	Auto & Rad: Anfahrt über K 1001 oder K 1002 Bahn & Bus: www.insa.de Parken: Parkplatz Herberge Dahrendorf
Tipps	» Kompass nicht vergessen, Ortung der Himmelsrichtungen wichtig. » Bei dem Landgasthof Schafwedel und Cafe No. 3 in Schmölau vorab die Öffnungszeiten checken!

Wir starten am östlichen Rande von Dahrendorf an der **1** Herberge am kleinen Weingarten Dahrendorf. Dort ist ein INFOPUNKT Grünes Band eingerichtet. Es werden regelmäßig Führungen angeboten.

Von der Herberge zuerst ca. 100 m Richtung Norden und an der ersten Kreuzung rechts ein kurzer Abstecher: auf dem Kolonnenweg zum alten **2** DDR-Grenzturm gehen. Unbedingt besichtigen! Wunderbare Aussicht auf das Grüne Band – Kammlage, Blick in alle Richtungen. Das Grüne Band ist hier auf einer Länge von mehr als 1,5 km zu sehen – der Waldsaum Richtung Osten und Norden.

Zurück zum gepflasterten Feldweg Richtung Norden (siehe Kartenmaterial) und nach den Feldern in den beidseitig wachsenden Wald hineinfahren. Insgesamt ca. 1 km bis der Weg Richtung Norden endet. Am Ende des Weges kreuzt das Grüne Band – man sieht den Panzersperrgraben. Hier gibt es auch kleine Wegweiser-Schilder mit der Grüne-Band-Kennzeichnung. Richtung Osten orientieren und den Kolonnenweg vorsichtig befahren, ca. 150 m. Dann wieder Richtung Norden, „rübermachen" nach Niedersachsen und auf das kleine Dörfchen Warpke zuhalten. Das schmucke Warpke lädt zu einer ersten Rast ein. Milchbank aus dem Jahr 1999 (inkl. Infotafel zur

Dorfgeschichte) und Sitzplätze sind im Dorfkern vorhanden. Große Eichen säumen den Platz. Richtung Westen weiter auf der Landstraße (Radweg vorhanden). Der Ort Gielau ist das nächste Ziel.

Dazu der Landstraße weiter folgen. **3** Gielau nennt jede Menge **4** Streckmetallzäune sein Eigen. Schon am Ortsrand grüßt uns dieser als Gartenzaun. Unverwüstlich – jetzt auch auf der „Westseite" in Benutzung. Den Rundling Gielau kann man sich kurz anschauen. Dann weiter Richtung Westen, Richtung Müssingen. Wir bewegen uns hier übrigens am Rande des Naturparkes Elbhöhen-Wendland.

Der straßenbegleitende Radweg endet noch vor Müssingen, direkt an der Landkreisgrenze Lüchow-Dannenberg/Uelzen. Müssingen ist ebenfalls ein Rundlingsdorf. In den Rundling, der rechts der Straße liegt, einbiegen und die **5** kleine St.-Michaelis-Kapelle Müssingen besuchen, die sich nordöstlich, etwas außerhalb des Dorfkernes befindet. Man kommt über den Rundling auf einem kleinen Pfad dorthin – Infoschild am Rundlingsinnenrand vorhanden. Sehr idyllischer Platz, leider keine Sitzoption an der Kapelle vorhanden. Das Infoschild gibt auch Auskunft darüber, wo die vielen Steine für die frühen Kirchenbauten herkamen.

Feldsteinkapelle Müssingen

Nun weiter Richtung Westen auf der Landstraße „Müssinger Weg", nach Thielitz auf die asphaltierte Straße abbiegen. Dem Kartenmaterial im Buch am besten genau folgen, wenn wir jetzt wieder direkt auf das Grüne Band zukommen wollen. Wald- und Feldwege. Dort sind keine Richtungs- und Hinweisschilder vorhanden. Quasi Niemandsland. Wenn nicht gut befahrbar, absteigen, schieben. Im Zick-Zick durch das Grenzgebiet auf Schafwedel zu. Abenteuer! Auch wenn Sie nicht genau die Route fahren, die im Buch aufgezeigt wird, Sie kommen trotzdem irgendwann nach Schafwedel (Alternative: „Müssinger Weg" weiter, dann Thielitz, dann auf Straße „Eichenring").

Abstecher: Zwischen Müssingen und Thielitz liegt links im Wald der kleine Heidehügel „Pugelatz" (124 NN). Dort hat Carl-Friedrich Gauß (1777-1855), als er den Auftrag hatte, das Königreich Hannover zu vermessen (1818-1826), einen geodätischen Punkt setzen lassen. Kann besichtigt werden. Trampelpfad dorthin.

Auf die **6** Siemkenmühle Schafwedel zuhalten – sehr schöner Feldweg mit Heckenstrukturen und Bachüberquerung. An der Mühle westlich vorbei, nördlich halten, ca. 100 m. Dann wieder westlich über einen Bach und einen (manchmal) sehr grasigen Feldweg nach Schafwedel rein. Wer den grasigen Weg meiden möchte, nutzt die Straße Thielitz – Schafwedel. In Schafwedel der Ausschilderung zum **7** Landgasthof Schafwedel folgen und ein Päuschen einlegen.

Abstecher: In Bad Bodenteich (ca. 5 km) kann man das Museum Deutsche Einheit auf der Burg Bodenteich besuchen. Grenzgeschichte in vielen Facetten. Sehenswert!

Nun befinden wir uns bereits auf dem Rückweg. Zwischenstation in Schmölau. Dazu in Schafwedel die Schmölauer Str. nutzen (L7) und bis zum Grenzort Schmölau radeln. 500 m vor Schölau passieren wir wieder das Grüne Band – das bekannte braune Hinweisschild gibt Auskunft über die Grenzöffnung bei Schmölau. Rechts von uns: Paradesicht auf das Grüne

Stasi-Abhörstation LUPINE

Der heutige Sendemast wurde erst nach 1990 gebaut. Die ehemaligen Stasi-Anlagen sind nur noch zum Teil erhalten. Heute ist das Gelände in Privatbesitz. Zu DDR-Zeiten wurden abgehört: Lüneburg, Uelzen, Gifhorn, Wolfsburg und Braunschweig sowie die Ferntrassen Hamburg-Hannover, Hannover-Köln/Bonn, Hannover-München.

Band (nicht zugewachsen), links verschwindet es im Wald.

Schmölau ist bekannt für das **8** Café No. 3 der Konditormeisterin Kathleen Goedicke. Kaffeegenuss und Kuchenschmaus pur. Unbedingt Halt machen und verweilen! Danach radeln wir nordöstlich auf einem Feldweg ca. 2 km nach Holzhausen. In Holzhausen erhaschen wir einen Blick auf die **9** ehemalige Stasi-Abhörstation LUPINE. Zu erkennen am Sendemast auf dem sog. „Falschheitsberg". Holzhausen ist ebenfalls ein Rundling – wenn auch nur noch rudimentär zu erkennen.

Weiter nordöstlich auf der Asphaltstr. nach Wiewohl (nordwestlichster Punkt der Altmark!), eine Sitzbank am alten Travoturm ist vorhanden. Dann nördlich weiter in Richtung Dahrendorf. Auch dieser Weg ist asphaltiert und lässt sich wunderbar fahren. Durch das Waldstück Wiedstruk nach Dahrendorf rein. Die **10** Feldsteinkirche Dahrendorf kann besichtigt werden – spätmittelalterliche Wandmalereien größeren Umfangs im Innenraum. Von der Kirche sind es noch ca. 500 m bis zum Ausgangspunkt unserer Radtour.

Amanda Hasenfusz

Adressen

INFOPUNKT Grünes Band / Herberge am kleinen Weingarten Dahrendorf
Dahrendorf Nr. 22
29413 Dähre /OT Dahrendorf
www.herberge-dahrendorf.de

Reit- und Ferienhof Dahrendorf
Dahrendorf Nr. 18
29413 Dähre /OT Dahrendorf
www.reithof-dahrendorf.de

Café No. 3 Schmölau
Schmölau Nr. 3
29413 Dähre/OT Schmölau
www.cafe-no3-schmoelau.de

Landgasthof Schafwedel
Schmölauer Str. 18
29389 Bad Bodenteich /OT Schafwedel
www.facebook.com/pages/
Landgasthof-Schafwedel

Museum Deutsche Einheit Bad Bodenteich
Burgstraße 8
29389 Bad Bodenteich
www.grenzmuseum-bodenteich.de

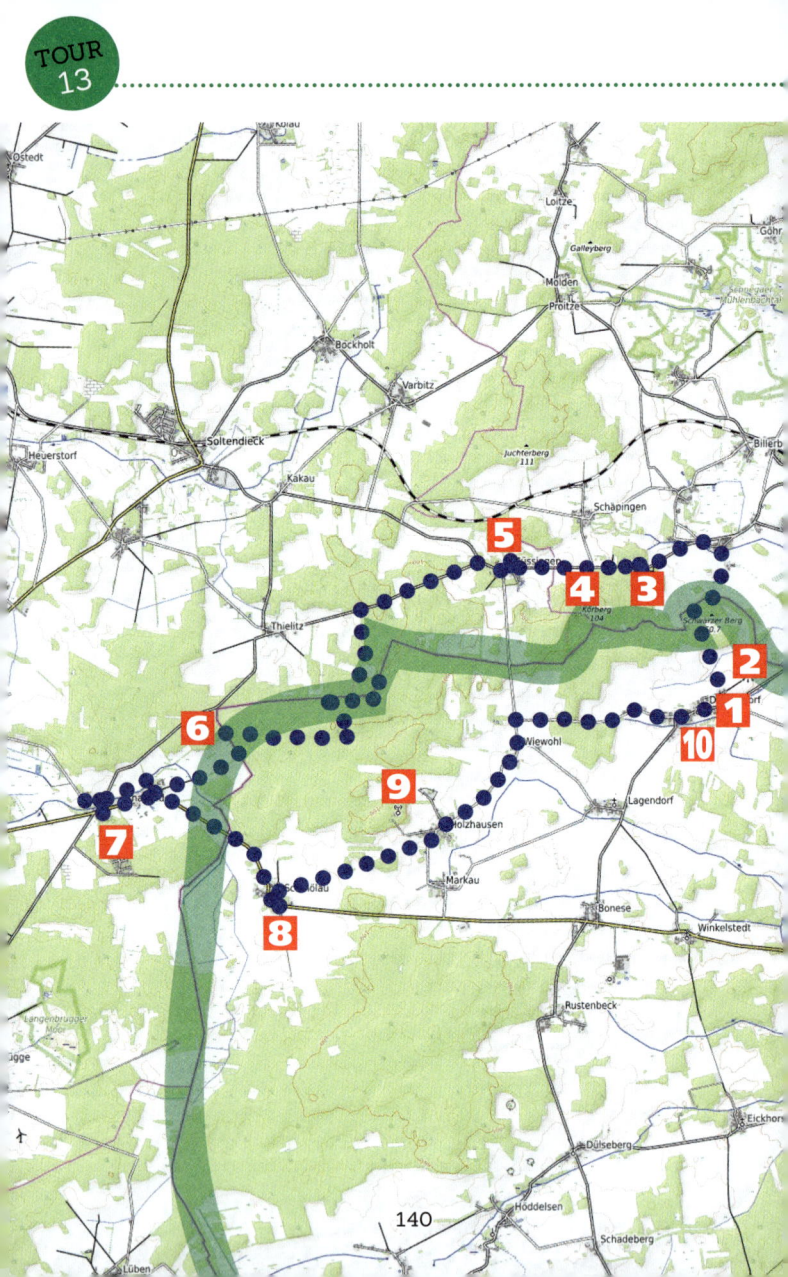

1 Der 80-Seelen-Ort Dahrendorf liegt im nordwestlichsten Teil der Altmark, ehemaliges Sperrgebietsdorf. Hier kam man vor 1990 nur mit dem sog. Passierschein rein. Das Dorf ist von sanften grünen Hügeln umgeben. Bedeutend ist die Feldsteinkirche.

2 Der DDR-Grenzturm war zu DDR-Zeiten eine Führungsstelle, BT 9, 4 x 4 m. Er wird vom Eigentümer Rainer Axmann saniert und kann auch innen besichtigt werden. Schlüssel beim Eigentümer 0175 4621010 oder über die Herberge.

3 Gielau ist ein alter Siedlungsplatz, ursprünglich ein Rundling. Ortsteil von Schnega im Landkreis Lüchow-Dannenberg.

4 Der Streckmetallzaun (verzinkte Rautenform) war einst, als ca. 2 m hoher Grenzzaun der DDR zur BRD, Teil der DDR-Grenzsicherungsanlagen.

5 Die St.-Michaelis-Kapelle Müssingen wurde im 14. Jahrhundert als Feldsteinkapelle gebaut und zählt zu den bedeutendsten noch erhaltenen mittelalterlichen Bauwerken im Landkreis Uelzen. Es handelt sich um einen rechteckigen Saalbau. Gottesdienste finden dort nicht mehr statt.

6 Die Siemkenmühle Schafwedel: Alte Lehnsmühle der Herzöge von Braunschweig und Lüneburg, ursprünglich in brandenburgischem Besitz. Sie wurde wahrscheinlich 1560 erbaut und zuerst vom Müller Peter Simcken betrieben. War bis 1948 in Betrieb.

7 Der Landgasthof Schafwedel ist für seine gute Küche bekannt. Schmucker Gastraum und gemütlicher Biergarten vorhanden. Geöffnet von Di.-Sa. ab 17:30 Uhr und So., von 12-14 Uhr.

8 Das Café No. 3 hat nur freitags bis sonntags geöffnet. Alle Infos zum Café, die genauen Öffnungszeiten und zum ehemaligen Grenzort Schmölau gut unter www.cafe-no3-schmoelau.de nachlesbar. Selbstgemachte Kuchen & Torten vom Feinsten!

9 Stasi-Abhörstation LUPINE.

10 Feldsteinkirche Dahrendorf: Infoschild mit Schlüsselhinweis vorhanden. Zu den spätmittelalterlichen Wandmalereien in altmärkischen Feldsteinkirchen mehr unter www.wandmalereien.lda-lsa.de und www.kirchenrouten-altmark.de

Rainer Axmann

Abenteuer Turm

Wo jahrzehntelang Soldaten der DDR-Grenztruppen rund um die Uhr die innerdeutsche Grenze beobachteten, sitzt heute Rainer Axmann und genießt die Aussicht. Durch das Panoramafenster im dritten Stock des Beobachtungsturms blickt er über die Felder und die hügeligen Ausläufer des Drawehn, eine Endmoränenlandschaft, die sich von der Elbe bis in die Altmark erstreckt. Mit DDR-Grenzgeschichte hatte der 60-Jährige eigentlich nichts zu tun. Trotzdem kaufte er 2017 dieses Relikt der deutschen Teilung am Ortsausgang von Dahrendorf bei Salzwedel. Durch Zufall ist er an das historische Grenzbauwerk gekommen. Der Gifhorner ist regelmäßig in der Altmark, um seiner Tochter bei der Renovierung ihres Resthofes zu helfen. Eines Tages entdeckte er den vom Verfall bedrohten Turm. „Dieser reizte mich sofort und das Abenteuer begann."

„Das Abenteuer ist der Turm selbst, die Geschichte und Geschichten, die er erlebt hat." Axmann ist sich bewusst, dass dieser Turm Sinnbild einer grausamen Geschichte ist. „Aber dafür kann der Turm nichts, Schuld an der Geschichte ist der Mensch." Und dann blickt er wieder durch die großen Fensterscheiben in alle Himmelrichtungen in die Weite. „Wenn man hier abends sitzt und den Sonnenuntergang oder den Mond beobachtet und die unendliche Schönheit genießt, weiß man, dass man alles richtig gemacht hat."

Eine Nutzung steht für Axmann nicht im Vordergrund: „Ich habe ihn für mich gekauft und um ihn zu erhalten." Dabei ist es für Axmann selbstverständlich, möglichst viel von den Originalbauteilen zu erhalten. Der Beobachtungsturm war 28 Jahre nach der Wende durch Vandalismus und Plünderung vom Verfall bedroht. Axmann baute neue Treppen ein, sanierte das Dach und brachte ein neues Geländer rund um die Aussichtsplattform an. Im oberen Stockwerk baute er ein kleines Podest ein, um auch im Sitzen bei einem Getränk die Sicht genießen zu können. „Die Grenzsoldaten verrichteten ihren Dienst im Stehen und darauf ist die Fensterhöhe abgestimmt", begründet er schmunzelnd den Einbau.

Bei diesem historischen Grenzbauwerk direkt im Grünen Band handelt

es sich um einen aus Betonfertigteilen errichteten neun Meter hohen quadratischen Beobachtungsturm mit einer Abmessung von vier mal vier Metern. Er war während der Zeit des „Kalten Krieges" der Arbeitsplatz von vier bis fünf Soldaten der DDR-Grenztruppen. Insgesamt gab es entlang der ehemaligen innerdeutschen Grenze weit über 500 Beobachtungstürme. Axmann freut sich über seinen BT 9 als kleine Rückzugsmöglichkeit. „Ein- bis zweimal in der Woche bin ich hier – zum Genießen und Werkeln." Das historische Grenzdenkmal steht unter Denkmalschutz, Axmann hat aber bisher keine Fördermittel beantragt. „Ich möchte nicht, dass andere mitreden wollen." Aber er freut sich immer, wenn sich Menschen für den Beobachtungsturm interessieren. Gerne öffnet er die Stahltür und lässt Besucher in die DDR-Geschichte eintauchen. „Selbst Amerikaner waren schon hier. Von der ehemaligen Grenze und vom heutigen Grünen Band wussten sie allerdings nichts." Der Turm ist eine gute Gelegenheit, mit den Menschen ins Gespräch zu kommen. Als nächstes möchte er noch eine Toilette und einen kleinen Ofen einbauen. „Beides hatten die DDR-Grenzsoldaten auch."

Beatrix Flatt

TOUR 14

VON DAHRENDORF

NACH HARPE

Tour-Info	Auch auf dieser Tour sind wir dem Grünen Band ganz nah. Auf 9 km Länge hören wir nur eines: die Natur. Zugleich begegnen uns Aussichtspunkte: hier schaute der Osten in den Westen und dort der Westen in Osten. Kunstliebhaber können in Dahrendorf drei Künstler:innen besuchen sowie die Feldsteinkirche mit ihren wertvollen spätmittelalterlichen Wandmalereien bestaunen.
Start & Ziel	INFOPUNKT Grünes Band / Herberge am kleinen Weingarten Dahrendorf	Dahrendorf Nr. 22	29413 Dähre / OT Dahrendorf
Art	Rundwanderung
Länge & Dauer	9 km	2 h
Kategorie	leicht
Hinkommen & Parken	Auto & Rad: Anfahrt über K 1001 oder K 1002 Bahn & Bus: www.insa.de Parken: Parkplatz Herberge Dahrendorf
Tipps	Tour lohnt im Anfang Mai, da die Kirschbaumallee bei Harpe dann prächtig blüht. Oder im Juli, wenn die Süßkirschen reif sind.

Wir starten am östlichen Rande von Dahrendorf an der  Herberge am kleinen Weingarten Dahrendorf. Dort ist ein INFOPUNKT Grünes Band eingerichtet. Es werden zudem regelmäßig Führungen angeboten.

Von der Herberge zuerst ca. 100 m Richtung Norden und an der ersten Kreuzung rechts auf den Kolonnenweg zum alten DDR-Grenzturm. Unbedingt besichtigen! Wunderbare Aussicht auf das Grüne Band – Kammlage, Blick in alle Richtungen. Das Grüne Band ist hier auf einer Länge von mehr als 1,5 km zu sehen – der Waldsaum Richtung Osten und Norden.

Vom Turm aus weiter Richtung Osten auf dem grasigen Naturweg (darunter Kolonnenweg!). Direkt auf das Grüne Band zu, am Gehölzstreifen südlich weiter entlang des GB zur Kreisstraße 1001. Das Gelände fällt leicht ab. Auf der Straße Richtung Osten wenden, vorbeikommend an einer alten Aussichtsplattform aus Holz. Die Asphaltstraße Teil des ca. 10.000 km langen Europaradweges Iron Curtain Trail.

Weiter östlich auf der Straße zum Grenz-Gedenkstein mit Sitzbank. Ups… jetzt sind wir „rübergemacht". Wir sind weiterhin direkt am Grünen Band. Hinter der Bank den grasigen Feldweg leicht bergauf. Richtung: Südosten, dann Osten. Den Waldweg nutzen (bitte vorsichtig sein, wilde Tiere: Rehe, Hasen, Rebhühner etc.). Nach ca. 600 m die Straße queren (Kolonnenweg-Platten) und leicht versetzt gegenüber weiter am Grünen Band und alten KFZ-Sperrgraben entlangwandern. Dem Weg in nördliche Richtung ca. 500 m folgen. Dann Kehrtwende über den KFZ-Sperrgraben und direkt zum Feldrand Richtung Westen. Weiter entlang Richtung Süden ca. 400 m.

An der Straße (die wir vorhin schon kurz querten) nach Norden wenden und den nächsten Feldweg Richtung Westen nutzen, um zur Kirschbaumallee vor Harpe zu kommen. Diese Allee blüht Ende April/Anfang Mai prächtig. Wunderschön.

Kurz vor Harpe, einem sehr kleinen niedersächsischen Dorf mit Bauerngehöft und Pension, in den Feldweg Richtung Westen abbiegen und direkt auf das Grüne Band zuwandern. Nach ca. 700 m kommt ein kleines feuchtes und sehr idyllisches Waldgebiet – gehört zum Grünen Band. Kurz vor dem Feldrand sehen wir rechts und links den KFZ-Sperrgraben – hier in Form eines Doppel-Sperrgrabens. Sehr selten. Die Gräben sind mit Bäumen bewachsen – Anflugsaaten sorgen seit 30 Jahren für die „Aufbäumung".

Wer schon jetzt zur Herberge zurück möchte, kann geradeaus weiterwandern – Dahrendorf ist bereits

Alte BRD-Aussichtsplattform zwischen Harpe und Dahrendorf

![Freiluftatelier des Künstlers „Andreas von Dahrendorf"]

Freiluftatelier des Künstlers „Andreas von Dahrendorf"

zu sehen. Der alte DDR-Wachturm ist ebenfalls zu sehen.

Wer die gesamte Strecke wandern möchte, läuft weiter auf den deutlich zu sehenden Kolonnenweg-Platten zwischen Grünem Band und Feld, Richtung Nordwesten. Achtung, nicht fallen: die Platten ragen unterschiedlich hoch aus dem Weg auf.

Es folgt Wald. Immer weiter am

Grünen Band entlang, der Sperrgraben läuft rechts von uns mit. Hier gibt es kleine Ausschilderungen an den Bäumen. Diesen Schildern folgen. Auch dem Kartenmaterial im Buch folgen – wir umrunden Dahrendorf nördlich im weiten Bogen. Kiefernwald und Sandwege begleiten uns. Auf den Sandwegen können Reiter mit ihren Pferden unterwegs sein. Im Wald treffen wir auf den Verbindungsweg nach Gielau. Dort links halten in Richtung Süden und 1 km nach Dahrendorf (westlicher Rand des Dorfes) wandern. An der Asphaltstraße links weiter. Am Dorfrand begegnet uns zuerst ein etwas zerzauster **6** Kunstort. Hier wohnt „Andreas von Dahrendorf" – Maler und Filmemacher. Wer ihn trifft, kann ein spannendes Schwätzchen mit dem vielseitig begabten Künstler halten. Weiter in den Ort hinein. Der Straße durch das Dorf bis zum alten Trafoturm folgen. Die Tür ist mit einer Eule bemalt. Kurze Besichtigung, dann zur **7** Feldsteinkirche. Diese sollte unbedingt innen besichtigt werden – wunderbarer sakraler Innenraum, wertvolle Malereien an den Wänden. Nach weiteren ca. 400 m ist man wieder an der Herberge. Jetzt nach einem Kaffee, Tee oder Erfrischungsgetränk fragen.

Amanda Hasenfusz

Adressen

Grenzlandmuseum Göhr
Göhr 13
29465 Schnega/OT Göhr
www.swinmark-grenzlandmuseum.de

Tourismus-Tipps im Wendland
i.wend Gästeinformation
Johannisstr. 2-3
29439 Lüchow (Wendland)
www.region-wendland.de

INFOPUNKT Grünes Band / Herberge am kleinen Weingarten Dahrendorf
Dahrendorf Nr. 22
29413 Dähre /OT Dahrendorf
www.herberge-dahrendorf.de

Reit- und Ferienhof Dahrendorf
Dahrendorf Nr. 18
29413 Dähre /OT Dahrendorf
www.reithof-dahrendorf.de

Waldbad & Campingplatz Dähre
Eickhorster Weg 20
29413 Dähre
www.gemeinde-daehre.de/waldbad

Die kleine Frühstückspension
Harpe 3
29465 Schnega/OT Harpe
www.diekleinefruehstueckspension.de

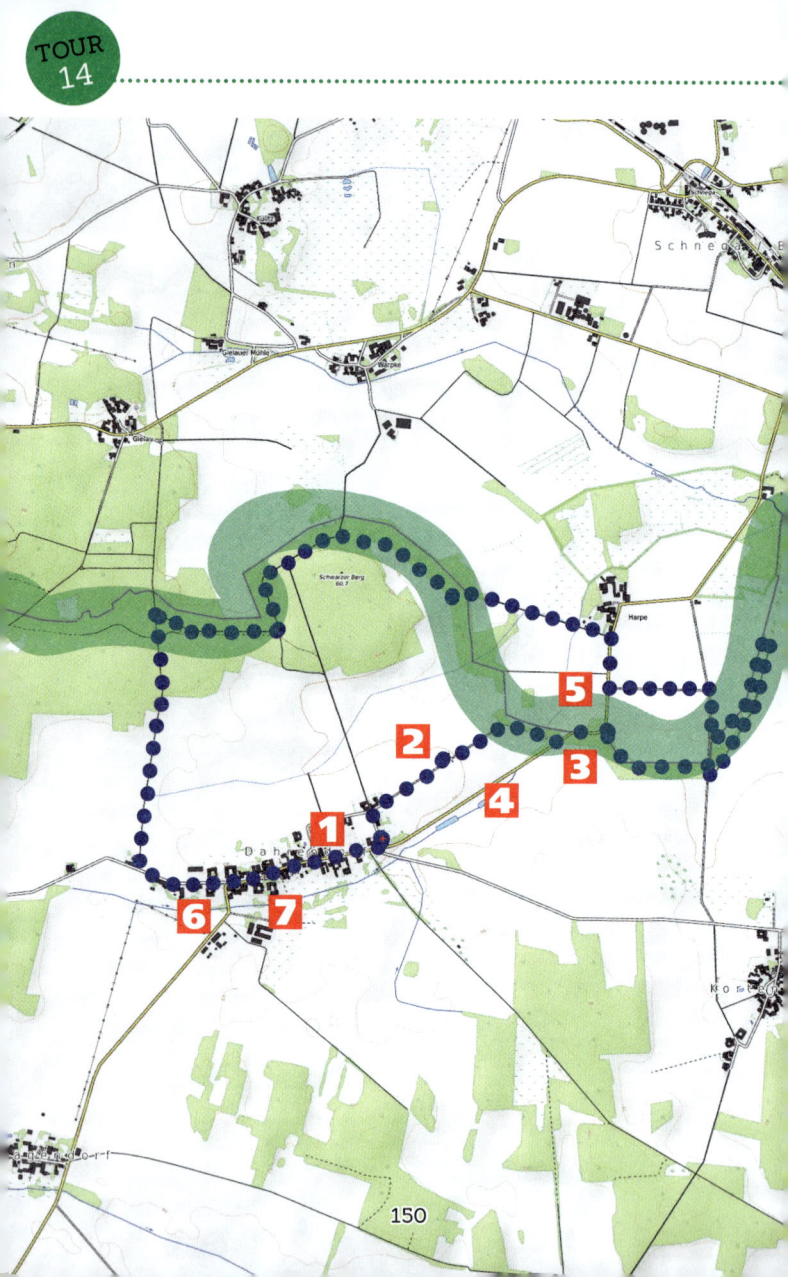

TOUR
14

150

1 Der 80-Seelen-Ort Dahrendorf liegt im nordwestlichsten Teil der Altmark, ehemaliges Sperrgebietsdorf. Hier kam man vor 1990 nur mit dem sog. Passierschein rein.

2 Der DDR-Grenzturm war zu DDR-Zeiten eine Führungsstelle, BT 9, 4 x 4 m. Er wird vom Eigentümer Rainer Axmann saniert und kann auch innen besichtigt werden. Sieben Apfelbäume wurden in Kooperation mit der Herberge gepflanzt, eine Bank und eine Grenzsäule aufgestellt. Schlüssel beim Eigentümer 0175 4621010 oder über die Herberge.

3 Aussichtplattform aus „Friedenszeiten". Von hier schauten westdeutsche Touristen vor 1990 in den Osten. Damals waren die Bäume noch klein und die Aussicht weit. Betreten der teilweise morschen Plattform auf eigene Gefahr!

4 Europaradweges ICT – Iron Curtain Trails (Radweg „Eiserner Vorhang", EUROVELO 13). Mehr zum EUROVELO 13 unter www.eurovelo.com/ev13 oder in diesem Buch.

5 Kirschbaumallee vor Harpe: alte Bäume, die wunderbare Blüten und Früchte tragen.

6 Drei Künstler:innen leben im Dorf: Joody (Karl-Heinz Zeiger, Mobil: 0162 7989275) aus Hamburg, produziert edle und gebrauchsgängige Industrial-Art in der ehemaligen Grenzkaserne am Ortsrand in Richtung Lagendorf. Andreas von Dahrendorf (Mobil: 0157 81604366), bekannt aus der Hamburger Kunstszene, malt in Dahrendorf Bilder, die Lichtinszenierungen gleichen, und filmt. Karin Flacke (Tel.: 039039 95844 l www.sportquilter.de) produziert aufwendig gestaltete Art-Quilts. Bei Interesse bitte Kontakt mit den KünstlerInnen aufnehmen.

7 Feldsteinkirche Dahrendorf: schmuckes neues Infoschild vorhanden. Mehr unter www.wandmalereien.lda-lsa.de und www.kirchenrouten-altmark.de

TOUR 15

VON DAHRENDORF ÜBER BARNEBECK

NACH GROSS GRABENSTEDT

Tour-Info	Unterwegs im Nüscht des Nüschts. Leicht hügeliges Land am Rande der nordwestlichen Altmark. Wer sich für die innerdeutsche Grenzgeschichte interessiert und einen Blick auf das Grüne Band Deutschland werfen möchte, ist hier genau so richtig wie Naturliebhaber. Kirchenspezialisten können sich über ein in Westeuropa einzigartiges Kirchen-Kulturgut freuen: spätmittelalterliche Wandmalereien.
Start & Ziel	INFOPUNKT Grünes Band/Herberge am kleinen Weingarten Dahrendorf | Dahrendorf Nr. 22 | 29413 Dähre / OT Dahrendorf
Art	Rundwanderung
Länge & Dauer	18 km | 4,5 h
Kategorie	mittelschwer
Hinkommen & Parken	Auto & Rad: Anfahrt über K 1001 oder K 1002 Bahn & Bus: www.insa.de Parken: Parkplatz Herberge
Tipps	» Tour kann in jeder Jahreszeit unternommen werden. Besonders sehenswert im Frühjahr, wenn im Wald bei Groß Grabenstedt der Bärlauch in die Höhe schießt.

Wir starten am östlichen Rande von Dahrendorf an der **1** Herberge am kleinen Weingarten Dahrendorf. Dort ist ein INFOPUNKT Grünes Band eingerichtet. Es werden zudem regelmäßig Führungen angeboten.

Dahrendorf ist ein kleines Straßendorf, ehemals Sperrgebiet. Knapp 80 Menschen wohnen hier. Unweit treffen drei Landkreis-Grenzen aufeinander: Altmarkkreis Salzwedel, Landkreis Lüchow-Danneberg und der Landkreis Uelzen.

Von der Herberge zuerst ca. 100 m Richtung Norden, an der ersten kleinen Kreuzung rechts auf den Kolonnenweg zum alten **2** DDR-Grenzturm. Unbedingt besichtigen! Wunderbare Aussicht auf das Grüne Band – Kammlage, Blick in alle Richtungen! Der Grenzturm ist Privatbesitz: Rainer Axmann hatte sich in den Turm verliebt und ihn vom Fleck weg gekauft!

Vom Turm hat man einen guten Rundumblick auf das Grüne Band (GB) – größter Biotopverbund in Deutschland und seit 2019 **3** Nationales Naturmonument. Das GB ist hier auf einer Länge von mehr als 1,5 km zu sehen – der Waldsaum. In 10 Jahren soll das GB den Status eines UNESCO Weltnaturerbes und UNESCO Weltkulturerbe erhalten.

Vom Turm aus weiter Richtung Osten auf dem Naturweg mit hohem Grasanteil, direkt auf das GB zu, leicht südlich weiter entlang des GB zur Kreisstraße 1001. Das Gelände fällt leicht ab. Auf der Straße Richtung Osten wenden, vorbeikommend an einer kleinen **4** Aussichtplattform aus Holz. Von hier schauten westdeutsche Touristen vor 1990 in den Osten. Damals waren die Bäume noch klein und die Aussicht weit.

Die Asphaltstraße ist Teil des ca. 10.000 km langen **5** Europaradweges ICT – Iron Curtain Trails (Radweg „Eiserner Vorhang", EUROVELO 13). Weiter zum Grenz-Gedenkstein mit Sitzbank. Ups… jetzt seid ihr „rübergemacht": Niedersachsen grüßt mit dem gelben Schild „Swinmark". Am Schild vorbei und am nächsten Feldweg rechts rein, ca. 300 m Richtung Osten, dann südlich wenden… auf Kortenbeck zu.

Alternative: Am Grenzstein mit Bank leicht rechts hoch, am Osterfeuerplatz vorbei. Ca. 300 m wandern. Das ist der Weg mitten durch das Grüne Band. Dann ebenfalls südlich wenden… auf Kortenbeck zu.

Das schmucke Rundlingsdorf Kortenbeck lassen wir vorerst rechts liegen – schauen wir uns auf dem Rückweg an. Weiter auf der Asphaltstraße Richtung Barnebeck. Ca. 1,5 km Asphaltstraße – leider nicht anders möglich, da GB an einigen Stellen zugewachsen.

Feldsteinkirche Barnebeck

Auf Barnebeck zu. Kurz nach dem Ortseingangsschild jedoch Richtung Thune im Norden wieder auf das GB zuhalten. Herrlich geschwungene, leicht abfallende Straße dorthin. Am Grenzflüsschen Dumme kann man sich informieren zur alten **6** Barnebecker Wassermühle (Infoschild und im Frühling/Sommer/Herbst Sitzgruppe vorhanden) – sie wurde im Zuge des Grenzaufbaus abgerissen. Man kann nur noch Reste entdecken, wild überwuchert, aber idyllisch. Die „Dumme" ist eine wertvolle Lebensader – für Tiere und Pflanzen. Sie teilt Sachsen-Anhalt von Niedersachsen und ist ein sehr schönes Stück des GB.

Jetzt steigen wir in ein Naturparadies ein, bitte vorsichtig unterwegs sein, keine Tiere stören! Wir folgen der „Dumme" auf einem Grasweg. Rechts schmucke Grasfluren, weite Sicht, im Hintergrund Barnebeck. Links begleitet uns die „Dumme". Wir wandern bis zur nächsten Kreuzung, dort ist ca. 100 m weiter links die Ruine der **7** Groß Grabenstedter/Nienbergener-Mühle. Weiter Richtung geschleiftem Dorf **8** Groß Grabenstedt. Der Weg dorthin ist gepflastert, alte Pflasterung, sehr schön anzusehen! Man beachte die extensiv bewirtschaften Niederungswiesen zwischen Mühle und Dorf – hier können Füchse und Störche in action erlebt werden.

Groß Grabenstedt erreicht man durch den magischen Bärlauch-Wald, ein Frühlingsbesuch lohnt sich. Der Ort bestand aus sechs Vierseithöfen, Kirche, Schule, Feuerwehr und Gasthof. Alles abgerissen, nur ein alter Kuhstall aus Backstein schaut noch aus dem üppigen Grün hervor. Nicht irritieren lassen von der Biogasanlage am Ortsausgang. Nachdem wir uns über die Umsiedlungsaktionen „Aktion Ungeziefer" und „Aktion Kornblume" informiert haben, trollen wir weiter Richtung Südwesten über einsame, aber sehr schöne Feld- und Waldwege zurück nach Barnebeck.

Wir durchwandern den stillen Ort, kurze Rast an der **9** Kirche. Die Kirche wirkt von außen wie aus dem Spätmittelalter (Ersterwähnung 1443), wurde aber im Innenbereich durch eine grundlegende Sanierung zu Beginn des 20. Jahrhunderts architektonisch komplett überformt. Trotzdem sehr sehenswert!

Grenzturm

Der DDR-Grenzturm in Dahrendorf war zu DDR-Zeiten eine sog. Führungsstelle, BT 9, 4 x 4m. Er wird saniert und als Besichtigungsturm genutzt. Sieben neue Apfelbäume wurden auf dem Gelände gepflanzt, eine Bank und eine Grenzsäule aufgestellt. Schlüsselanfragen beim Eigentümer Rainer Axmann unter 0175-4621010 oder, wenn nicht erreichbar, über die Herberge Dahrendorf.

Adressen

INFOPUNKT Grünes Band / Herberge am kleinen Weingarten Dahrendorf
Dahrendorf Nr. 22
29413 Dähre /OT Dahrendorf
www.herberge-dahrendorf.de

Die kleine Frühstückspension
Harpe 3
29465 Schnega/OT Harpe
www.diekleinefruehstueckspension.de

Hotel und Restaurant Nigel
Breite Str. 9
29468 Bergen (Dumme)
www.nigelhotel.de

Café Schmölau
Schmölau Nr. 3
29413 Dähre/OT Schmölau
www.cafe-no3-schmoelau.de

Grenzlandmuseum Göhr
Göhr 13
29465 Schnega/OT Göhr
www.swinmark-grenzlandmuseum.de

Tourismus-Tipps im Wendland
i.wend Gästeinformation
Johannisstr. 2-3
29439 Lüchow (Wendland)
www.region-wendland.de

Waldbad & Campingplatz Dähre
Eickhorster Weg 20
29413 Dähre
www.gemeinde-daehre.de/waldbad

Es zieht uns zurück nach Kortenbeck. Einen Teil der Asphaltstraße gehen wir nun nochmals, bloß in umgekehrter Richtung. In Kortenbeck, einem schnuckeligen Rundling, schnurstracks zur **10** Feldsteinkirche. Auf dem Weg dorthin fällt uns bei genauem Hinsehen ein Zaunkunstwerk auf: Metallgitterstruktur von DDR-Gasküchenherden. Sehr schön anzusehen!

Im Rundling: Die Feldsteinkirche Kortenbeck gehört zu den Kirchen, die einen europäischen Kulturschatz in sich tragen: Spätmittelalterliche Wandmalereien. In Kortenbeck sind es nur ganz wenige, trotzdem unbedingt besichtigen, denn der Raumkörper ist imposant-schlicht. Hinter der Kirche befindet sich ein verwunschener Gottesacker.

Weg südwestlich aus dem Rundling heraus, ein paar altmärkische Gemüsegärten besichtigen und weiter Richtung Westen den Feldweg nach Kleistau nutzen.

An der ersten Waldkreuzung rechts abbiegen in den Feld- und Waldweg nach Dahrendorf. Nach 1,5 km ist man wieder an der Herberge Dahrendorf. Ein Abstecher zur Dorfmitte lohnt, hier gibt es reichlich spätmittelalterliche Wandmalereien in der **11** Feldsteinkirche. Ein Infoschild an der Kirche informiert über den Kulturschatz.

Amanda Hasenfusz

1 Herberge Dahrendorf: Ferienunterkunft mit Frühstücksservice. Die Herberge liegt ca. 400 m vom Grünen Band Deutschland entfernt, von hier aus kann man den DDR-Grenzturm sehen. INFOPOINT zum Thema „Grünes Band Deutschland" + Führungen am Grünen Band.

2 Grenzturm Dahrendorf: heute Besichtigungsturm.

3 Nationale Naturmonumente sind Areale, die aus wissenschaftlichen, naturgeschichtlichen, kulturhistorischen oder landeskundlichen Gründen und wegen ihr Seltenheit, Eigenart oder Schönheit von herausragender Bedeutung sind. Mehr dazu beim Bundesamt für Naturschutz unter www.bfn.de

4 Betreten der teilweise morschen Aussichtsplattform auf eigene Gefahr!

5 Mehr zum EUROVELO 13 unter www.eurovelo.com/ev13 oder in diesem Buch.

6 und **7** Im Dummetal waren einst etliche Wassermühlen in Betrieb. Ähnlich wie im nahen „Schnegaer Mühlenbachtal". Die „Barnebecker Mühle" und die „Groß Grabenstedter/Nienbergener Mühle" wurden im Zuge des DDR-BRD-Grenzaufbaus abgerissen.

8 Groß Grabenstedt: Geschleiftes Dorf. Im Zuge des Grenzaufbaus wurde der Ort abgerissen. Ein Infoschild am Dorfende Richtung Osten (am Gedenkstein) informiert über die Geschichte des Ortes. Zu sehen sind auch alte Aufnahmen des Dorfes.

9 Kirche Barnebeck: Wer sich den Innenraum anschauen möchte, klingelt am Haus direkt hinter der Kirche bei Familie Grothe, Mobil: 01512-5260822.

10 Kirche Kortenbeck: Den Schlüssel für die Kirche bitte vorab erfragen bei Familie Gaedke unter 01511-5854350.

11 Wer will, kann die Kirche Dahrendorf besichtigen, Schlüssel gibt es entweder beim Kirchenältesten Rüdiger Striecks unter 039039-373 oder in der Herberge Dahrendorf. Zu den spätmittelalterlichen Wandmalereien in vielen altmärkischen Feldsteinkirchen erfährt man mehr unter www.wandmalereien.lda-lsa.de und www.kirchenrouten-altmark.de

Karte: Kartendaten: © OpenStreetMap-Mitwirkende, SRTM. Kartendarstellung: © OpenTopoMap (CC-BY-SA). Erstellt mit: GPXSee, GPLv3.

Ute Juschus

Von der verschwundenen Heimat

Nur das alte Kopfsteinpflaster der Dorfstraße und das Trafohäuschen sind von
Groß Grabenstedt übriggeblieben. Ute
Juschus steht mit alten Fotos dort, wo
einst stattliche Bauernhäuser, eine alte
Feldsteinkirche, eine Schule und viele
Arbeiterhäuschen standen. „Hier bin
ich 1945 geboren, in der Kirche wurde
ich getauft, hier habe ich meine Kind-
heit und Jugend verbracht, hier habe
ich mit meinem Mann und meinen drei
Kindern gelebt", sagt die pensionier-
te Lehrerin mit Wehmut. „Das Leben
in dem ehemaligen Rundlingsdorf im
heutigen Altmarkkreis in unmittelbarer Nähe der innerdeutschen Grenze
wurde nach dem zweiten Weltkrieg
immer schwieriger. Trotzdem war es
meine Heimat und ich wollte bleiben."
Ute Juschus erzählt von dem Schicksal
des Dorfes nach der deutsch-deutschen
Teilung: Die Zwangsaussiedlung 1952
unter dem Namen „Aktion Ungeziefer" traf das Dorf hart. Die Großbauern
mussten ihre Vierseithöfe verlassen. Sie
konnten nur ein paar Habseligkeiten
packen und wurden mit LKWs in den
Raum Leipzig abtransportiert. Familien,
die nicht zwangsumgesiedelt wurden,
flohen in Richtung Westen. Die Menschen, die im Dorf blieben, mussten

sich um Vieh und Land kümmern, das
ihnen nicht gehörte. Es folgte die Gründung der LPG. „Ich lebte mit meiner
Mutter in einem dieser großen Bauernhäuser. Meine Mutter arbeitete in der
Landwirtschaft – erst für die Landwirts-
familie und dann für die neugegrün-
dete LPG." Das alte Dorfleben und die
Dorfstruktur waren zerstört. Durch die
Gründung der LPG kam neues Leben
in das Dorf – neue Mitarbeiter, Lehr-
linge, Soldaten der Grenztruppen mit
ihren Familien etc.

Mit einem Foto in der Hand zeigt Ute
Juschus auf die Stelle, wo einst die
Schule für die Kinder von Groß Grabenstedt stand. „Hier wurde ich 1951
eingeschult." Sie zeigt ein Foto von
sich mit einer riesigen Schultüte vor
dem Schulgebäude. „Zwei Jahre später wurde die Schule geschlossen und
die Kinder gingen in das drei Kilometer entfernte Henningen zur Schule. In
Henningen arbeitete Juschus selbst 45
Jahre lang als Lehrerin – auch nach der
Wende bis zu ihrer Pensionierung. Groß
Grabenstedt musste sie allerdings verlassen. „1975 kam die Aufforderung
an alle Bewohner, den Ort zu verlassen. Aber wohin sollten wir?" Zu dieser
Zeit sei es schwierig gewesen, für eine

fünfköpfige Familie eine Wohnung zu finden. „Nach Salzwedel in die Stadt wollte ich nicht." Außerdem hatte ich meine Arbeit in Henningen und mein Mann in Groß Grabenstedt in der LPG. Wir bekamen 10.000 Mark als Unterstützung, um uns selbst in Henningen ein Haus zu bauen. „Nicht viel Geld, so bauten wir jahrelang in Eigenarbeit an unserem Häuschen." Währenddessen wurde das Leben in ihrem Geburtsort immer unerträglicher. Durch den Grenzausbau kam die Grenze immer näher an das Dorf. „Die Hundelaufanlage ging bis zu unserem Haus." Die Schikanen wurden immer stärker. Die Häuser im Dorf verfielen zusehends. „Ich fragte, ob wir die schönen Schiefer von einem der verfallenen Häuser haben könnten, um unser Haus mit Schiefer aus Groß Grabenstedt zu decken. Wir bekamen keine Genehmigung."

1979 musste Ute Juschus mit ihrer Familie endgültig ihr Heimatdorf verlassen. „Ein paar Tage später kam ich zurück, um noch ein paar Sachen zu holen. Alle Gebäude, die Wohnhäuser, Ställe, Scheunen, Kirche und Schule waren dem Erdboden gleichgemacht. Das ganze Abrissmaterial war in einer Kuhle am Ortsrand vergraben. Ich stand auf dieser Straße und habe geweint. Groß Grabenstedt gab es nicht mehr", sagt Ute Juschus heute, 44 Jahre später. Heute macht die Rentnerin Führungen durch ihr altes Dorf und ist als Zeitzeugin aktiv, um die Erinnerung wachzuhalten. Sie hat sich mit anderen ehemaligen Dorfbewohnern dafür eingesetzt, dass ein Gedenkstein für den geschleiften Ort aufgestellt wird. „Vor sechs Jahren konnte er eingeweiht werden." Die Tradition der Landwirtschaft wird in Form einer großen Biogasanlage fortgeführt. Aber das Dorf, so wie es Ute Juschus kennt, gibt es nicht mehr. Die Erinnerungen und die seelischen Wunden aber bleiben.

Beatrix Flatt

BERGEN (DUMME) – JIGGEL –

KUSSEBODE – DARSEKAU

Tour-Info	Wir starten im beschaulichen Flecken Bergen (Dumme), direkt am Freibad „Tannenbad". Nördlich davon wartet der Feuchtwaldkomplex GAIN auf uns: ein wertvolles, kühles und frisches Stück Erde. Die wendländischen Dörfer Jiggel und Kussebode liegen auf der Strecke. Achtung: Massenbierhaltung in Kussebodes Wendlandbrauerei. Zurück über den Grenzfluss Dumme und das altmärkische Dörfchen Darsekau zum Startpunkt.
Start & Ziel	29468 Bergen (Dumme) ǀ Tannenbad ǀ Schützenstr.
Art	Radrundweg oder Rundwanderung
Länge & Dauer	20 km ǀ 2,5 h (Rad) ǀ 4,5 h (Wandern)
Kategorie	mittelschwer
Hinkommen & Parken	Bahn & Bus: www.mobil-im-wendland.de/fahrplanauskunft Auto & Rad: B 71 ǀ Abschnitt Salzwedel - Uelzen Parken: Bergen (Dumme) ǀ Tannenbad ǀ Schützenstr.
Tipps	» Robuste Fahrräder nutzen, da Wiesen- und Waldwege befahren werden. » Fernglas und Mückenspray mitnehmen. » Tour eignet sich auch als Wanderung.

Vom Startpunkt Tannenbad in Bergen (Dumme) aus nördlich zur B 71. Vor der Querung der Bundesstraße erstmal kurz innehalten an der Pavillon-ausstellung „Innerdeutsche Grenze". Hier finden sich allerhand informative Details zur ehemaligen Grenze. Danach die B 71 queren und rechts neben dem Pferdehof Schulze Richtung Norden bewegen. Dem Weg ca. 500 m folgen und auf den Abzweig achten, der die Dumme Brücke ausschildert. Wir sind tlw. auf dem Dummewiesen-Weg unterwegs.

Jetzt wird es auch in der umliegenden Landschaft (herrliche Wiesen weit und breit) feuchter – wir nähern uns dem wertvollen **1** Feuchtwaldkomplex GAIN. DAS GAIN, nicht der GAIN. Rehe sind hier keine Seltenheit. Verschiedene Vogelarten haben einen Lebensbereich gefunden, der ihnen guttut. Im Sommer ist das Gebiet herrlich kühlend.

Die **2** Dummebrücke, ca. 200 m nach dem Eintritt in den Wald, können Wanderer zügig überschreiten. Radfahrer müssen absteigen und ihr Rad hinübertragen, Stufen vorhanden. Informationsschilder zeigen auf, warum der Waldkomplex schützenswert ist und welche Tiere hier vorkommen. Im späten Frühjahr, Sommer und Frühherbst können viele Mücken unterwegs sein. Dem Kartenmaterial im Buch folgen. Wir nähern uns danach einem erhöhten Aussichtspunkt (Holzturm) im GAIN, der das Thema Frösche, Störche und Feuchtwiesen beleuchtet. Hier kann das Fernglas zum Einsatz kommen. Vom Aussichtspunkt weiter Richtung Westen auf das Dorf **3** Jiggel zu. Jiggel ist ein Rundling – und zwar in seiner kleinsten Form. Man kommt dorthin, in dem man sich aus dem Wald heraus südlich hält und in die Siedlung reinfährt (von der Streckenführung kurz abweichen). Am Grillplatz vorbei direkt an die Furt des „Schnegaer Mühlenbachs" heran. Eine längere Holzkonstruktion führt uns über den lauschigen Bach nahe der Furt. Radfahren geht hier nicht – bitte absteigen. Der „Schnegaer Mühlenbach" fließt später in die Dumme, danach in die Jeetzel, in die Elbe, in die Nordsee.

Auf geht's retour zur eigentlichen Strecke. Wieder vorbei am Grillplatz, rauf auf die Asphaltstraße. Dieser, Richtung Nordost, ca. 800 m folgen, dann rechts in den Wald rein. Wir sind wieder im GAIN und folgen dem Waldweg Richtung Kussebode.

Ca. 1,5 km auf der Strecke bleiben. Nach dem GAIN folgt eine Acker- und Wiesenlandschaft. Dann erreichen wir das berühmte Kussebode. Dort rechts halten, Hauptstr. und direkt auf die **4** Wendlandbrauerei Kussebode zu. Vor der Tour nach den Öffnungszeiten erkundigen! Brauerei hat nicht immer geöffnet.

Umwidmung des Streckmetallzauns zu einer einfachen Brücke über die „Dumme", eiskalte Badestelle

Massenbierhaltung in
der Wendlandbrauerei
Kussebode

ist – aus Streckmetallzaun. Sehr symbolisch: was einst trennte, sorgt nun für eine stabile Verbindung zwischen Ost und West! Hier befindet sich auch eine Badestelle. Bitte immer vorsichtig sein – wertvolle Natur im Umfeld. Auf der sachsen-anhaltinischen Seite geht es weiter. Nächstes Ziel: das altmärkische Darsekau.

Bevor wir dorthin kommen, folgen wir dem Grünen Band ca. 1 km Richtung Westen, Wiesenweg! Der kleine Fluss ist hier nicht zu sehen, weil zugewachsen… gut als Wanderkorridor für die ca. 5.000 Tiere, die am Grünen Band nachgewiesen sind. Bitte die zugewachsenen Bereiche nicht betreten! Immer wieder Sicht auf das Kartenmaterial, um sich nicht zu verfahren. Es geht immer geradeaus. Links schöner Wald, rechts Grünes Band. Dann

Weiter durch den Ort Kussebode, immer grob Richtung Osten. Die Hälfte unserer Tour haben wir bereits geschafft. Das Kartenmaterial beachten und direkt durchschlängeln zum Grünen Band – nach Kussebode folgt in Niedersachsen kein weiterer Ort, erst in Sachsen-Anhalt wieder. Die Wegequalitäten sind unterschiedlich, es können ab und an Bäume im Weg liegen (Sturmschäden).

Jetzt kommt das **5** Grenzflüsschen Dumme in Sicht. Kristallklar und eiskalt. Das Flüsschen kann bequem gequert werden, weil eine winzige Brücke (ohne Geländer) vorhanden

GAIN: Naturschutzgebiet

Es wird durch nasse und feuchte Bereiche geprägt, von etlichen Bächen durchzogen: „Schwarzer Bach" führt direkt hindurch, der „Clenzer Bach" begrenzt das Gebiet nach Norden, im Osten wird es von der „Dumme" und dem „Provinzialgrenzgraben" begrenzt. Im Süden bilden Wasserläufe, darunter der Schnegaer Mühlengraben, streckenweise die Begrenzung. Es dominieren Erlen- und Birkenbruchwälder, Erlen-Eschenwälder und Eichen-Mischwälder.

Adressen

Tourismus-Tipps im Wendland
i.wend Gästeinformation
Johannisstr. 2-3
29439 Lüchow
www.region-wendland.de

Wendlandbräu Kussebode
Kussebode 10
29459 Clenze / OT Kussebode
www.storchenbier.de

Antik Café
Hindenburgplatz 1
29468 Bergen (Dumme)
www.antik-cafe-bergen.de

Restaurant & Hotel Nigel
Breite Str. 9
29468 Bergen (Dumme)
www.nigelhotel.de

Reit- und Ferienhof Schulz
Feriendamm
29468 Bergen (Dumme)
www.ferienreitschule.de

Freiland mit Tierhaltung und Acker. Aus der Ferne grüßt Darsekau im Süden – dorthin fahren wir. Feldwege mit teilweise Katzenkopfpflaster. Idylle pur, aber auch etwas anstrengend bei einer Radtour. Für Wanderer ist diese leicht ansteigende Strecke kein Problem. Teilweise weite Blicke in die Landschaft. Wir fahren von Norden kommend in den Ort rein.

6 Darsekau ist ein kleiner Ort, malerisch. Grenzsäule an der Bushaltestelle vorhanden, nicht der ursprüngliche Platz der Säule. Südwestlich raus aus Darsekau, am Mahnmal für die Opfer des Ersten und Zweiten Weltkrieges vorbei, Asphaltstr. Nach ca. 400 m rechts rein auf einen Feldweg und im Wald links abbiegen, um wieder direkt auf das Grüne Band zuzusteuern. Auch hier können Bäume umgestürzt sein. Dann südlich halten, dem sandigen sehr schmalen Weg folgen, der oft von Reiter:innen genutzt wird. Nach ca. 600 m kann man den rechts verlaufenden KFZ-Sperrgraben queren und folgt einem schmalen Pfad weiter. Immer wieder auf die Karte schauen. Südlich Richtung B 71 halten, diese queren und **6** Bergen (Dumme) von hinten anfahren bzw. anwandern. Südlich befindet sich die „Obere Dummeniederung", ein feuchter Landkomplex aus Hecken und Ackerflächen, Grünes Band. Am Wald „Großer Fuhrenkamp", der rechts von uns liegt, vorbei und dann nördlich weiter, am Grillplatz vorbei. „Hestedter Weg", dann links auf „Am Sportplatz". Wir bewegen uns durch leichte Bebauung und kommen wieder zum Startpunkt zurück: Tannenbad. Jetzt ab ins kühle Nass! In Bergen (Dumme) gibt es etliche Geschäfte, ein „Antik-Café" und einen „Antik-Laden" – alles sehr zu empfehlen. Öffnungszeiten immer vorab checken!

Amanda Hasenfusz

1 Feuchtwaldkomplex GAIN.

2 Dummebrücke: Hochgeständerte Holzbrücke mit Infotafeln zu Naturschutzthemen.

3 Jiggel: Winzige Rundlingsortschaft mit herrlich sanierten Fachwerk-Lehm-Gebäuden, einer 500 Jahre alten Wassermühle und einer Furt. Sehr guter Rastplatz, extrem idyllisch!

4 Wendlandbrauerei Kussebode: Regionale Brauerei. Aus dem ehemaligen Pferdestall und Backhaus ist eine 15 hl-Brauerei geworden. Inkl. Sudhaus, Lagerkeller und Fassabfüllung. Zur Kulturellen Landpartie im Wendland unbedingt besuchen!

5 Grenzflüsschen Dumme: Eiskalter Minifluss, mit Badestelle. Ehemaliger Grenzfluss am Eisernen Vorhang.

6 Darsekau: Altmärkisches Straßendorf, gehört zur Hansestadt Salzwedel. Ursprünglich ein Rundplatzdorf. Ca. 80 Einwohner:innen.

7 Bergen (Dumme): Ein „Flecken" mit allerhand Geschäften und eigenem Freibad (Tannenbad). Früher Grenzort, heute Ausgangsort für einen Besuch in der Altmark. Osttor zur Lüneburger Heide und Südeingang zum Naturpark Elbhöhen-Wendland. Die schmucke Paulskirche sollte besichtigt werden und die alten Bürgerhäuser. Viel Leerstand, trotzdem sehr nett.
www.bergen-dumme.de

ZUM PLAUSCH INS SWINMARK–

GRENZLANDMUSEUM GÖHR

Tour-Info	Vom Sperrgebietsdorf Barnebeck geht es zuerst zur Ruine einer Wassermühle. Guter Ort zum Verweilen im Harper Mühlenbachtal. Über Leisten erschließen wir uns einen Teil des südlichen Wendlandes. Das Swin-mark-Grenzlandmuseum lockt mit Fundstücken des Kalten Krieges. Wer will kann ein Stück Metallgitter-zaun oder Stacheldraht vom DDR-Grenzzaun erwerben (mit Echtheitszertifikat!).
Start & Ziel	Barnebeck	Kirche	29410 Salzwedel / OT Barnebeck
Art	Radrundweg
Länge & Dauer	27 km	3 h
Kategorie	leicht
Hinkommen & Parken	Auto & Rad: K 1002 von Dahrendorf oder Henningen Bahn & Bus: www.insa.de Parken: Barnebeck an der Kirche
Tipps	» Kirche Barnebeck: Wer sich den Innenraum anschau-en möchte, klingelt am Haus direkt hinter der Kir-che bei Familie Grothe, 01512-5260822. » Kirche Kortenbeck: Schlüssel für Kirche bitte vorab erfragen bei Familie Gaedke 01511 5854350. » Kirche & DDR-Grenzturm Dahrendorf: Schlüssel in der Herberge Dahrendorf unter 0176-73816630. » Kunstfestivals: Kulturelle Landpartie (Wendland): zw. Himmelfahrt und Pfingsten im Mai; Wagen & Winnen (Altmark & Wendland): 2. September-Wochenende.

Start ist im altmärkischen  Barnebeck, an der Kirche. Entweder das Gotteshaus vor der Tour anschauen oder danach. Eine Feldsteinkirche mit Backstein-Fachwerk-Turmspitze. Inzwischen eine Art Dorfmittelpunkt. Bänke und ein Tisch (manchmal sogar mit Blumenschmuck) sowie eine äußerst schmucke Zeittafel mit wichtigen Infos zur Kirche sind vorhanden. Man beachte die Kopfsteinpflasterstraße des Straßendorfes. Ein

Harper- und Schnegaer Mühlenbachtal

Einst Standort vieler Wassermühlen, heute Naturschutzgebiet. Die naturnahen, mäandernden Flüsschen des Tals sind von feuchtem bis nassem Grünland sowie naturnahen Laub- und Bruchwäldern umgeben. Wichtige Mikroklimastandorte und Lebensraum zahlreicher, teilweise gefährdeter Tiere und Pflanzen (Kammolch, Bitterling, Bachmuschel, Neuntöter, Kraniche, Schafstelze oder Braunkelchen). Das Harper Mühlenbachtal war Grenzbereich zwischen der DDR und BRD, aber auch schon früher zwischen dem brandenburgischen Bereich und dem Lüneburger Herrschaftsbereich. Und davor zwischen den sächsischen und den slawischen Siedlungsgebieten. Der Harper Bach wird später zur Wustrower Dumme, ein Nebenfluss der Jeetzel.

Rundlinge

Auf unserer Tour kommen wir durch diese Rundlinge: Kortenbeck, Billerbeck, Leisten, Göhr, Lütenthien und Gledeberg. Teilweise sind die alten Strukturen nicht mehr zu erkennen. Man muss schon genau hinsehen oder sich die Struktur von oben digital anschauen. Rundlinge sind eine dörfliche Siedlungsform aus der Zeit der slawischen Wenden (verwandt mit den Sorben). Die Häuser wurden rund um einen Platz gebaut – Giebel immer nach vorne. Scheuen und Ställe fächerten sich nach hinten zu den Felder weg. Das Wendland hat besonders viele schöne und aufwendig sanierte Rundlinge. Einer davon ist Satemin. Siehe dazu das Portrait in diesem Buch über Andreas Schoelzel. Es gibt im Wendland eine UNESCO-Weltinitiative: www.welterbe-rundlinge.com.

Schatz! Heute kaum noch zu finden in den Dörfern – von der Moderne hinweggefegt. Nicht so in Barnebeck – hier wird dieser Schatz gehütet. Es zieht uns zuerst Richtung Westen, raus aus dem Dorf. Direkt auf das Grüne Band zu (nördlich). Das Radwegeleitsystem weist uns den Weg Richtung Thune in Niedersachsen. Bevor wir dort ankommen, queren wir das erste Mal den Biotopverbund Grünes Band/Nationales Naturmonument Sachsen-Anhalt. Ein Infoschild

Proitzer Mühle

weist auf die Stelle hin, wo die **2** Barnebecker Mühle einst stand. Ein Stückchen weiter – dort, wo die Barnebecker Bürgerschaft einen kühlen Rastplatz angelegt hat, sind im Hintergrund Mühlenreste zu sehen. Im Zuge des Grenzaufbaus wurde sie geschleift. Bilder zur Mühle gibt es im Grenzlandmuseum Göhr. In Thune kann man sich die vermutlich aus dem 13. Jh. stammende Feldsteinkapelle anschauen, Sitzoptionen sind unter großen Eichen vorhanden. Dann treibt es uns weiter nördlich, raus aus dem Dorf, rein in die Landschaft. Leicht hügelig (Ausläufer des Höhenzugs Göhrde, wie wir sie auf der ganzen Tour immer mal wieder erleben). Die Bahnstrecke queren und auf **3** Leisten zuhalten. Auch das war mal ein Rundling! Der Dorfteich mit der Holzskulptur „Teichgucker" lässt erahnen, dass Dorfleben auch Kunstleben bedeutet (siehe

Ausschilderungsservice von Rainer Axmann
(Weg Dahrendorf-Kortenbeck-Kleistau)

Tipps „Kunstfestivals"). Die Rundlinge, die wir auf unserer Tour ansehen, sind nicht im Kerngebiet der
Welterbe-Initiative des Wendlandes,
trotzdem idyllisch. Leisten verlassen

Routen der alten Obst-
sorten im Wendland

siehe Tour „Vom Gartower
See zum Wildgehege mit
Wolfslehrpfad".

Anton Hugo Körtzinger und Ernst Barlach

Ab 1940 bewahrte Körtzinger in der Abgelegenheit seines Hauses in Schnega Kunstwerke der sog. Entarteten Kunst auf. Dazu gehörten ab Sommer 1943 auch die beiden Barlach-Großplastiken „Geistkämpfer" und „Der Schwebende". Er konnte so ihr Einschmelzen verhindern. Die Kunstwerke überdauerten in Schnega den Zweiten Weltkrieg und die Nachkriegszeit. Sie stehen heute vor der Kieler Nikolaikirche bzw. der „Der Schwebende" in der Kölner Antoniterkirche.

wir durch einen Seitenweg Richtung Norden (Abzweig rechts ungefähr in der Mitte des Dorfes). Es beginnt nun ein Abschnitt der zu den Routen der alten Obstsorten im Wendland gehört. Wir fahren einen Wald- und Feldweg. Rechts und links sind die (teils sehr alten) Apfelbäume zu sehen. Ganz am Anfang befindet sich ein Infoschild zum Thema. Wer dies übersieht, kann sich am Ende des Weges freuen: Dort steht ein weiteres Infoschild. Links weiter, rein nach **4** Schnega. Gleich am Anfang (Schulstraße) sieht man eine wunderschöne Feldsteinscheune, gleich dahinter der Dorfteich (Mühlensee) mit Reiherskulpturen. Den Teich kann man zu Fuß umrunden. Abstecher: Im nahen Oldendorf (800 m östlich

von Schnega) gibt es das Gelände der Oldendorfer Mühle (Mühlenteich, Wehr, Hof mit Wagenremisen von 1813 und 1616). Wunderschön! Ein Besuch lohnt. In Schnega: An der Ecke Schulstraße/Lange Straße fällt unser Blick auf den Dorf.Punkt (mit Sitzgelegenheiten sowie den Tante-Enso-Supermarkt (ein Genossenschaftsladen, Einkauf für Genossen 24/7). Beides war nur möglich, weil sich die Schnegaer Bevölkerung und die umliegenden Dörfer dafür stark gemacht haben. Rechts weiter. In der Langen Straße ist die Schnegaer Wassermühle gut zu erkennen. Ein historischer Waschplatz gehört dazu. 150 m weiter, dann links rein in Am Markt. Fast bis zum Ende der Straße fahren. Wir können uns (von außen) ein Atelierhaus aus Backstein ansehen (fällt durch seine ungewöhnlich großen Atelierfenster nach Norden auf), in dem wichtige Werke Ernst Barlachs in der NS-Zeit versteckt wurden. Es gehörte Anton Hugo Körtzinger (1892-1967), ein relativ unbekannter deutscher Maler, Bildhauer, Schriftsteller und Organist der in Schnega lebte. Danach weiter Richtung Norden! 500 m nach dem Ortsausgangsschild von Schnega links rein nach Göhr. Das **5** Grenzlandmuseum Göhr ist ausgeschildert. Fahrt durch einen feuchten Buchenwald – im Sommer bei hohen

An der Wassermühle Schnega befindet sich der historische Waschplatz

Temperaturen sehr erfrischend. Vor Göhr noch schnell die Kirschbaumallee nach reifen Früchten unter die Lupe nehmen – Ende Juni hängen die Bäume voll. Dann zum Museum, eine private ehrenamtliche Initiative, die seit vielen Jahren als Erinnerungsstätte an die deutsch-deutsche Grenze überregional wahrgenommen wird. Auch den Bereich hinter dem Museum beachten: Ein halber DDR-Grenzturm grüßt! Wer vorab einen Termin macht, kann mit dem Initiator des Museums Dietrich-Wilhelm Ritzmann ein nettes Pläuschen halten. Dann weiter Richtung Westen zur **6** Proitzer Mühle. Davor kurzer Abstecher nach Lütenthien – auch ein Rundling. Wir durchfahren das wunderschöne Mühlengelände der Proitzer Mühle (über einen öffentlichen Weg | sehr beliebter Seminarhof mit Gästen aus ganz Europa) und kommen über die Dörfer Gledeberg,

Billerbeck und Harpe langsam wieder auf das Grüne Band zu. 800 m vor Harpe steht die Harper Mühle. An der Seite, nahe dem ehemaligem Mühlrad, ist ein in einen Baum eingewachsener Mühlstein zu sehen. Dann durch den Mini-Ort Harpe. Hinter Harpe steht erneut eine wunderbare alte Kirschbaumallee. Dann „rübermachen" – man erkennt den Abschnitt des Grünen Bands sehr gut an der Sitzbank und Gedenkstein unter Bäumen in einer Kurve. Guter Blick über das Land. Nach der Rast weiter die K 1001 fahren – auf **7** Dahrendorf zu. Der DDR-Grenzturm ist rechts von uns auf dem Kamm zu sehen.

In Dahrendorf sollte man sich im Ortskern die Feldsteinkirche mit den spätmittelalterlichen Wandmalereien anschauen (Infotafel vor der Kirche). Auch der DDR-Grenzturm ist einen Besuch wert. Dazu an der Herberge

Zum Plausch ins Swinmark-Grenzlandmuseum Göhr

Grenzlandmuseum Göhr

Achtung! Saisonbetrieb vom 1.05.-3.10. jeden Samstag und Sonntag. Wer einen Plausch mit dem Gründer des Museums halten möchte, sollte vorab anrufen. Dietrich-Wilhelm Ritzmann kann allerhand spannende Geschichten aus der Zeit des Kalten Krieges erzählen (er war Bundesgrenzschutz-Mann). Das Museum ist sehenswert – eine abwechslungsreiche Sammlung, die sehr viele Original-Grenz-Fundstücke und Fotos aus Ost und West vereinigt. So kann man u.a. Echtheitszertifikate erwerben – Originalstücke vom Grenz-Stacheldrahtzaun oder Steckmetallzaun. Wer möchte leiht sich einen Audioguide.

Adressen

Grenzlandmuseum Göhr
Göhr 13
29465 Schnega/OT Göhr
www.swinmark-grenzlandmuseum.de

Seminarhof Proitzer Mühle
Proitzer Mühle 3
29465 Schnega
www.proitzer-muehle.de

Tourismus-Tipps im Wendland
i.wend Gästeinformation
Johannisstr. 2-3
29439 Lüchow (Wendland)
www.region-wendland.de

FEWO am Grenzlandmuseum Göhr
Göhr 9
29465 Schnega
Tel. 05842 273

INFOPUNKT Grünes Band / Herberge am kleinen Weingarten Dahrendorf
Dahrendorf Nr. 22
29413 Dähre
OT Dahrendorf
www.herberge-dahrendorf.de

Die kleine Frühstückspension
Harpe 3
29465 Schnega/OT Harpe
www.diekleinefruehstueckspension.de

am kleinen Weingarten Dahrendorf (INFOPUNKT GRÜNES BAND am Dorfanfang | Schlüssel für Kirche und DDR-Grenzturm dort vorhanden) vorbei, 100 m nach Norden, dann den kurzen Feldweg zum Turm nehmen. Am Ortsausgang von Dahrendorf Richtung Kortenbeck geht es von der Asphaltstraße ab – wir nehmen den Feldweg nach Süden (Schild Richtung Kleistau) und kommen nach einem ca. 2 km langen Weg von hinten in den Rundling Kortenbeck. Auch hier lockt die Kirche, aber eben auch die sehr gut sanierten Häuser im Rundlingskern. Über die asphaltierte Verbindungsstraße zwischen Kortenbeck und Barnebeck geht es zum Ausgangspunkt unserer Tour zurück.

Amanda Hasenfusz

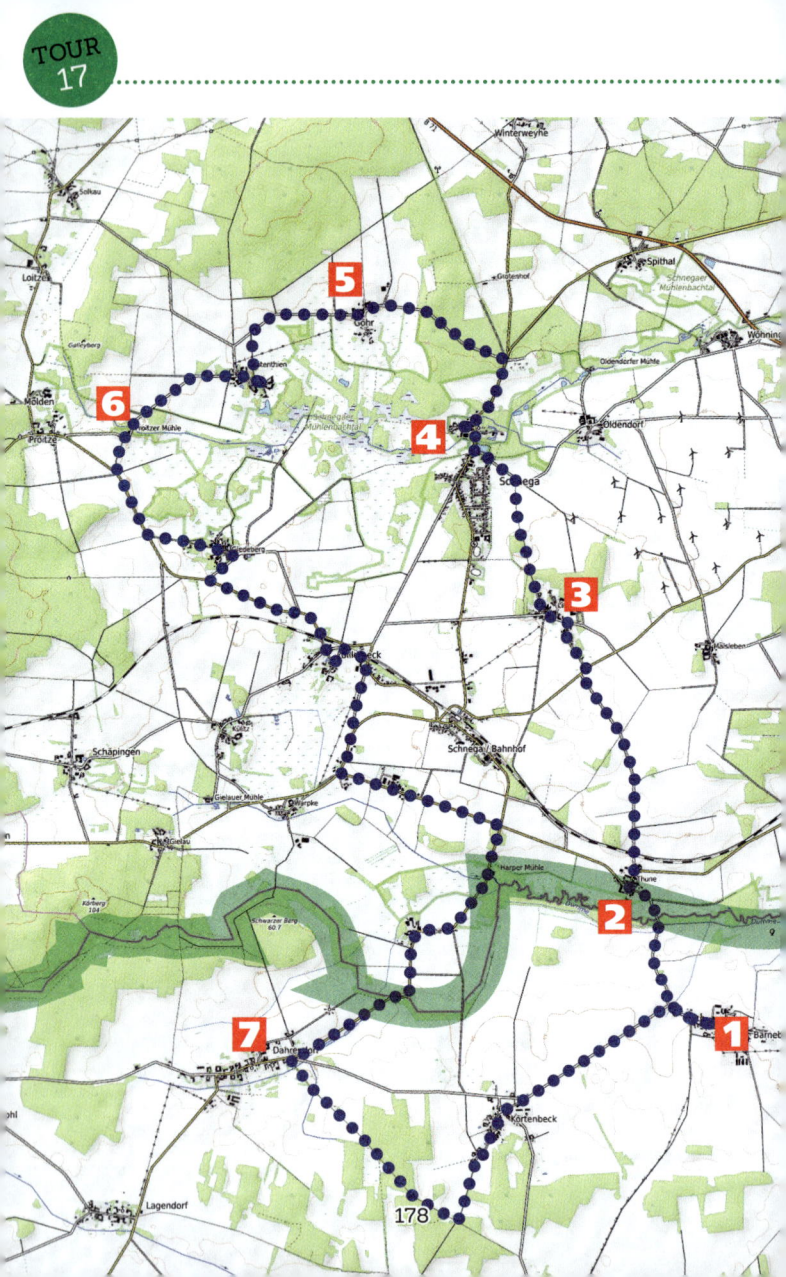

178

Zum Plausch ins Swinmark-Grenzlandmuseum Göhr

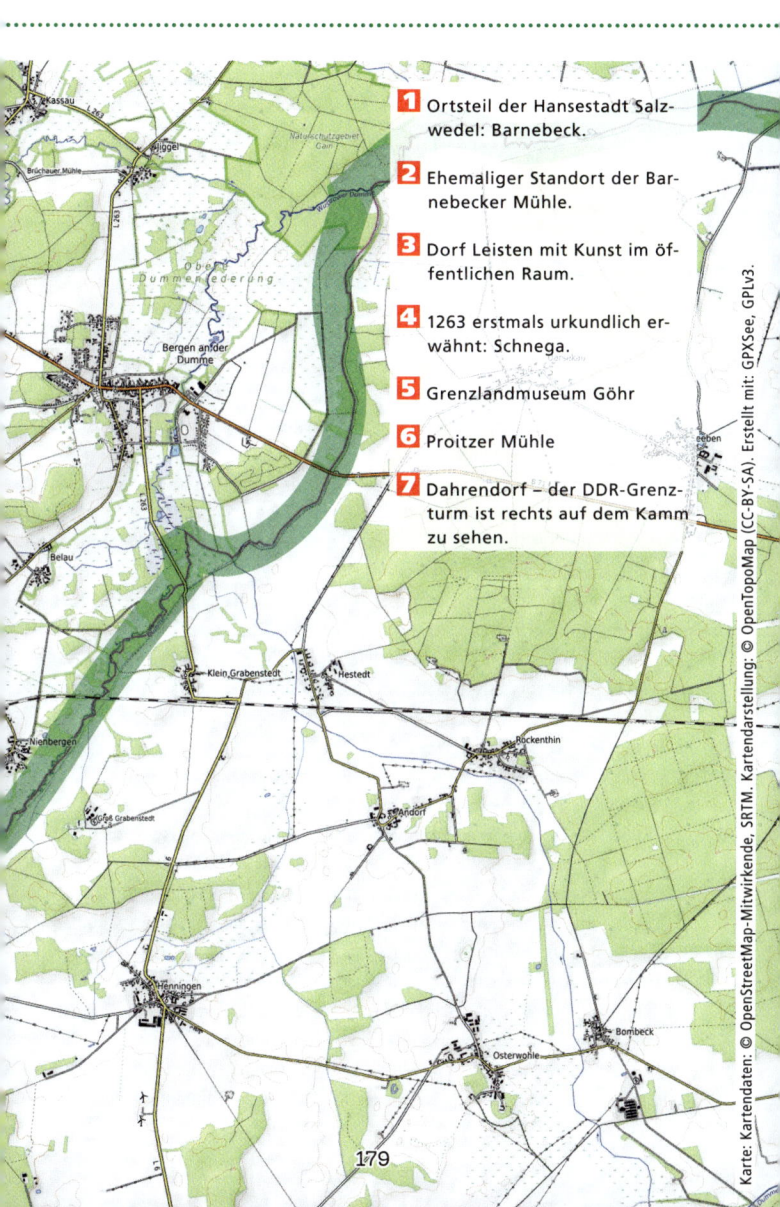

1 Ortsteil der Hansestadt Salzwedel: Barnebeck.

2 Ehemaliger Standort der Barnebecker Mühle.

3 Dorf Leisten mit Kunst im öffentlichen Raum.

4 1263 erstmals urkundlich erwähnt: Schnega.

5 Grenzlandmuseum Göhr

6 Proitzer Mühle

7 Dahrendorf – der DDR-Grenzturm ist rechts auf dem Kamm zu sehen.

Andreas Schoelzel

Wendland und Altmark als gemeinsamer Kulturraum

Wendland und Altmark gehören zu einem Naturraum. Die deutsche Teilung hat allerdings Narben hinterlassen, die nur langsam heilen. Der Fotograf Andreas Schoelzel wünscht sich einen stärkeren Austausch der beiden Regionen. Das Potenzial ist vorhanden. Beide Regionen sind dünn besiedelt und die Metropolen sind weit weg. Beide haben eine lebendige Kultur- und Kreativszene. Die Rundlingsdörfer gibt es sowohl im niedersächsischen Wendland als auch in der Altmark in Sachsen-Anhalt. In Niedersachsen sind sie allerdings besser erhalten, in der ehemaligen DDR wurden sie oft überbaut. Im Wendland entwickelte sich bereits ab Ende der 70er Jahre parallel zu den Anti-Atomkraft-Protesten eine lebendige Kultur- und Kunstszene. In der Altmark begann diese Entwicklung erst schleppend nach der Wende in den 90er Jahren. „Diese Graswurzelart, die ich in der Altmark beobachte, ist beeindruckend", beschreibt Schoezel das Potenzial.

Andreas Schoelzel lebt heute überwiegend in Satemin, ein Rundlingsdorf im Wendland. Er stammt aus Gifhorn und kennt das Wendland durch die Gorleben-Proteste seit seiner Jugend. Immer wieder kam er zu Demonstrationen hierher, auch als er in Berlin lebte und arbeitete. Die Altmark auf der anderen Seite des Eisernen Vorhangs war damals unerreichbar für ihn.

Wie so viele Berliner suchte er mit seiner Frau in den neunziger Jahren nach einem Häuschen im Umland. Nichts überzeugte sie, bis sie eines Tages in einer Berliner Tageszeitung eine Annonce über den Verkauf eines alten Bauernhauses im Rundling Satemin entdeckten. Hier passte alles – das Dorf, die Umgebung und die Menschen. „Es gibt keine andere Region, die so dünn besiedelt ist und in der so viel los ist", beschreibt er das Alleinstellungsmerkmal, das noch heute gilt. 1994 kauften sie das Haus. Es war bewohnbar, aber durch viele Bausünden aus den 70er Jahren in Mitleidenschaft gezogen. Langsam und mit großem Respekt vor dem Baudenkmal renovierten sie den ehemaligen Wohntrakt des Vierständerhauses im hinteren Teil und den ehemaligen Wirtschaftsteil im vorderen Teil des Gebäudes. Ein Schmuckstück am Dorfplatz.

Seit mehr als zehn Jahren engagiert sich Schoezel kulturell für die Region. Mit Ausstellungen seiner Fotoarbeiten bereichert er regelmäßig die Kulturelle Landpartie im Wendland, eine Kulturveranstaltung, die seit 1989 jährlich zwischen Christi Himmelfahrt und Pfingsten mittlerweile bis zu 60.000 Besucher*innen aus ganz Deutschland anzieht. Die Altmark zieht nach. Engagierte organisieren seit zehn Jahren mit großem Erfolg das Kunstfestival „Wagen und Winnen". Künstler*innen und Kunsthandwerker*innen lassen altmärkische Orte mit ihren Werken und ihrem Können zumindest für kurze Zeit zur Bühne werden. 2020 gab es Einladungen an Kunstschaffende im Wendland, sich an dem Festival zu beteiligen. „Tolle Idee. Da war ich sofort dabei." Für Schoelzel war es die Gelegenheit, endlich intensiver auf und in die Altmark zu blicken. „Diese hermetische Kreisgrenze und ehemalige innerdeutsche Grenze muss doch endlich aus den Köpfen verschwinden." „Wagen und Winnen" im September 2020 war laut Schoelzel aufgrund des Nachholbedarfs nach dem Corona-Lockdown ein großer Erfolg. Viele Menschen aus dem Wendland begannen, sich für die Altmark zu interessieren. Andreas Schoelzel

ist mittlerweile im Organisationsteam von Wagen und Winnen, obwohl er im Wendland lebt. Es ist ihm ein Anliegen, nicht nur die Kultur weiterzuentwickeln, sondern die ganze Region, also Altmark und Wendland. In diesem Zusammenhang sieht er auch sein kürzlich begonnenes Engagement für die „Alte Scheune Satemin". Das Baudenkmal von 1837 wird vor dem Verfall gerettet und wieder hergestellt. Aber noch viel wichtiger: Es soll wieder Leben in die Scheune kommen und ein Ort für Kunst und Kultur werden mit Strahlkraft in alle Himmelsrichtungen.

Beatrix Flatt

CHEINER MOOR & WERTVOLLE

WÄLDER AM GRÜNEN BAND

Tour-Info	Feuchtgebiete sind das Thema dieser Radrundtour. Vom Cheiner Moor mit seiner reichhaltigen Orchideenflora kämpfen wir uns über Betonwegeplatten zu einem alten DDR-Grenzturm durch. Auf der niedersächsischen Seite lockt das Rundlingsdorf Luckau sowie die am Grünen Band liegenden Feuchtwälder „Luckauer Holz" und „Blütlinger Holz". Die Gedenkstätte für Hans-Friedrich Franck, nördlich von Salzwedel gelegen, kann auf dem Rückweg besichtigt werden. Zuletzt eine wunderbare Waldrunde durch den wertvollen Feuchtwald „Stadtforst Salzwedel".
Start & Ziel	29410 Salzwedel / OT Cheine | Cheiner Ring Feldsteinkirche St. Pauli
Art	Radrundweg
Länge & Dauer	28 km | 4 h
Kategorie	mittelschwer
Hinkommen & Parken	Auto & Rad: B 71, Abschnitt Salzwedel - Uelzen Bahn & Bus: www.insa.de Parken: Cheiner Ring | Rasenfläche in der Nähe der Feldsteinkirche St. Pauli
Tipps	» Robuste Fahrräder nutzen, da Wiesen-, Wald-, Schotter- und Kolonnenwege befahren werden. » Mückenschutz mitnehmen, da feuchte Waldgebiete befahren werden. » Fernglas mitnehmen.

Wir starten in **1** Cheine an der Feldsteinkirche. Westlich über „Cheiner Ring" und „Am Kaiserdamm", ca. 700 m über Feldwege Richtung **2** Cheiner Moor aufbrechen. Das Moor liegt nordwestlich von Cheine. Wir fahren oft im Zick-Zack, Rechts-Links-Kurven. Wunderbares Offenland mit weiten Blicken. Der Weg über die Betonplatten lässt sich mal leichter, mal schwerer radeln. Fernglas immer parat halten. Kurz vor Beginn des Moores gibt es eine Infotafel. Wenn wir Glück haben können wir selten gewordene Wildtiere beobachten: Wildgänse, Kraniche, Libellen. Was wir zwischendurch auf dem Weg zum Grünen Band auch sehen: **3** Erdgasförderstationen aus DDR-Zeiten.

Den alten **4** DDR-Grenzturm, der zwischen den Ortschaften Seeben und Luckau steht, sieht man aus der Ferne. Auf ihn halten wir zu. Er befindet sich ca. 300 m vor dem eigentlichen Grünen Band. Wer dort das 1. Mal picknicken möchte, kann dies tun – kleine Sitzplätze vorhanden. Weiter Richtung Norden und die Grenzreste am Grünen Band besichtigen – rechts und links des Weges, teilweise in der Vegetation verankert. Eine Infotafel ist vorhanden. Dann geht es weiter nördlich nach Luckau, der Weg ist nun besser befahrbar. Wir queren die **5** Wustrower Dumme das erste Mal. Rein nach **6** Luckau – den Rundling

besichtigen. Kurze Rast möglich im Dorfkern. Dann weiter über einen Seitenweg raus aus dem Dorf, Richtung Osten ins winzige Örtchen Nauden. Wunderschöne Landschaft, sehr gute Radwege! Südlich von Nauden liegt das 124 ha große Naturschutzgebiet **7** Luckauer Holz, dem wir uns jetzt, südöstlich haltend, annähern. Bitte dem Kartenmaterial im Buch folgen, damit wir die Flora und Flora in diesem Gebiet nicht stören. Immer auf den Wegen bleiben! Die Wege im NSG sind in der Brut- und Setzzeit vom 1. März bis zum 15. August eines jeden Jahres gesperrt.

Nach der 2. Querung der Wustrower Dumme, halten wir uns gleich links und fahren ca. 600 m direkt am Wasser entlang. Hier sind wir dem Grünen Band sehr nah. Weiter nordöstlich auf Blütlingen zu, dass wir jedoch nur streifen. Auf Feldwegen geht es zum **8** Blütlinger Holz. Im Winter die Route nehmen, die wir im Buch verschlagen. Im Sommer die Wege nördlicher nehmen, um Flora und Fauna nicht zu stören. Der „Winterweg" ist im Sommer sehr schwer zu befahren, da viel Vegetation vorzufinden ist.

Jetzt machen wir rüber! Rein in die Altmark. Uns erwartet am Grünen Band zuerst die **9** Gedenkstätte für Hans-Friedrich Franck. Auch hier sollte man innehalten. Über einen gut ausgebauten Radweg kommt man

DDR-Grenzturm zwischen Seebenau und Luckau

Feldsteinkirche Cheine mit urigen Sitzbänken

danach an das NATURA-2000-Flüsschen Jeetze. In der Altmark heißt der Fluss „Jeetze", im angrenzenden Wendland „Jeetzel". Bis 1905 wurde der Fluss für den Warentransport genutzt. Kähne und kleinere Schiffe waren unterwegs, um Kartoffeln, Getreide oder Ziegelsteine zu bewegen. Die **10** Kusebruchwiesen folgen rechts. Eine BUND-Aussichtsplattform ist vorhanden, leider in keinem guten Zustand.

Jetzt gemütliches Radeln durch den **11** Stadtforst Salzwedel – wir achten auf die Erlenbäume, die oft im Wasser stehen und mächtige „Füße" ausgebildet haben. Erlenbruchwald. Niedermoortorf-Boden, Mächtigkeit der Torschicht: ca. 4 m. Die Wegequalitäten sind recht unterschiedlich. Bitte

Stadtforst Salzwedel

Der Stadtforst Salzwedel ist ca. 1.500 ha groß. Damit ist er einer der größten unzerschnittenen Feuchtwaldkomplexe in Deutschland. Knapp 40 Jahre lag der Wald an der innerdeutschen Grenze und ist deshalb von vielen sonst üblichen Wirtschaftseingriffen verschont geblieben. Heute ist es ein Biotop- und Artenschutzbereich. Hier sind Kraniche, verschiedene Fledermaus- und Amphibienarten sowie Tagfalter unterwegs. Auch die sog. Wasserfeder, eine im Feuchtwald weiß blühende Pflanze, findet man. Sie ist bundesweit stark gefährdet.

Adressen

Touristinfo Hansestadt Salzwedel
Neuperverstr. 29
29410 Salzwedel
www.kultour-saw.de/tourismus

i.wend Gästeinformation
Johannisstr. 2-3
29439 Lüchow (Wendland)
www.region-wendland.de

Johann-Friedrich-Danneil-Museum
An der Marienkirche 3
29410 Hansestadt Salzwedel
www.museen-altmarkkreis.de/johann-friedrich-danneil-museum
(nur kleine Ausstellung mit Einzelstücken zur DDR-Grenze l auf Nachfrage auch Führungen am Grünen Band)

der Routenmarkierung im Buch folgen – die Wege nicht verlassen, da der gesamte Wald NATURA-2000-Areal ist. Nicht abschrecken lassen von der roten Absperrung am Anfang des Waldes – sie soll das Befahren mit Autos verhindern. Individualtourismus ist hier kein Problem. Über Betonplatten geht es nun zurück nach Cheine. Rechts und links sind weite Blicke möglich, Wiesenlandschaft.

Es lohnt ein Abstecher in die nahe Hansestadt Salzwedel. Eine schmucke Altstadt (erinnert in Teilen an Quedlinburg) mit Museen und Kunsthaus, (Baumkuchen) Cafés und weiteren Sehenswürdigkeiten.

Amanda Hasenfusz

1 Cheine: Rundplatzdorf an der B71 bei Salzwedel und Bergen (Dumme) aus dem 14. Jahrhundert. Der Ort wurde früher Cheyne, Chynne oder Cheynen genannt. In der Nähe gab es ein Großsteingrab (Megalithgrab) aus der jungsteinzeitlichen Tiefstichkeramikkultur. Im Museum für Vor- und Frühgeschichte in Berlin sind Funde eines Brandgräberfeldes aus einer Cheiner Kiesgrube „Molochsberg" zu finden. Wunderbare authentische Feldsteinkirche im Ort, davor Sitzbänke. Schlüssel anfragen unter www.ekmd.de/kirche/kirchenkreise/salzwedel/osterwohle-daehre

2 Cheiner Moor: Ca. 400 ha großes Quellmoor am südlichen Rand der Dumme-Grenzgraben-Niederung, Grünes Band. Im Mai prächtige Orchideenblüte („Breitblättriges Knabenkraut"), kann mittels kleinem Bohlensteg besichtigt werden. Im Cheiner Torfmoor wurde im 19. Jahrhundert ein Feuersteindolch aus der frühen Bronzezeit gefunden.

3 Erdgasförderung: Seit den späten 1960er-Jahren wurde in der Altmark Erdgas gefördert. Der Rückbau der Anlagen hat vor vielen Jahren begonnen. Mehr unter www.erdoel-erdgas-deutschland.de

4 DDR-Grenzturm: BT 4 x 4; siehe Listung in diesem Buch.

5 Wustrower Dumme: Ein ca. 30 km langer und ca. 10 m breiter Nebenfluss der Jeetzel (Jeetze). In weiten Abschnitten Grenzfluss zwischen Niedersachsen und Sachsen-Anhalt. Idyllisch anzusehen!

6 Luckau: Schmuckes Rundangerdorf mit vielen ansässigen Künstler:innen, die regelmäßig ihre Ateliers öffnen (z.B. zur Kulturellen Landpartie im Mai). Der Name des Ortes ist ursprünglich slawisch lauck und bedeutet Lauch- oder Zwiebelfeld. Mehr unter www.luckau-wendland.de/kunst-kultur oder www.kulturelle-landpartie.de/orte

7 Luckauer Holz: Bestandteil des FFH-Gebietes „Landgraben- und Dummeniederung" und des gleichnamigen EU-Vogelschutzgebietes. Eichen-Mischwälder, Erlen-Eschen- und Bruchwälder.

8 Blütlinger Holz: siehe Luckauer Holz. 308 ha groß.

9 Gedenkstätte für Hans-Friedrich Franck: Der Meißener Hans-Friedrich Franck wurde am 16.01.1973 durch eine Selbstschussanlage am Metallstreckzaun erschossen. Er wurde nur 26 Jahre alt. Zaunrest vorhanden. Bänke, Holzkreuz, einige Infotafeln zum Thema Erinnerungskultur vorhanden. Das Grüne Band wird hier offengehalten – man sieht rechts den ca. 60 m breiten abgeholzten Geländestreifen sehr deutlich.

10 Kusebruchwiesen: Zusammenhängendes Grünlandareal von ca. 40 ha innerhalb der „Landgraben-Dumme-Niederung" direkt am Grünen Band. Fischotter und Biber haben hier ein Zuhause gefunden.

11 Der Stadtforst ist Privatbesitz.

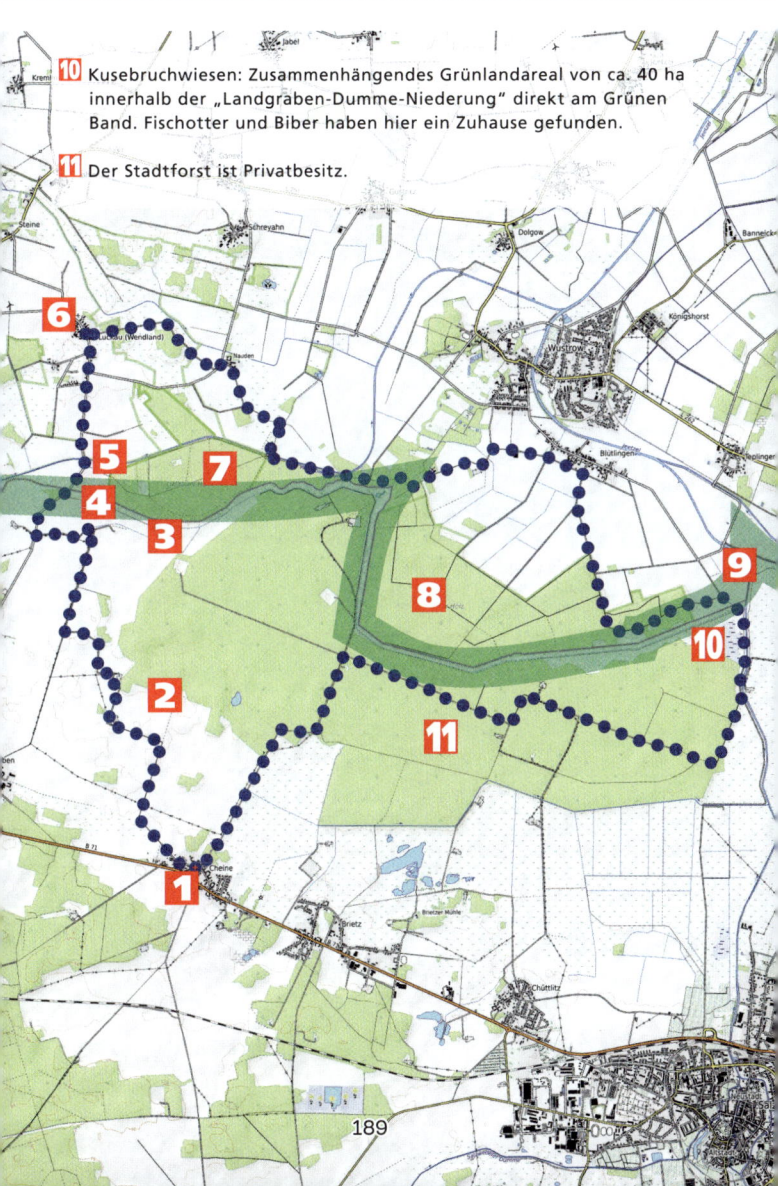

189

BRIETZER TEICHE, KUSEBRUCHWIESEN

UND STADTFORST SALZWEDEL

Tour-Info	Unterwegs in der „Landgraben-Dumme-Niederung" nordwestlich von Salzwedel: Das Naturreservat „Brietzer Teiche" lockt mit Tierbeobachtungsständen, Sitzgelegenheiten, Bohlensteg und Infotafeln. Es folgen: eine weite Wiesenlandschaft namens „Kusebruch-Wiesen" und der Erinnerungsort „Hans-Friedrich Franck". Zuletzt wartet eine wunderbare Waldrunde durch den „Stadtforst Salzwedel".
Start & Ziel	29410 Salzwedel / OT Brietz	Straßenecke „Alter Hof"/"Am Klingenberg"
Art	Radrundweg oder Rundwanderung
Länge & Dauer	16 km	2,5 h (Rad)	4 h (Wanderung)
Kategorie	mittelschwer
Hinkommen & Parken	Auto & Rad: B 71, Abschnitt Salzwedel - Uelzen Bahn & Bus: www.insa.de Parken: Brietz, „Alter Hof"/"Am Klingenberg"	Parknischen am Spielplatz
Tipps	» Robuste Fahrräder nutzen, da Wiesen- und Waldwege befahren werden. » Tour eignet sich auch als Wanderung. » Tour nach Salzwedel verlängern lohnt. Schmucke Innenstadt besichtigen.

Wir starten in Brietz, nördlicher Ortsausgang, Straßenecke/Kreuzung „Alter Hof"/"Am Klingenberg". Von dort aus ca. 100 m nördlich fahren, an der ersten kleinen Kreuzung rechts halten, ca. 500 m östlich den 2-spurigen Feldweg nutzen. Er führt direkt zu den **1** Brietzer Teichen.

Hier sind etliche Beobachtungsplätze zu entdecken sowie Informationstafeln. Wenn wir Glück haben können wir viele selten gewordene Wildtiere beobachten: Wildgänse, Uferschwalben, Kraniche, Libellen, Rohrdommeln, Schwäne, Seeadler, Kiebitze oder auch den Eisvogel. Am östlichen Ende des Gebietes gibt es einen Holzbohlensteg, der über die angrenzenden Feuchtwiesen führt. Hier ist im Mai das seltene „Breitblättrige Knabenkraut" (Orchideenart) in lilafarbener Blüte zu sehen.

Wir radeln weiter östlich, dem Weg in der Karte folgend. Eine ca. 2 km lange Strecke **2** Offenland erwartet uns – feuchte Wiesen. Der Weg lässt sich mal leichter, mal schwerer

radeln. Weite Blicke sind hier möglich – das Fernglas immer parat halten.

Dann nördlich halten, ca. 500 m, entlang einer kurzen, aber schmucken Birkenallee. Achtung: Lochenplatten-Kolonnenweg! Beim Radeln genau aufpassen, am besten den sandigen Mittelstreifen zw. den Platten nutzen. Abbiegen, weiter östlich, ebenfalls ca. 500 m entlang des „Jungmannschen Grabens". Hier sehen wir eine alte **3** Erdgasförderstation aus DDR-Zeiten. Sie befindet sich auf der anderen Seite des Grabens.

Hinter der kleinen Wasserschleuse am „Jungmannschen Graben" nördlich halten – wir radeln jetzt ca. 2 km entlang des **4** NATURA-2000-Flüsschens Jeetze. Ab und an kommt man gut ans Ufer – im Sommer optimal für ein Flusspicknick. Ansonsten haben wir einen gut ausgebauten Radweg vor uns.

Linkerhand folgen, nach einem großen Busch-Wald-Gebiet (Teil des Stadtforstes), Infoschilder zu den **5** Kusebruchwiesen. Ein Stückchen weiter finden wir eine BUND-Aussichtsplattform – leider in keinem guten Zustand. Die Bänke können trotzdem genutzt werden.

Weiter nördlich radeln – jetzt geht es direkt auf das Grüne Band zu. Hier finden wir die **6** Gedenkstätte für Hans-Friedrich Franck. Alter Zaunrest (Streckmetallzaun), Bänke und

Stadtforst Salzwedel: wertvolle Erlenbruchwälder und Wasserfedern

Sitzbank an der Gedenkstätte H.-F. Franck

Holzkreuz, dazu einige Infotafeln zum Thema Erinnerungskultur/Todesstreifen sind vorhanden. Das Grüne Band wird hier offengehalten – man sieht den ca. 60 m breiten abgeholzten Geländestreifen sehr deutlich.

Jetzt den Weg ca. 1 km zurück fahren, der uns hierher geführt hat. Dann seitlich rechts rein und entlang des Waldsaumes Richtung Süden. Weiter rechts halten – direkt in den Wald hinein. Wir befinden uns nun im **7** Stadtforst Salzwedel. Bitte der Routenmarkierung im Buch folgen – die Wege nicht verlassen, da der gesamte Wald NATURA-2000-Areal ist. Nicht

Stadtforst Salzwedel

Der Stadtforst Salzwedel ist ca. 1.500 ha groß. Damit ist er einer der größten unzerschnittenen Feuchtwaldkomplexe in Deutschland. Knapp 40 Jahre lag der Wald an der innerdeutschen Grenze und ist deshalb von vielen sonst üblichen Wirtschaftseingriffen verschont geblieben. Heute ist es ein Biotop- und Artenschutzbereich. Hier sind Kraniche, verschiedene Fledermaus- und Amphibienarten sowie Tagfalter unterwegs. Auch die sog. Wasserfeder, eine im Feuchtwald weiß blühende Pflanze, findet man hier. Sie ist bundesweit stark gefährdet.

abschrecken lassen von der roten Absperrung am Anfang des Waldes – sie soll das Befahren mit Autos verhindern. Individualtourismus ist hier kein Problem.

Jetzt gemütliches Radeln durch den Wald – wir achten auf die Erlenbäume, die oft im Wasser stehen und mächtige „Füße" ausgebildet haben. Erlenbruchwald. Der Wald steht auf Niedermoortorf-Boden, Mächtigkeit der Torschicht: ca. 4 m. Die Wegequalitäten sind recht unterschiedlich – es kann z. B. vorkommen, dass Wildschweine den Weg aufgewühlt haben. Unsere Route führt uns nach ca. 3 km wieder aus dem Wald heraus – Offenland folgt. Wir nähern uns südlich haltend wieder den Brietzer Teichen. Unbedingt den **8** großen Beobachtungsstand besuchen. Dann zurück zu unserem Ausgangspunkt. Nach weiteren 600 m sind wir am Startpunkt unserer Tour angelangt.

Es lohnt ein Abstecher in die nahe Hansestadt Salzwedel. Eine schmucke Altstadt (erinnert in Teilen an Quedlinburg) mit Museen und Kunsthaus, (Baumkuchen)Cafés und weiterer Sehenswürdigkeiten.

Amanda Hasenfusz

Adressen

Touristinfo Hansestadt Salzwedel
Neuperverstr. 29
29410 Salzwedel
www.kultour-saw.de/tourismus

i.wend Gästeinformation
Johannisstr. 2-3
29439 Lüchow (Wendland)
www.region-wendland.de

Johann-Friedrich-Danneil-Museum
An der Marienkirche 3
29410 Hansestadt Salzwedel
www.museen-altmarkkreis.de/
johann-friedrich-danneil-museum
(nur kleine Ausstellung mit Einzelstücken zur DDR-Grenze l auf Nachfrage auch Führungen am Grünen Band)

Café Kuckuck
(nur am WE geöffnet)
Hoyersburger Landstr. 49
29410 Salzwedel / OT Hoyersburg
www.cafe-kuckuck.de

Landpension „Am Wiesengrund"
Chüttlitzer Rundling 8
29410 Salzwedel/OT Chüttlitz
www.landpension-am-wiesengrund-pension.business.site

1 Feuchtbiotopkomplex namens „Brietzer Teiche", bestehend aus Seen und Flachgewässern. Ehemalige Ziegeleiteiche. Sie wurden Ende der 1990er-Jahre vom Landkreis Altmarkkreis Salzwedel naturnah umgestaltet. Entstanden ist ein Feuchtbiotop für Zug- und Brutvögel.

2 Extensiv bewirtschaftetes Wiesen-Offenland, späte Mahd oder Beweidung. Weite Blicke in die „Landgraben-Dumme-Niederung".

3 Erdgasförderung: Seit den späten 1960-er Jahren wurde in der Altmark Erdgas gefördert. Der Rückbau der Anlagen hat vor vielen Jahren begonnen. Mehr unter www.erdoel-erdgas-deutschland.de

4 In der Altmark heißt der Fluss „Jeetze", im angrenzenden Wendland „Jeetzel". Bis 1905 wurde der Fluss für den Warentransport genutzt. Kähne und kleinere Schiffe waren unterwegs, um Kartoffeln, Getreide oder Ziegelsteine zu bewegen. NATURA-2000-Areal.

5 Kusebruchwiesen: Zusammenhängendes Grünlandareal von ca. 40 ha innerhalb der „Landgraben-Dumme-Niederung" direkt am Grünen Band. Fischotter und Biber haben hier ein Zuhause gefunden.

6 Gedenkstätte: Der Meißener Hans-Friedrich Franck wurde am 16.01.1973 durch eine Selbstschussanlage am Metallstreckzaun erschossen. Er wurde nur 26 Jahre alt.

7 Der Stadtforst ist Privatbesitz.

8 Beobachtungsstand – Blick auf einen der großen Teiche. Infotafeln zu Themen des BUND im Inneren.

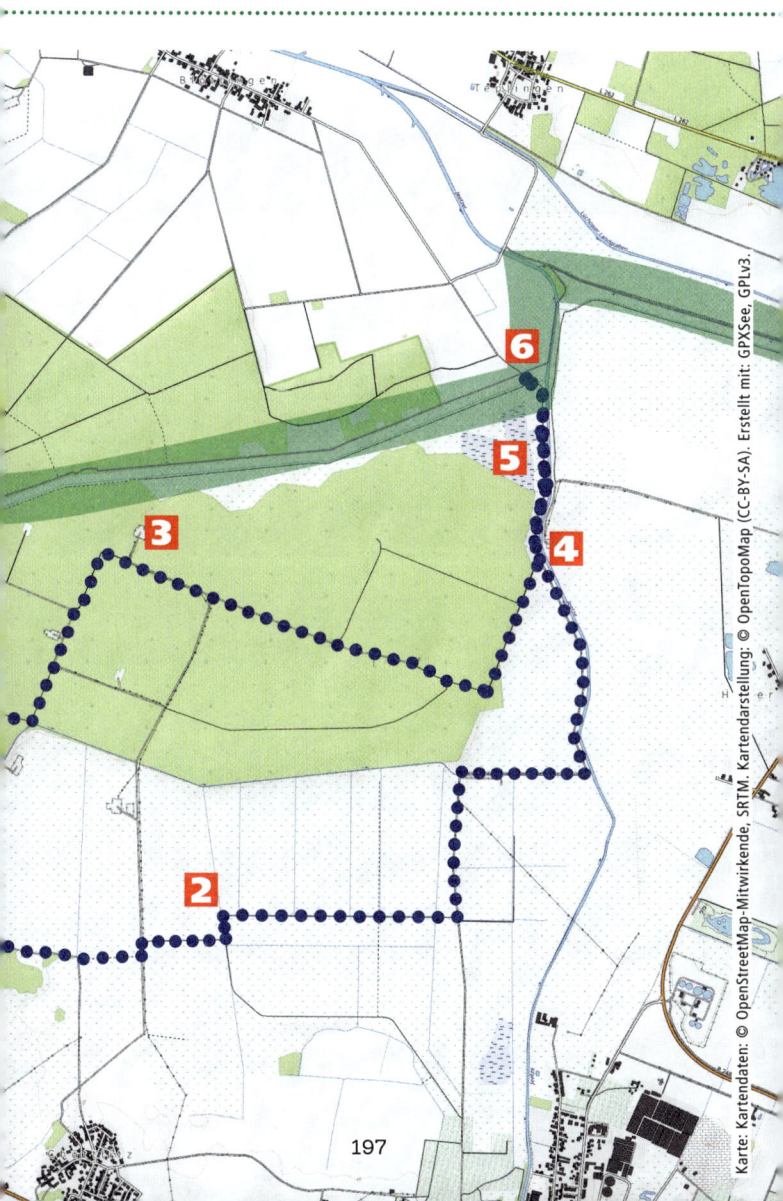

WANDERN IM WALD BEI HOYERSBURG

Tour-Info	Die alte innerdeutsche Grenze, jetzt Grünes Band Deutschland, ist das Highlight dieser Tour. Zuerst durchwandern wir den urwaldähnlichen Dschungel in der Landgraben-Dumme-Niederung, einem Gebiet mit europäischem Schutzstatus. Dann gibt es jede Menge extensiv bewirtschaftetes Offenland und Binnensalzwiesen.
Start & Ziel	Café Kuckuck I Hoyersburger Landstr. 49 I 29410 Salzwedel / OT Hoyersburg
Art	Rundwanderung
Länge & Dauer	10 km I 2 h
Kategorie	mittelschwer
Hinkommen & Parken	Auto & Rad: über die B 71, B 248 oder B190 nach Salzwedel Bahn & Bus: www.insa.de Parken: Parkplatz am Café Kuckuck
Tipps	» Festes Schuhwerk anziehen, da Waldwanderwege und tlw. mittelhohes Gras. » Frühjahrs- und Herbstwanderungen bieten sich an: im Frühjahr blühen die Pflanzen des Waldes. Im Herbst färben sich die Blätter herrlich. » Wer 2 Tage bleibt, kann sich die nahe Hansestadt Salzwedel in Ruhe anschauen. Unterkünfte und Sehenswürdigkeiten sowie Museen in der Touristinfo erfragen.

& ENTLANG VON BINNENSALZWIESEN

Wir sind nördlich der Hansestadt Salzwedel unterwegs – am Grünen Band Deutschland. Das **1** Café Kuckuck ist der Startpunkt. Rein in die Rundwanderung, los geht es gegenüber – von dort wandert man direkt in den urigen Stadtwald Bürgerholz am Grünen Band hinein.

Der Wald gehörte einst den Bürgern der Hansestadt Salzwedel. 2017 wurde er verkauft und ist nun Privatbesitz. Das gesamte Gebiet, knapp 400 ha, ist **2** NATURA2000-Fläche – also ein durch EU-Recht streng geschützter Wald. Bitte die Wege nicht verlassen! Wir befinden uns in der „Landgraben-Dumme-Niederung", die in ihrer Gesamtheit aus einem sehenswerten Natur-Mosaik besteht: naturnahe Bäche, urige Auenwälder und artenreiche Wiesen. Einen kleinen Teil davon sehen wir auf dieser Wandertour. Das Gebiet hat eine überregionale Bedeutung, die bundesweite Aufmerksamkeit auf sich zieht.

Also hinein in den Dschungel – 4 km lang wandern wir auf aufgeschütteten Dämmen durch den üppigen Wald „Bürgerholz". Die Wege sind breit, leicht grasig und meist gerade. Bitte der Kartennavigation folgen, es gibt mehrere Abzweigungen. Sie führen uns zu etlichen (teils alten) Infoschildern, die das Leben der Tiere und Pflanzen im Wald beschreiben. Der NATURA2000-Wald ist eigentlich ein Erlenbruch-Feuchtwald. Durch den fortschreitenden Klimawandel sind die nassen Böden im Rückgang.

Wer im Frühling wandert, sieht u. a. blühende Busch-Windröschen, Scharbockskraut oder Lungenkraut. Wer Glück hat, hört Kraniche, sieht Spechte, Kröten und Frösche. Etliche Singvögel sind unterwegs. Waldbaden ist hier möglich – einfach ab und an stehenbleiben und sich den Geräuschen des Waldes hingeben. Wer eine Tierstimmen-App hat, kann sie hier mal so richtig ausprobieren.

Nach der letzten Waldkurve sehen wir Offenland. Unendliche Weite in Wiesenform – direkt an der ehemaligen innerdeutschen Grenze, also dort, wo früher die Welt zu Ende war. Hier „wohnt" das Grüne Band in Reinkultur! Genießen Sie diesen Blick! Wir wenden uns nun nordwärts.

Nationale Naturmonumente

Nationale Naturmonumente gibt derzeit nur acht in Deutschland. Sie sind Areale oder Gebiete, die aus wissenschaftlichen, naturgeschichtlichen, kulturhistorischen oder landeskundlichen Gründen und wegen ihrer Seltenheit, Eigenart oder Schönheit von herausragender Bedeutung sind. Mehr dazu beim Bundesamt für Naturschutz unter www.bfn.de/nationale-naturmonumente

Extensive Nutztierhaltung am Grünen Band bei Hoyersburg

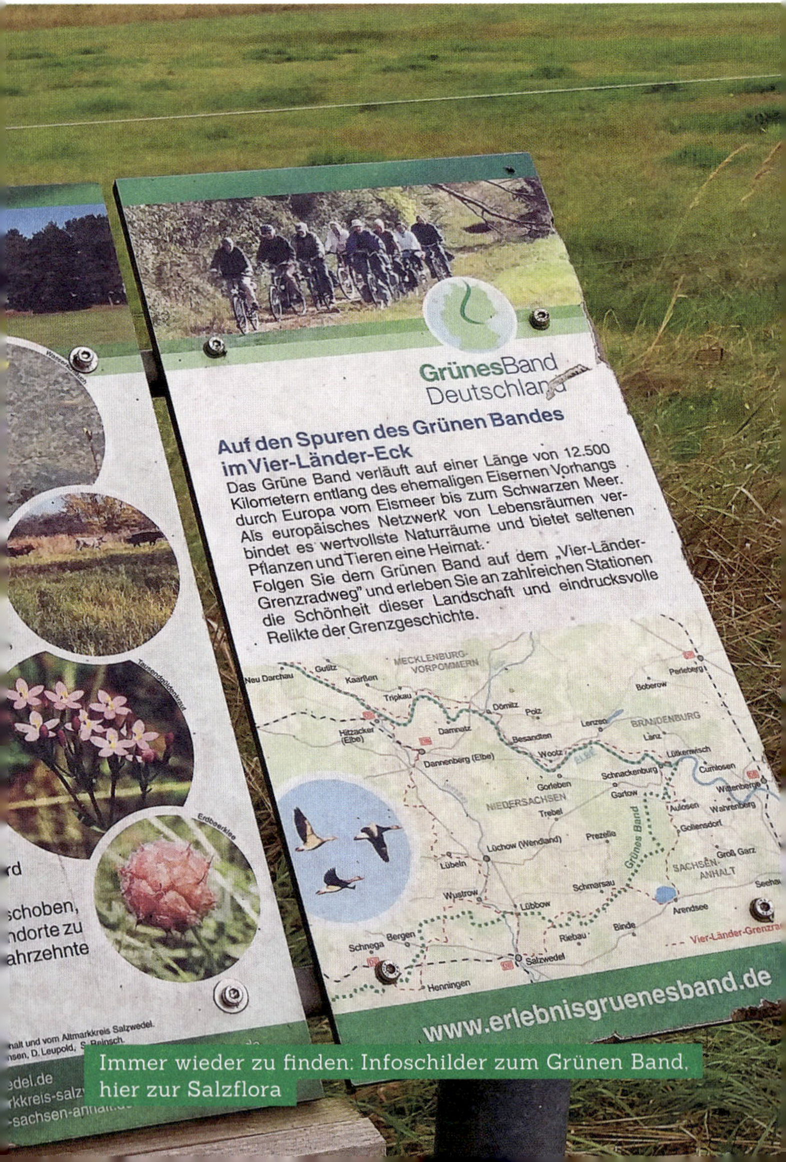
GrünesBand
Deutschland
Auf den Spuren des Grünen Bandes im Vier-Länder-Eck
Das Grüne Band verläuft auf einer Länge von 12.500 Kilometern entlang des ehemaligen Eisernen Vorhangs durch Europa vom Eismeer bis zum Schwarzen Meer. Als europäisches Netzwerk von Lebensräumen verbindet es wertvollste Naturräume und bietet seltenen Pflanzen und Tieren eine Heimat.
Folgen Sie dem Grünen Band auf dem „Vier-Länder-Grenzradweg“ und erleben Sie an zahlreichen Stationen die Schönheit dieser Landschaft und eindrucksvolle Relikte der Grenzgeschichte.
MECKLENBURG-VORPOMMERN
BRANDENBURG
NIEDERSACHSEN
SACHSEN-ANHALT
Neu Darchau
Gusitz
Kaarßen
Tripkau
Dömitz
Hitzacker (Elbe)
Damnatz
Dannenberg (Elbe)
Lenzen
Lanz
Perleberg
Boberow
Gorleben
Gartow
Schnackenburg
Trebel
Lüchow (Wendland)
Lübeln
Prezelle
Wustrow
Lübbow
Schmarsau
Arendsee
Binde
Riebau
Bergen
Schnega
Salzwedel
Henningen
Cumlosen
Wittenberge
Wahrenberg
Aulosen
Gollensdorf
Groß Garz
Grünes Band
Vier-Länder-Grenzra
www.erlebnisgruenesband.de
Wasserschlauch
Tausendgüldenkraut
Erdbeerklee
schoben,
ndorte zu
ahrzehnte
halt und vom Altmarkkreis Salzwedel.
D. Leupold, S. Reinsch.
Immer wieder zu finden: Infoschilder zum Grünen Band, hier zur Salzflora

Der Turm an der Ecke, direkt am mit Wasser gefüllten ehemaligen Kfz-Sperrgraben, ist kein Aussichtsturm, sondern ein jagdlicher Hochsitz. Bitte nicht betreten!

Immer weiter Richtung Norden. Der Weg ist sehr grasig und teilweise nicht schnell begehbar. Bitte Vorsicht auch mit den Lochplatten auf dem sog. **3** Kolonnenweg. Jetzt eine 90-Grad-Linkskurve und ca. 3 km Richtung Richtung Westen. Es geht geradeaus.

Wir befinden uns direkt am Grünen Band – der ca. 50 m breite Bereich, der früher der Spurensicherungsstreifen (eigentlicher Todesstreifen) war, ist hier noch sehr gut zu erkennen: kein Bewuchs, frei gehalten mit extensiver Weidewirtschaft. Dahinter befindet sich, schon auf niedersächsischer Seite, der „Lüchower Landgraben".

Nach 3 km kommen wir zum **4** DDR-Grenzturm Hoyersburg. Ein Infoschild informiert über die Geschichte des Turmes. Dann geht es weiter, leicht parallel zur B 248. Es folgt ein **5** Infoschild des BUND zum Thema „Salzflora".

Der Rest des Weges führt uns direkt entlang der B 248. Ein gut ausgebauter Radwanderweg bringt uns zügig zum Café Kuckuck.

Amanda Hasenfusz

Adressen

Touristinfo Hansestadt Salzwedel
Neuperverstr. 29
29410 Hansestadt Salzwedel
www.kultour-saw.de/tourismus

i.wend Gästeinformation
Johannisstr. 2-3
29439 Lüchow (Wendland)
www.region-wendland.de

Johann-Friedrich-Danneil-Museum
An der Marienkirche 3
29410 Hansestadt Salzwedel
www.museen-altmarkkreis.de/
johann-friedrich-danneil-museum
(nur kleine Ausstellung mit Einzelstücken zur DDR-Grenze I auf Nachfrage auch Führungen am Grünen Band)

Restaurant heimart
Neuperverstr. 18
29410 Salzwedel
www.heimart-saw.de

Café Kuckuck (nur am WE geöffnet)
Hoyersburger Landstr. 49
29410 Salzwedel / OT Hoyersburg
www.cafe-kuckuck.de

Café Frida (nur freitags und am WE geöffnet)
Vor dem Neuperver Tor 1a
29410 Hansestadt Salzwedel
www.cafe-frida-salzwedel.de

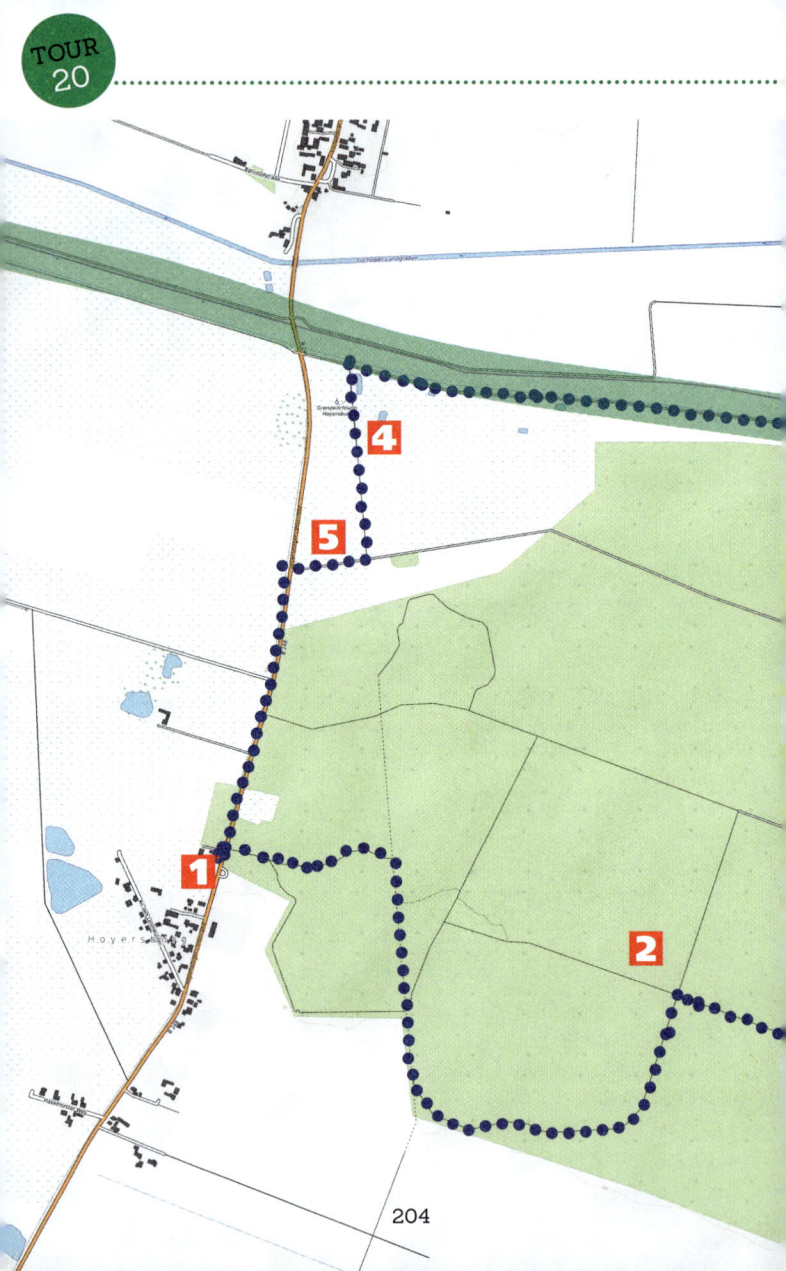

1 Café Kuckuck: Wir kehren nach der Tour hierher zurück – ein guter Ort zum Ausruhen und sich verwöhnen lassen: entweder im bezaubernden Inneren des Cafés oder im gemütlichen Biergarten. Das Café bietet selbstgemachten Kuchen und leckere Speisen an. Wer mit dem Wohnmobil kommt, kann hier wunderbar verweilen. Auch Zeltplätze sind vorhanden. Achtung: das Café hat nur an den Wochenenden geöffnet!

2 NATURA2000-Gebiete sind auf der europäischen Ebene geschützt. Ein hoher Schutzstatus, weil wertvolle Flora und Fauna! Wer über die NATURA-2000-Gebiete in Sachsen-Anhalt mehr dazu wissen möchte, kann hier nachlesen: www.natura2000-lsa.de

3 Auf den Betonlochplatten, dem Kolonnenweg, fuhren Grenzsoldaten die ehemalige Grenze zu Kontrollzecken und für die Versorgung der Wachtürme ab. Sie stehen unter Denkmalschutz!

4 Grenzturm Hoyersburg: Es handelt sich um einen sog. BT 4 x 4 m breiten Grenzführungsstand mit mehreren Etagen. Führungsstelle, auch Schlafmöglichkeiten für die Soldaten gab es im Inneren.

5 Binnensalzwiesen sind von besonderer naturschutzfachlicher Bedeutung. Durch einen Salzeinfluss im Boden wachsen hier – mitten im norddeutschen Tiefland – salztolerante Pflanzenarten wie Strandmilchkraut, Stranddreizack und Salzbinse. Das sind Arten, die es sonst nur in küstennahen Regionen gibt.

Sabine Decker

Vegetarisch im Café Kuckuck

Zufrieden steht Sabine Decker im Café Kuckuck, das sie zusammen mit ihrem Mann Andreas Chen im Frühjahr 2019 eröffnete. Jahrelang stand die Traditionsgaststätte „Landgasthaus im Bürgerholz" nördlich von Salzwedel leer. Es fand sich kein Käufer. Sabine Decker und Andreas Chen gestalteten 20 Jahre als Landschaftsgärtner zwischen Hitzacker und Wolfsburg naturnahe Gärten, legten Schwimmteiche an und begrünten Dächer. „Wir fuhren auf dem Weg zu unseren Kunden oft hier vorbei und lasen das Schild ‚zu verkaufen'. Wir haben lange überlegt und es dann schließlich gekauft." Von Gastronomie hatten sie beide keine Ahnung, aber eine Vision: Es sollte ein reines Wochenendcafé und ein Treffpunkt für Menschen werden. Das Angebot sollte auf jeden Fall vegetarisch, nach Möglichkeit sogar vegan sein und möglichst viel von dem eigenen Obst und Gemüse verarbeitet werden. „Unmöglich in der Altmark", lauteten die Vorbehalte. Ein Berater machte ihnen Mut: „Quereinsteiger sind oft die besten Gastronomen."

Sabine Decker und Andreas Chen zogen vor über 20 Jahren aus dem Ruhrgebiet in die Altmark. Sie renovierten in einem kleinen Dorf eine alte Molkerei und machten sich selbstständig. „Wir kannten die Region von den Anti-Atomkraftdemonstrationen und konnten uns vorstellen, hier zu leben. Wir wollten weg aus der Stadt." Sie landeten nicht im Wendland, denn dort waren Häuser und Grundstücke teurer. „Mittlerweile zieht die Altmark nach und die Preise gleichen sich langsam an." Wendland und Altmark bedeuten für Sabine Decker „unglaubliche Freiheit." „Ich kenne keine andere Gegend, in der es so viel Vernetzung und Projekte gibt." Allerdings bevorzugt sie den teilweise morbiden Charakter der Altmark, wo es weniger aufgeräumt ist als im Wendland.

Im Café Kuckuck gibt es mehr als Getränke, Kuchen, Imbiss oder Frühstücksbuffet. Das etwa 4000 Quadratmeter große Grundstück gestalten die beiden Landschaftsgärtner nach und nach in eine Art Schaugarten um. „Wir erläutern hier aktuelle Themen wie Klima, Wasser und Ernährung und zeigen an Beispielen, was das mit Gartengestaltung zu tun hat." Rund um das Café laden Blumen- und Streuobstwiesen,

Hecken als Schattenspender oder Windschutz, ein fast zugewachsener Teich und vieles mehr zum Entdecken ein. Sabine Decker beklagt, dass die Leute sich heute nur noch im Baumarkt zum Thema Gartengestaltung informieren können. „Das Informationsangebot müsste größer und vielfältiger werden." Auch Tourismus und Kultur sind ihr ein Anliegen. „Das ist nicht immer einfach, denn oft werden einem von offizieller Seite Steine in den Weg gelegt." Zum Glück hat sie ein Netzwerk aus vielen engagierten Menschen. So ist das Café Kuckuck ein Treffpunkt für Initiativen und Organisationen, die thematisch passen. Auch kulturell stellt das Café einiges auf die Beine: Konzerte, Lesungen, Theater. „Wir sind sehr glücklich, wie es läuft", resümiert die blonde Frau.

Decker freut sich, dass sie in einer Region lebt, in der Störche fliegen und die Natur noch Platz hat. „Je mehr ich sehe, wie woanders die Natur verschwindet, umso mehr weiß ich das hier zu schätzen. Das soll auch bitte so bleiben." Deshalb ist sie auch gegen den Ausbau der Autobahn 14 durch die Altmark. Für sie ist es ein Standortvorteil, so weit weg von Autobahnen zu leben und arbeiten. „Die Gäste kommen trotzdem oder gerade deswegen." Sie erzählt von Touristen, die ihre Fahrt so planen, dass sie im Café Kuckuck Pause machen können. Begeistert ist sie auch, dass das Café in so einer geschichtsträchtigen Region etwa einen Kilometer vom Grünen Band entfernt liegt. „Ich hatte vorher keine Ahnung von Grenzgeschichte." Aber es sei spannend und wichtig, sich mit dieser Geschichte und den Schicksalen der Menschen auseinanderzusetzen. „Da kann ich so manche Verbitterung von Menschen nachvollziehen."

Beatrix Flatt

VON JEEBEL ÜBER VOLZENDORF INS

GESCHLEIFTE DORF JAHRSAU

Tour-Info	Jeebel ist ein kleines altmärkisches Dorf am Rande der Landgraben-Dumme-Niederung. In diesem idyllischen Ort fängt unsere Tour an. Sie führt uns direkt zu Erinnerungsorten, wie dem geschleiften Dorf Jahrsau. Reichlich Natur gibt es zu sehen, und auch wilde Tiere. In Volzendorf arbeitet eine „Solidarische Landwirtschaft" und einen schmucken See hat das Dorf ebenso. Reichlich Kolonnenwegplatten unterwegs.
Start & Ziel	Jeebel	Dorfstr.	an der Feldsteinkirche
Art	Radrundweg oder Rundwanderung
Länge & Dauer	18 km	2,5 h (Rad) oder 4 h (Wandern)
Kategorie	leicht
Hinkommen & Parken	Auto & Rad: über B 190 durch Riebau oder Groß Chüden Bahn & Bus: www.insa.de Parken: Dorfstr. vor der Kirche
Tipps	» Picknick mitnehmen, da unterwegs leider keine Einkehroption vorhanden. » Fernglas mitnehmen. » Tour eignet sich auch als Wanderung. » Radverleih in Binde möglich. Siehe unter Adressen: Radkultur Starck.

Ein Dorf mit wenig Menschen und Häusern – das ist **1** Jeebel. Hier starten wir an der winzigen Feldsteinkirche in der Dorfmitte und bewegen uns Richtung Norden, vorbei am Biogartenversand Hof Jeebel, der am nördlichen Ortsrand liegt. Über einen Feldsteinweg mit Hecken an beiden Seiten geht es schnurstracks ca. 900 m in die Landgraben-Niederung und zügig auf das Grüne Band zu.

An der 1. Kreuzung nicht Richtung Jahrsau fahren, sondern Richtung Westen. Dem Kartenmaterial im Buch Beachtung schenken – nach einer Links-Rechts-Kurve sind wir auf dem Kolonnenweg unterwegs. Im Hintergrund grüßt uns, in der Sonne weiß strahlend, der **2** DDR-Grenzturm

Landgraben-Dumme-Niederung/ NATURA2000-Gebiet

Die Landgraben-Dumme-Niederung wurde 1990 als Naturschutzgebiet mit einer Größe von 2.903 ha ausgewiesen. Sie beinhaltet auch Schutzgebiete nach der Europäischen Vogelschutz- und Fauna-Flora-Habitat (FFH) Richtlinie und ist NATURA2000-Gebiet. Ein hoher Schutzstatus, weil wertvolle Flora und Fauna! Wer über die NATURA-2000-Gebiete in Sachsen-Anhalt mehr wissen möchte, kann nachlesen unter: www.natura2000-lsa.de

Klein Chüden. Wir besuchen diesen nicht (oder nur als Abstecher), weil wir vorher Richtung Norden abbiegen und nach Niedersachsen „rübermachen".

Am Grünen Band, Übergang von der Altmark nach Niedersachsen, finden wir eine Sitzgelegenheit, eine alte DDR-Grenzsäule sowie kurze Infos zum Biotopverbund. Auf einem Alleenweg weiter Richtung Norden, nach ca. 800 m rechts halten und auf **3** Volzendorf zufahren bzw. zugehen. Hier arbeiten die Bauern Tag und Nacht, so auch in der „Solidarischen Landwirtschaft", die sich im Ort angesiedelt hat. Holzbänke mit Tisch in der Dorfmitte zum Picknicken vorhanden (schräg gegenüber der Bushaltestelle).

Danach raus aus dem Ort Richtung Osten, über einen Feldweg zuerst Richtung Süden. Der **4** Volzensee kann besucht werden. Er ist nicht ausgeschildert, liegt aber unmittelbar auf unserem Weg.

Jetzt geht es ca. 2,5 km direkt an der idyllischen „Lüchower Landgrabenniederung" entlang – immer Richtung Osten. Naturbelassener Wald auf der einen Seite, Felder und Wiesen links. Die erste Option Richtung Süden nutzen, um wieder auf das Grüne Band zuzufahren/zu gehen. Wertvolle Natur rechts und links mit Fasanen, Füchsen und fantastischen Blicken in üppige

Reste des geschleiften Dorfes Jahrsau

Sitzoption und Infoschild am Grünen Band bei Jeebel

Feuchtgebiete. Bitte immer auf dem Weg bleiben und die Naturareale nicht durchsteifen. Am Kolonnenweg wenden wir uns Richtung Westen und fahren diesen nun weitere ca. 2 km. Der Kolonnenweg ist nicht leicht zu befahren. Wenn zu schwer, einfach absteigen und schieben. Wandernd ist der Weg kein Problem. Relativ wenig Bewuchs rechts und links. Nicht selten aber Apfelbäume, die im Frühjahr herrlich blühen. Auch sie sind ein Grenzrelikt – von Grenzsoldaten

Solidarische Landwirtschaft (Solawi):

In einer Solawi tragen mehrere private Haushalte die Kosten eines landwirtschaftlichen Betriebs, wofür sie im Gegenzug dessen Ernteertrag erhalten. Durch den persönlichen Bezug zueinander erfahren sowohl die Erzeuger:innen als auch die Verbraucher:innen die vielfältigen Vorteile einer nicht-industriellen, marktunabhängigen Landwirtschaft. (Quelle: www.solidarische-landwirtschaft.org)

Adressen

Touristinfo Hansestadt Salzwedel
Neuperverstr. 29
29410 Hansestadt Salzwedel
www.kultour-saw.de/tourismus

i.wend Gästeinformation
Johannisstr. 2-3
29439 Lüchow (Wendland)
www.region-wendland.de

Johann-Friedrich-Danneil-Museum
An der Marienkirche 3
29410 Hansestadt Salzwedel
www.museen-altmarkkreis.de/
johann-friedrich-danneil-museum
(nur kleine Ausstellung mit Einzelstücken zur DDR-Grenze | auf Nachfrage auch Führungen am Grünen Band)

Radverleih bei Radkultur Starck
Binde Nr. 14
39619 Arendsee / OT Binde
www.radkultur-starck.de

Biogartenversand Hof Jeebel
Jeebel 17
29410 Salzwedel / OT Jeebel
www.biogartenversand.de

Solidarische Landwirtschaft
Volzendorf
Volzendorf Nr. 9
29485 Lemgow / OT Volzendorf
www.solawi-volzendorf.org

unabsichtlich „gepflanzt" durch das Wegwerfen von Apfelgriebsen. Wenn wir Glück haben, begleitet uns das Braunkehlchen – das „Wappentier" des Grünen Bandes. Es gilt als stark gefährdet. Als Lebensraum bevorzugt es offene, zuweilen feuchte Flächen mit nicht zu hoher Gehölz- und Heckendichte – also genau das, was wir auf diesem Abschnitt unserer Route vor uns haben.

In der Ferne erahnt man bereits die **5** Wüstung Jahrsau, die sich in einem Wäldchen befindet. Dorthin fahren wir – ebenfalls auf dem Kolonnenweg. Man kann den Rundweg nutzen, der in die ehemalige Siedlung führt. Infoschilder und Stempelkasten sind vorhanden. Über die ehemalige Dorfstraße, deren Pflasterung noch gut zu erkennen ist, geht es nun zurück nach Jeebel. Wir wählen nicht den Weg zu Beginn unserer Tour, sondern einen ca. 2 km langen fast parallel laufenden Feldweg, um ins Dorf zu gelangen.

Amanda Hasenfusz

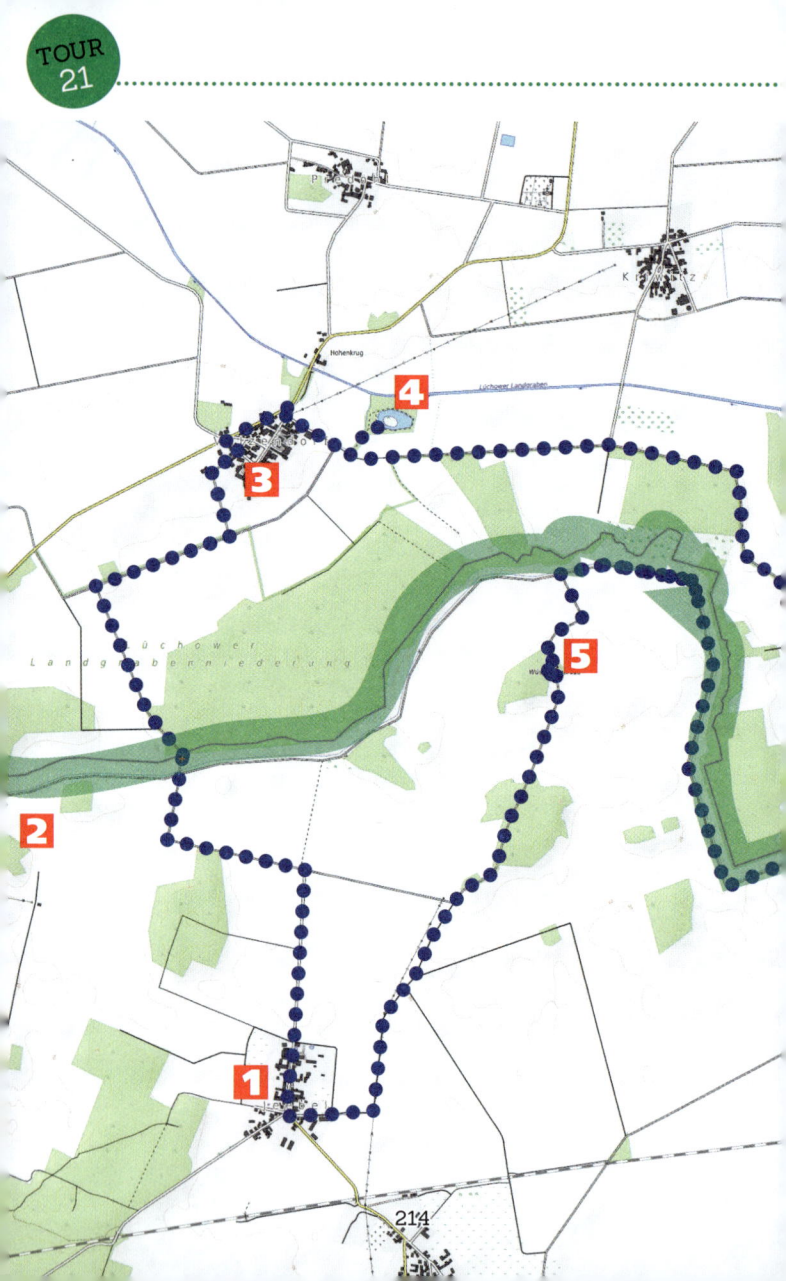

214

1 Jeebel: Ca. 80 Menschen wohnen hier. Der Ort gehört zur Ortschaft Riebau und diese wiederrum zur Hansestadt Salzwedel. Ersterwähnung wahrscheinlich im 14. Jahrhundert. Damals gab es rund um Jeebel noch Megalithanlagen (Großsteingräber), heute leider zerstört. Nördlich von reichlich Gräben umgeben – Landgraben-Dumme-Niederung.

2 DDR-Grenzturm Klein Chüden: Typ BT 2x2 (BT 11), Baujahr: um 1977/79. Der Kolonnenweg führt daran vorbei.

3 Volzendorf: Gehört zur Gemeinde Lemgo. Wurde ursprünglich als Rundling angelegt. Nach einem Großbrand 1834 als Reihendorf mit Vierständerhäusern neu aufgebaut. Teilweise aufwändige Stallbauten im schmucken Backsteinstil. Storchendorf. In Hof Nr. 9 arbeitet eine „Solidarische Landwirtschaft", die regional, saisonal und ökologisch produziert. Sehenswert ist auch die kleine Feldsteinkapelle mit Backstein-Fachwerk-Turm.

4 Volzensee: Angelgewässer mit großer Insel. Keine Bänke vorhanden.

5 Wüstung Jahrsau: Ebenfalls ein Rundlingsdorf. 1375 erstmals erwähnt. Im Zuge des DDR-Grenzaufbaus ab 1952 entsiedelt worden. Abriss der Höfe und der Kirche ab 1970. Ein Infoschild am ehemaligen Ort informiert über Einzelheiten. Bilder des Dorfes ebenfalls vor Ort zu sehen.

Karte: Kartendaten: © OpenStreetMap-Mitwirkende, SRTM. Kartendarstellung: © OpenTopoMap (CC-BY-SA). Erstellt mit: GPXSee, GPLv3.

Jürgen Starck
Gesicht und Gedächtnis des Grünen Bandes

Jürgen Starck engagierte sich 21 Jahre mit Leidenschaft für das Grüne Band. Auf einer Strecke von etwa 50 Kilometern hat er eine Erinnerungslandschaft entwickelt, die entlang der knapp 1.400 Kilometer ehemaliger Grenze einmalig ist. Er ist das Gesicht und das Gedächtnis des Grünen Bandes in der östlichen Altmark. Interessierte rufen ihn an, wenn sie Fragen haben oder sich für Führungen interessieren. „Ich habe das alles in Eigeninitiative, aber immer in Abstimmung mit dem BUND gemacht", erläutert er seine jahrzehntelange Initiative. „Es freut mich sehr, dass ich beim Grünen Band mitmachen durfte. Wir haben viel erreicht und das Grüne Band ist als Nationales Naturmonument gesichert." Aber jetzt möchte sich der 73-Jährige zurückziehen. „Ich möchte nicht mehr, dass bei mir ständig das Telefon klingelt."

Ausgangspunkt war für ihn die Natur. Deshalb hat er begonnen, sich für das Grüne Band zu engagieren. Die Erinnerungskultur kam erst später hinzu, als er auf die vielen Schicksale der Menschen im ehemaligen Sperrgebiet und im Schutzstreifen stieß. Heute stehen entlang des Kolonnenweges Hinweisschilder, damit Menschen nachvollziehen können, wie die Grenze aufgebaut war. Sogar DDR-Grenzsäulen hat er nachbauen und an den Originalplätzen aufbauen lassen. „Sechs Tote durch Fluchtversuche gab es in dem Bereich, den ich betreue", berichtet er. Ihre Geschichten hat er anhand von Unterlagen und mithilfe von Zeitzeugen recherchiert und an den betreffenden Orten dokumentiert. „Ich hatte so viele tiefe Begegnungen mit Menschen am Grünen Band", blickt er zurück. Intensiv hat sich Starck auch mit der Geschichte des geschleiften Dorfes Jahrsau befasst. Ein Trampelpfad führt von der noch erhaltenen Kopfsteinpflasterstraße in das ehemalige Rundlingsdorf. Schilder weisen auf die zerstörten Hofstellen und die Familien, die in den Bauernhäusern lebten, hin. Überall liegen Relikte, die an die Bewohner erinnern. Auf einer Mauereinfassung, die wahrscheinlich einen Misthaufen begrenzte, legen Besucher ab, was sie im Wald finden: Türschlösser, Stromverteiler, Sensenblatt, Gummistiefelreste, Gläser, Konservendosen, Porzellanstücke.

Menschen am Grünen Band

Bei den Sammelstücken vermischt sich die Geschichte der Jahrsauer mit der Geschichte der Grenzsoldaten, die dort ihren Dienst verrichteten. Der Rundgang durch das ehemalige Dorf ist wie ein Gang durch ein Museum, das sich die Natur zurückholt und das direkt mit den Schicksalen der Menschen verbunden ist, für die es einst Heimat war.

Diese geschichtsträchtige Region und diese einzigartige Natur haben es ihm angetan. „Ich war immer mit dem Fahrrad unterwegs und bei 50.000 Kilometern am Grünen Band habe ich aufgehört zu zählen", schmunzelt er. „Ich habe jeden, der mir begegnet ist, angesprochen, zugehört und mein Wissen weitergeben." So hat er auch mit Begeisterung mit Schulklassen, Gruppen aus Südkorea und internationalen Jugendgruppen gearbeitet.

In „seinem" Bereich des Grünen Bandes liegt auch die Wirler Spitze nördlich des Arendsees. Hier war die Grenze genauso menschenverachtend, aber hier ist etwas entstanden, das einem kleinen Naturparadies gleicht. In den ausgedehnten Kiefernwälder bildet das Grüne Band eine Schneise aus Heide - nicht nur eine Augenweide, sondern ein wichtiger Lebensraum für Tier- und Pflanzenarten.

Jürgen Starck ist in der Prignitz in Brandenburg mit Westverwandtschaft aufgewachsen. „Der Ost-West-Konflikt

ist Teil meines Lebens." Er ist dankbar, dass er als Kind die Freiheit hatte, die Natur zu entdecken. Und als junger Mensch habe ich dann gesehen, wie sich die Landschaft verändert, kleinbäuerliche Strukturen zerstört wurden und somit den gesamten Naturkreislauf veränderten. Heute fühlt er sich als Ossi. „Ich sehe es aber nicht negativ, sondern bin stolz darauf. Mein Leben ist auch ein deutsch-deutsches Leben." Die Frage, wie wir Menschen miteinander und mit der Natur umgehen sollten, beschäftigte ihn schon zu DDR-Zeiten und auch noch heute. Jetzt wünscht er sich mehr Zeit für sich, seine Familie, seinen Garten und für Beobachtungen in der Natur – auch am Grünen Band. Sein fast unerschöpfliches Wissen gibt er Interessierten immer noch gerne weiter.

Beatrix Flatt

Aussichtsturm am Nordufer des Arendsee

Freizeit, Bildung und Gemeinschaftserleben

IDA Arendsee

Das IDA ist ein konsequent barrierefreies Integrationsdorf im Herzen der Altmark. Nur 0,4 km vom Strandbad Arendsee entfernt liegt das IDA idyllisch eingebettet in einen alten Kiefernwald. Das großzügige Gelände eignet sich für genüsslichen Rückzug ebenso wie für Gemeinschaftserlebnisse. Auf dem Gelände sind attraktive Freizeitmöglichkeiten für Spiel, Sport und Kreativität vorhanden. Auch Entspannung und Wellness kommen nicht zu kurz.
Familien, Paare, Alleinreisende, Gruppen, Vereine und Institutionen aller Altersgruppen sind herzlich willkommen. Das IDA bietet neben komfortablen Ferienwohnungen und -häusern auch ein kostengünstiges Hostel. Neben frischer Voll- oder Teilverpflegung ist auch Selbstverpflegung möglich. Die Räumlichkeiten sind ebenfalls ideal für Seminare, Feiern und Tagungen aller Größenordnungen. Ein flexibel nutzbares Mehrzweckgebäude mit teilbarem Saal bietet Raum für bis zu 200 Personen.

Kontakt & Buchung

Harper Weg 3
39619 Arendsee
039384 98488-0
buchung@ida-arendsee.de
www.ida-arendsee.de

RUND UM DEN ARENDSEE

Seeblicke am Luftkurort geniessen & Grenzdörfer erobern

PLUS SCHRAMPE & KAULITZ

Tour-Info	Arendsee ist immer eine Reise wert! Den Seerundweg „Seepromenade" nutzen wir für die komplette Umrundung des größten natürlichen Sees in Sachsen-Anhalt. Herrliche Blicke auf das Wasser! Der Luftkurort liegt fast unmittelbar am Grünen Band und kann mit seinem Kloster und angeschlossenem Heimatmuseum, teils prächtiger Bäderarchitektur und viel Natur punkten. In Schrampe und Kaulitz haben sich Künstler:innen angesiedelt.
Start & Ziel	Arendsee	Tourist-Info	Töbelmannstr. 1
Art	Radrundweg
Länge & Dauer	24 km	3 h
Kategorie	leicht
Hinkommen & Parken	Auto & Rad: über B 190 oder die L 1 Bahn & Bus: www.insa.de Parken: Parknischen in der Töbelmannstr. nutzen
Tipps	» Ausreichend Gastronomie mit Ruheplätzen entlang der Strecke am Arendsee. » Tour lohnt von April-Oktober. Tourist-Info in Arendsee hat im Winter geschlossen. » Radverleih in Binde möglich. Siehe unter Adressen: Radkultur Starck. » Leicht hügelige Route. An- und Abstiege von 120-130 m Höhenmetern. » Badesachen mitnehmen. » E-Bike-Ladestationen namens „LADEpünktchen" gibt es in Zießau, Arendsee und Kaulitz. Siehe unter www.altmarkmacher.de/machen/ladepünktchen

Arendsee ist immer eine Reise wert! Den Seerundweg „Seepromenade" nutzen wir für die komplette Umrundung des größten natürlichen Sees in Sachsen-Anhalt. Herrliche Blicke auf das Wasser! Der Luftkurort liegt fast unmittelbar am Grünen Band und kann mit seinem Kloster und angeschlossenem Heimatmuseum, teils prächtiger Bäderarchitektur und viel Natur punkten. In Schrampe und Kaulitz haben sich Künstler:innen angesiedelt.

Am Startpunkt zuerst die **1** Tourist-Info in Arendsee besuchen. Dann geht's los... „abwärts" zum **2** Arendsee. Folgen Sie dem schmalen Weg, den unsere Karte zum Seerundweg ausweist. Bei Gegenverkehr bitte absteigen. Nach einer Rechts-Links-Kurve und an Karlotta's Minigolfareal vorbeikommend, sind wir auf dem Seerundweg, der offiziell „Seepromenade" heißt. In die östliche Richtung aufbrechen.

Der Seerundweg hat eine Länge von ca. 10 km – entlang dieser Route kann man wunderbare Blicke auf das Gewässer werfen. Die Schilder des Yoga-Rundweges begleiten uns um den See. Am Strandbad und Campingplatz vorbeifahrend, verlassen wir Arendsee und biegen in den grünen Saum, der den See an vielen Stellen umgibt, ein: NATURA 2000-Gebiet. Der Streckenverlauf ist einfach zu erkennen und kann nicht verfehlt werden. Richtung: Zießau.

In **3** Zießau kann man entweder den Weg durch das Dorf wählen (Dorfstr.) und kommt an zwei Restaurants vorbei: „Seestern" und „Zur Wildgans". Oder man bleibt auf dem Seeweg und kommt zur „Fischerei Kagel", ebenfalls mit Außengastronomie. In Zießau gibt es zudem direkt am See eine hölzerne Aussichtsplattform und einen mittelgroßen Metallsteg, der auf das Gewässer führt: Gute Optionen für eine Rast.

Weiter geht's auf dem Seerundweg. Jetzt durchfahren bis zur **4** Badestelle (ohne Eintrittsgeld) – ins kühle Nass springen (geht auch auf der Rücktour) und dann weiter über die

Arendsee

Größter und beliebtester See der Altmark und in Sachsen-Anhalt („Perle der Altmark"). Schon zu DDR-Zeiten ein Hotspot der touristischen Artenvielfalt. Im Laufe der geologischen Geschichte des Sees gab es mehrere See-Einbrüche, die große Teile des Ufers in die Tiefe rissen – alle paar hundert Jahre. Heute ist der See NATURA2000-Areal www.natura2000-lsa.de/schutzgebiete/natura2000-gebiete/arendsee). Motorboote sind auf dem See nicht erlaubt. Touren (Segeln, Standup-Paddeln, Bootsverleihe) unter www.luftkurort-arendsee.de/aktiv/zu-wasser)

Zugang zur imposanten Feldsteinkirche in Kaulitz

Hinweisschild Grenzöffnung vor Schrampe

Straße „Am Mühlengraben" Richtung Schrampe fahren. Im Straßendörfchen, das früher im Sperrgebiet lag, findet man den **5** KulTurm im Trafohäuschen.

Da wir uns gerade auf dem „Altmarkrundkurs" bewegen, folgen wir diesem Radweg in Richtung **6** Grenzdörfchen Kaulitz, ca. 4 km durch eine ruhige Wald- und Wiesenlandschaft. In Kaulitz sollte man sich die Feldsteinkirche anschauen (Schlüsselinfo: unter Adressen) und die Alternativkultur im Ort. Viele Höfe hatten in den letzten Jahren reichlich Zulauf von Künstlerinnen und Künstlern, die das Dorfleben bereichern. Sie nehmen mit ihren Höfen regelmäßig am altmärkischen Kunstfestival „Wagen und Winnen" teil. Kaulitz ist ein ansehnliches Straßendörfchen, dessen Ursprung im Jahr 1183 liegt.

Nördlich geht es weiter. Richtung Grünes Band. Auf Betonplatten ca. 2,5 km durch eine weitläufige grüne Wiesenlandschaft. Das alles war Sperrgebiet – deswegen ist es so idyllisch hier. Kühe, Kraniche, Reiher und jede Menge andere Fauna & Flora kann bestaunt werden. Dem Kartenmaterial immer wieder einen Blick schenken, denn das Grüne Band kann nicht durchgängig befahren werden – wir müssen auf den straßenbegleitenden Radweg der L 260 (Niedersachsen)/L 5 (Sachsen-Anhalt) ausweichen. Das ist jedoch kein Problem, da dieser Radweg eine sehr gute Qualität hat. Der Verkehr auf der Landesstraße hält sich in Grenzen. Da, wo das Grüne Band die Landesstraße quert, sehen wir wieder das

Kunstfestival Wagen & Winnen

Kunstfestival Wagen & Winnen (W&W) ist ein regionales Kunstfestival, das im nördlichen Sachsen-Anhalt und im Wendland stattfindet. Höfe und Ateliers öffnen ihre Türen, um die kreative Vielfalt der Region zu zeigen. Immer am 2. September-Wochenende.
www.wagen-winnen-altmark.de

Adressen

Touristinfo Arendsee
Töbelmannstr. 1
39619 Arendsee
www.luftkurort-arendsee.de

Genussurlaub
Flair Hotel Deutsches Haus
Arendsee
Friedensstr. 91
39619 Arendsee
www.dh-arendsee.de

Familienurlaub
IDA Arendsee
Harper Weg 3
39619 Arendsee
www.ida-arendsee.de

Radverleih bei Radkultur Starck
Binde Nr. 14
39619 Arendsee / OT Binde
www.radkultur-starck.de

Dorfkirche Kaulitz
Evangelisches Pfarramt Fleetmark
Lindenplatz 1a
39619 Arendsee / OT Fleetmark
www.kirchgemeinde-fleetmark-mechau.jimdofree.com

Kloster Arendsee mit
Heimatmuseum
Am See 3
39619 Arendsee (Altmark)
www.kulturkloster.de

passende braune **7** Grenz-Infoschild mit den Angaben der Grenzöffnung. Hier verläuft zudem der „Vier-Länder-Grenzradweg" und der „Iron Curtain Trail".

Weiter Richtung Schrampe. Im Ort einen kleinen Feldweg nutzen, um zum Seerundweg zu fahren, dann immer an der Seepromenade entlang. Wir kommen wieder an der **4** Badestelle vorbei. Wer auf dem Hinweg noch nicht ins Wasser gesprungen ist, kann dies jetzt tun. Eine Wander- und Radlerraststätte folgt: Essen und Trinken direkt am See. Geruhsam geht es jetzt weiter auf das alte **8** Nonnenkloster Arendsee mit Heimatmuseum zu. Der Zugang vom See aus sieht unspektakulär aus – nicht abschrecken lassen. Ein Besuch lohnt auf jeden Fall.

Bevor wir die Tour abschließen, gerne noch einen Blick auf das **9** Gustav-Nagel-Areal werfen. Von hier aus agierte der berühmte Wanderprediger viele Jahre. Dann zurück zur Tourist-Info und zu den netten Geschäften und Restaurants, die die Innenstadt von Arendsee säumen. Unser Restaurant- und Übernachtungstipp: Flair Hotel Deutsches Haus im Zentrum des Luftkurortes (auch LADEpünktchen-Standort).

Amanda Hasenfusz

1 Tourist-Info Arendsee: Infos zu Attraktionen, Abfahrtzeiten der Queen Arendsee (Schaufelraddampfer), Unterkunftsmöglichkeiten.

2 Arendsee: Größter See in Sachsen-Anhalt.

3 Zießau: nettes Straßendörfchen mit 2 Gaststätten, ehemals Sperrgebiet, LADEpünktchen in Nr. 11 (Fam. Allhoff).

4 Badestelle am See: frei zugänglich, viel heller Sand, Sitzbänke vorhanden.

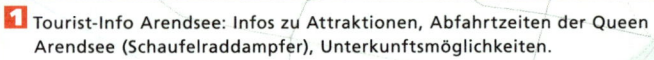

5 KulTurm Schrampe im Trafohäuschen: Keramikkünstlerin Anna Zorra Bölke (www.zorra-keramik.de) und Fotokünstler Frank Platte (www.frankreichts.de) stellen im Turm aus, Wagen & Winnen-Kunstfestival-Standort, Telefonnr. für Öffnung am Turm zu finden, Anna Zorra wohnt nebenan.

6 Grenzdörfchen Kaulitz: Wagen& Winnen-Standort mit etlichen Höfen, LADEpünktchen in Nr. 13 (Kuhdamm Cowlitz), Feldsteinkirche.

7 Hinweisschilder Grenzöffnung: Diese Schilder sind auf Initiative des Landes Sachsen-Anhalt entstanden. Sie sind 109 mal an allen Bundesstraßen, an Landes- und Kreisstraßen zu finden, die das Grüne Band in Deutschland kreuzen. Ausgedacht hat sich das Ganze Ulrich-Karl Engel, der im Verkehrsministerium Sachsen-Anhalt arbeitete und ein „Liebhaber" des Grünen Bandes ist.

8 Heimatmuseum & Kloster Arendsee.

9 Gustav-Nagel-Areal: Prächtige Backsteinarchitektur, gehört heute zur „Straße der Romanik" in Sachsen-Anhalt.

Radlenker-Impressionen

Die Perle der Altmark am Arendsee – im Zentrum des Luftkurortes – nur 150m von der Seepromenade entfernt.

Flair Hotel Deutsches Haus

Das Flair Hotel Deutsches Haus ist ein familiengeführtes Hotel und Restaurant am Arendsee, im Altmarkkreis Salzwedel. Gelegen in einem der schönsten Landstriche Sachsen-Anhalts begrüßen wir Sie mit schönen Hotelzimmern und leckerer regionaler Küche. Die schöne Lage nahe dem See und unser engagiertes Team sorgen stets für zufriedene Gäste. Die Umgebung begeistert zugleich mit zahlreichen Freizeitmöglichkeiten und viel unberührter Natur.

Kontakt
Flair Hotel Deutsches Haus
Friedensstraße 89 + 91
39619 Arendsee
Telefon:
039384 2500 oder 9730
E-Mail: info@dh-arendsee.de

VON DER WIRLER SPITZE

INS WENDLAND UND ZURÜCK

Tour-Info	Der ehemalige Grenzverlauf zwischen BRD und DDR verläuft zuweilen eckig und kantig. Die „Wirler Spitze" ist ein solcher Fall mit scharfer 90-Grad-Kurve. Umgeben ist die Spitze von einer Dünenlandschaft. Dazu ab und an Wölfe, Grenzsäulen und Infotafeln: Auf dieser Tour steht Vielseitigkeit und Wissenszuwachs auf dem Programm.
Start & Ziel	Ziemendorf Pferde- und Freizeitparadies Ziemendorf
Art	Radrundweg
Länge & Dauer	26 km ǀ 4 h
Kategorie	mittelschwer
Hinkommen & Parken	Auto & Rad: B190, dann L1 über Arendsee oder Gollensdorf Bahn & Bus: www.insa.de www.mobil-im-wendland.de/fahrplanauskunft Parken: Parkplatz Pferde- und Freizeitparadies Ziemendorf
Tipps	» Kompass nicht vergessen. » Radverleih in Binde möglich. Siehe unter Adressen. » Geländegängige Räder nutzen. Sandige Feld- und Waldwege können mühsam werden bei dünner Bereifung. » Übernachtungsoptionen und Gastronomie in Ziemendorf, Lomitz, Zießau und Arendsee – weitere Infos bei den offiziellen Touristinfo-Stellen.

Wir starten am **1** Pferde- und Freizeitparadies am Ortsrand Ziemendorf. Der Beherbergungs- und Freizeitbetrieb verschreibt sich seit vielen Jahren dem Thema Grünes Band und hat ein „Treppenhaus der Menschenrechte" eingerichtet. Von dort aus Richtung Norden (auf dem „Altmarkrundkurs") durch Ziemendorf fahren. Die Kirche und das griechische Restaurant „Syrtaki" links liegen lassen (kann zum Schluss besucht werden). Erstmal direkt auf das Grüne Band zu – zur „Wirler Spitze".

Dazu die Dorfstr. weiter Richtung Norden (L1). Während der „Altmarkrundkurs" in Ziemendorf nach Osten in den Wald abbiegt, fahren wir auf der Asphaltstraße immer weiter geradeaus, raus aus dem Ort, ca. 1 km. Dann in einen Waldweg, immer noch geradeaus. Links und rechts Kiefernwälder. Auf Kolonnenwegplatten (hier 3-Loch-Platten) direkt auf die Wirler Spitze zu. Unterwegs sind erste Markierungen zum Thema Erinnerungskultur zu finden (Hinweise auf Signalzaunanlage).

Erinnerungsstein

Wer an der blauen Bank nördlich weiter geht, und der Ausschilderung folgt, kommt zum Erinnerungsstein für Bernhard Simon. Er wurde hier im Oktober 1963 von einer Mine schwer verletzt als er die Grenze überquerte. Wenig später verstarb er.

An der Wirler Spitze befindet sich eine **2** Schutzhütte. Dort gibt es Wissenswertes zum Grünen Band zu lesen. Der Bereich befindet sich im Eigentum des Landes Sachsen-Anhalt und ist Projektgebiet der Umweltstiftung Sachsen-Anhalt (SUNK). An der Schutzhütte ist ein Stempelkasten, der genutzt werden kann.

Das gesamte Areal an der Wirler Spitze ist mit seinen Sandflächen (Binnendünen) und Heidepflanzen u.a. Lebensraum des Wolfes und des Ziegenmelkers (Nachtschwalbe). Wir halten uns an der Schutzhütte links und folgen westlich fahrend dem Kolonnenweg. Das eigentliche Grüne Band ist nun rechts von uns durch den Heidepflanzensaum (Zwergstrauchheide) gut zu erkennen. Der Bereich wird jährlich bewirtschaftet, damit sich die Heidekultur hält.

Nach ca. 800 m finden wir auf diesem breiten Saum eine blaue Bank. Sie erinnert an die Flucht von Bernhard und Siegfried Simon. An der Bank kann ein Schriftzug hinterlassen werden.

Wir folgen, zurück an der blauen Bank vorbei, wieder dem Kolonnenweg. Nach ca. 1 km „machen wir rüber" in den Westen – sprich rein nach Niedersachsen. Ein Holzschild und unser Kartenmaterial weisen uns den Weg zur Minisiedlung **3** Wirl. Wirl ist eine kleine einsame Waldsiedlung – sehr idyllisch, mitten im

GrünesBand
Deutschland

Vom Todesstreifen zur Lebenslinie: Infos zur Signalzaunanlage

Mitten im Grünen Band: die blaue Bank von Jürgen Starck

Gartower Forst. Die „Wirler Spitze" hat ihren Namen hierher! Einst war der Ort ein kleines Jagdgut, seit 1694 im Besitz der Grafen von Bernstorff. Dann Waldarbeitersiedlung, anschließend Posten des Bundesgrenzschutzes. Reetgedeckte Waldhäuschen und weitere Ferienbungalows sind zu sehen. Gut für eine Rast. Bänke und Tisch vorhanden.

Auf nach **4** Prezelle – ein echtes Wendlanddorf. Dazu dem Kartenmaterial folgen. Waldwege unterschiedlicher Qualitäten – auch Asphaltstraße. Prezelle besticht durch eine vielfältige Dorfstraßenstruktur mit Rundlingscharakter. Nette Häuser und Menschen, viele Bauernhöfe. Das Dorf gehört zur Samtgemeinde Gartow. Die Kirche ist sehenswert – Schlüsselanfragen: siehe Infokasten des Pfarrhauses.

Weiter über die asphaltierte Dorfverbindungsstraße nach **5** Lomitz.

Wolf & Ziegenmelker

Der Wolf ist mit einem Rudel ansässig. Sie werden die Tiere nicht sehen, aber die Tiere sehen Sie. Es geht keine Gefahr von den Prädatoren aus. Der Ziegenmelker wird auch Nachtschwalbe genannt. Er ist ein sehr seltener Zeitgenosse und brütet im Sand zwischen den Heidepflanzen. Er ist dämmerungs- und nachtaktiv. Der Name stammt von Plinius dem Älteren, der meinte, der Vogel würde nachts an den Eutern von Ziegen saugen.

Auf dem Weg dorthin (Höhe Auf dem Mühlenberg) fällt die von Kindern geschmückte schicke kleine Bushaltestelle auf – ein künstlerisches Kleinod. Lomitz hat eine ebenso schöne Dorfstruktur wie Prezelle. Auch hier gibt es eine Backsteinkirche, die besichtigt werden kann. Milchtankstelle vorhanden – der Weg dorthin ist im Dorf ausgeschildert.

Von Lomitz aus ca. 3 km auf das Grüne Band zu. Meist Waldwege. Oft sandig. Richtung Südost. Die alte innerdeutsche Grenze ist gut zu erkennen: Hinweisschilder. Dort ist auch ein Ämterdreieck: Hier trafen bis 1872 die Ämtergrenzen Arendsee, Gartow und Lüchow zusammen. Eine Landwehr ist zu sehen, eine große Buche, eine DDR-Grenzsäule (Nr. 329) sowie andere Infotafeln zum Grünen Band. Jetzt weiter durch den Wald auf Ziemendorf zu. An den „Großen Radewiesen" vorbei und auf Eichenalleen zurück nach Ziemendorf. Direkt durch das Dorf. Jetzt kann die Kirche besichtigt werden. Vorab anfragen unter Tel.: 039383-236 oder www.kirche-nordostaltmark.de/kirche/pfarrbereich-arendsee

Im griechischen Restaurant, mitten in Ziemendorf gelegen, kann geschmaust werden. Dann retour zum Startpunkt, dem Pferde- und Freizeitparadies.

Amanda Hasenfusz

Adressen

Touristinfo Arendsee
Töbelmannstr. 1
39619 Arendsee
www.luftkurort-arendsee.de

i.wend Gästeinformation Wendland
Johannisstr. 2-3
29439 Lüchow (Wendland)
www.region-wendland.de

Führungen am Grünen Band
Stiftung Umwelt, Natur- und Klimaschutz des Landes Sachsen-Anhalt (SUNK)
Steubenallee 2
39104 Magdeburg
www.sunk-lsa.de
www.europeangreenbelt.org

Einzel- und Familienurlaub
Pferde- und Freizeitparadies Ziemendorf
Dorfstr. 49 g
39619 Arendsee / OT Ziemendorf
www.pferde-freizeitparadies.de

Familienurlaub
IDA Arendsee
Harper Weg 3
39619 Arendsee
www.ida-arendsee.de

Radverleih
Radkultur Starck
Binde Nr. 14
39619 Arendsee / OT Binde
www.radkultur-starck.de

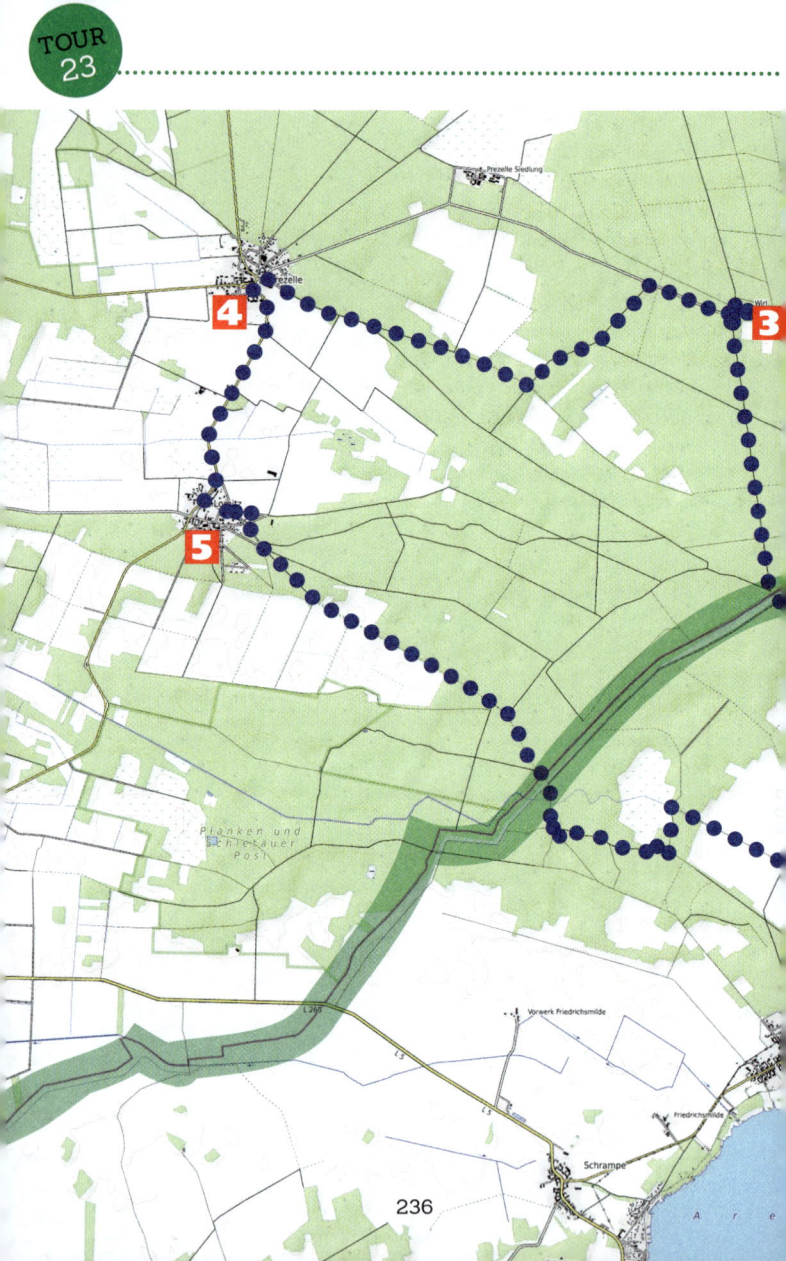

1 Pferde- und Freizeitparadies: Sanierte DDR-Grenzkaserne, die als Pension bewirtschaftet wird. Sowohl als Einzelgast als auch als Gruppe kann man hier gut und preiswert übernachten sowie frühstücken. Weitere Infos unter www.pferde-freizeitparadies.de

2 Schutzhütte mit Hinweisschildern und Infos zum Grünen Band

3 Wirl: Einst war der Ort ein kleines Jagdgut, seit 1694 im Besitz der Grafen von Bernstorff. Später Waldarbeitersiedlung, anschließend Posten des Bundesgrenzschutzes, heute Erholungsort.

4 Prezelle: Besticht durch eine vielfältige Dorfstraßenstruktur mit Rundlingscharakter. Nette Häuser und Menschen, viele Bauernhöfe.

5 Lomitz: Schöne Dorfstruktur mit Backsteinkirche und Milchtankstelle.

Karte: Kartendaten: © OpenStreetMap-Mitwirkende, SRTM. Kartendarstellung: © OpenTopoMap (CC-BY-SA). Erstellt mit: GPXSee, GPLv3.

TOUR
24

KOLONNENWEG-TRAIL VON DER

WIRLER SPITZE NACH BÖMENZIEN

Tour-Info	Gute Nerven sind gefragt, denn die Hälfte der Tour verläuft auf DDR-Kolonnenwegplatten direkt am Grünen Band hinter der Wirler Spitze. 100 % authentisch. 100 % Aufmerksamkeit notwendig. Zwischen Bömenzien und Nienwalde steht ein sanierter BT 11 2 x 2 DDR-Grenzturm mit Sitzgruppe. Die Dörfer Bömenzien, Drösede und Gollensdorf folgen – wie sanft an den Rand der Welt gebettet – ländliche Kleinode …
Start & Ziel	1,3 km vor der „Wirler Spitze" an der L 1 (spitze Ecke)
Art	Radrundweg
Länge & Dauer	21 km I 2,5 h
Kategorie	mittelschwer
Hinkommen & Parken	Auto & Rad: B 190, dann L 1 über Arendsee oder Gollensdorf Bahn & Bus: www.insa.de Parken: spitze Ecke ca. 1,3 km vor „Wirler Spitze"
Tipps	» Andere Radwege, die wir tangieren bzw. teilweise fahren: Eurovelo 13 „Iron Curtain Trail" I Grenzland-Tour I Vier-Länder-Grenzradweg I Altmarkrundkurs » Wenig Sitzbänke unterwegs. » E-Bikes aufladen: LADEpünktchen Altmark-Standort in Bömenzien Nr. 38 (letztes Haus rechts Richtung Drösede, Fam. Wegener) » Radverleih in Binde möglich: siehe Adressen. » Geländegängige Räder nutzen. Sandige Feld- und Waldwege sowie Kolonnenwege können mühsam werden bei dünner Bereifung.

Unser erstes Ziel ist die  Wirler Spitze. Vom Startpunkt aus sind es 1,3 km auf leicht zu fahrenden Kolonnenwegplatten durch einen Kiefernwald. Die Richtung: strikt nach Norden. Zwei kleine Markierungen finden wir rechts und links des Weges an der Stelle, wo einst der Signalzaun war, 500 m vor der Wirler Spitze. Die Spitze (das Grüne Band bildet hier einen spitzen Winkel!) ist ein Besucherhotspot am Biotopverbund. Trotzdem kann es passieren, dass Sie allein dort sind. In Ruhe umschauen, alle Infos aufnehmen. Abstecher: In 800 m finden wir mitten in der Heidefläche eine blaue Bank. Jürgen Starck hat sie aufgestellt (Portrait zu ihm in diesem Buch). Sie erinnert an die Flucht von Bernhard und Siegfried Simon. An

Wirl

Eine kleine einsame Waldsiedlung – sehr idyllisch, mitten im Gartower Forst. Die Wirler Spitze hat ihren Namen hierher! Einst war der Ort ein kleines Jagdgut, seit 1694 im Besitz der Grafen von Bernstorff. Dann Waldarbeitersiedlung, anschließend Posten des Bundesgrenzschutzes. Reetgedeckte Waldhäuschen und Ferienbungalows sind zu sehen. Gut für eine Rast. Bänke und Tische vorhanden.

Wirler Spitze

Das gesamte Areal ist mit seinen Sandflächen (Binnendünen) und Heidepflanzen u.a. Lebensraum des Wolfes und des Ziegenmelkers. Das eigentliche Grüne Band ist rechts (Himmelsrichtung Norden) und links (Richtung Westen) durch den Heidepflanzensaum (Zwergstrauchheide) gut zu erkennen. Der Bereich wird jährlich bewirtschaftet, damit sich die Heidekultur hält und kein Kiefernaufwuchs hochkommt. Stempelstation des VFD.

der Bank kann ein Schriftzug hinterlassen werden. Wer an der Bank nördlich weiter geht, und der Ausschilderung folgt, kommt zum Erinnerungsstein für Bernhard Simon. Er wurde im Oktober 1963 an dieser Stelle von einer Mine schwer verletzt als er die Grenze überquerte. Wenig später verstarb er. Es geht zurück zur Infohütte und dann rechts weiter, immer in Richtung Norden, weiter auf dem Kolonnenweg. Die Strecke ist insgesamt 6 km lang.

Die Kolonnenwegplatten haben unterschiedliche Qualitäten. Bitte vorsichtig fahren! Oft kann man den Mittelstreifen nutzen. An zwei Stellen rechts des Weges gibt es Markierungen, an denen früher DDR-Grenztürme gestanden haben. Die SUNK (Stiftung Umwelt, Natur- und Klimaschutz des Landes

Symbolische Grenzzaunreste an der „Wirler Spitze"

Sachsen-Anhalt) hat in einigen Bereichen links des Weges den Anflug-Kiefernwald entfernt. Der dünne „Spargelwald" war in den letzten 30 Jahren von selbst gewachsen. Das Entfernen ist eine Naturschutzmaßnahme. Dem Magersandrasen und den Heiden geht es besser, wenn die Kiefern entfernt sind. Nach 1,5 km könnte man einen Abstecher zur **2** Waldsiedlung Wirl wagen, um später wieder auf den Kolonnenweg zurückkehren.

Weiter Richtung Norden. Wir kommen direkt am **3** DDR-Grenzturm Bömenzien raus. Auf der anderen

Sanierter DDR-Grenzturm zwischen Bömenzien und Nienwalde

Straßenseite führt ein Weg dorthin. Überdachte Sitzgelegenheit und Infotafel vorhanden. Auf Grund des Trockenrasens sind im Sommer dort viele wertvolle Libellen unterwegs. Dann geht es östlich weiter: 2,5 km auf neu ausgebauten Betonwegen nach **4** Bömenzien rein. Gleich am Anfang befindet sich die Hausnr. 22. Dort steht eine alte DDR-Grenzsäule.

Bömenzien
siehe „Bömenzien-Stresower-Grenzlandtour".

Drösede & Gollensdorf

Gehören zur Gemeinde Zehrental. Kleine Altmark-Dörfer, idyllisch mit großen Eichen und Backstein-Fachwerkhäusern. Drösede ist ein Haufendorf, Gollensdorf ein Rundplatzdorf. Geringe Einwohnerzahlen – Dichtestress und Hektik sind hier kein Thema.

Der Ur-Bömenziener Andreas Pauliks (er ist oft auf der Bank vor seinem Grundstück sitzend zu finden) hat die Säule, zusammen mit einem Freund, vor vielen Jahren gerettet. Sie war am alten Standort an der Grenze umgeworfen worden und mit Sand und Gras überdeckt. Die beiden haben das Relikt geborgen und im Ort aufgestellt. Weitere Bömenzier Sehenswürdigkeiten bitte nachlesen in der „Bömenzien-Stresower-Grenzlandtour". Über die L 1, Verbindungsstraße nach Drösede, verlassen wir den Ort und fahren gemütlich auf sehr wenig befahrenen Straßen über Gollensdorf wieder zum Ausgangspunkt der Tour zurück. Vor Gollensdorf steht noch eine **5** DDR-Grenzkaserne, die jetzt in Privatbesitz ist.

Amanda Hasenfusz

Adressen

Touristinfo Seehausen
Arendseer Str. 6
39615 Seehausen (Altmark)
www.seehausen-altmark.de/header-stadt-info/tourist-information

Führungen am Grünen Band
Stiftung Umwelt, Natur- und Klimaschutz des Landes Sachsen-Anhalt (SUNK) Steubenallee 2
39104 Magdeburg
www.sunk-lsa.de
www.europeangreenbelt.org

Einzel- und Familienurlaub
Pferde- und Freizeitparadies Ziemendorf
Dorfstr. 49 g
39619 Arendsee / OT Ziemendorf
www.pferde-freizeitparadies.de

Ferienwohnung Fam. Werner
„Zimmer mit Aussicht"
Dorfstr.10
39615 Bömenzien
www.ferienwohnung-boemenzien.de

Radverleih
Radkultur Starck
Binde Nr. 14
39619 Arendsee / OT Binde
www.radkultur-starck.de

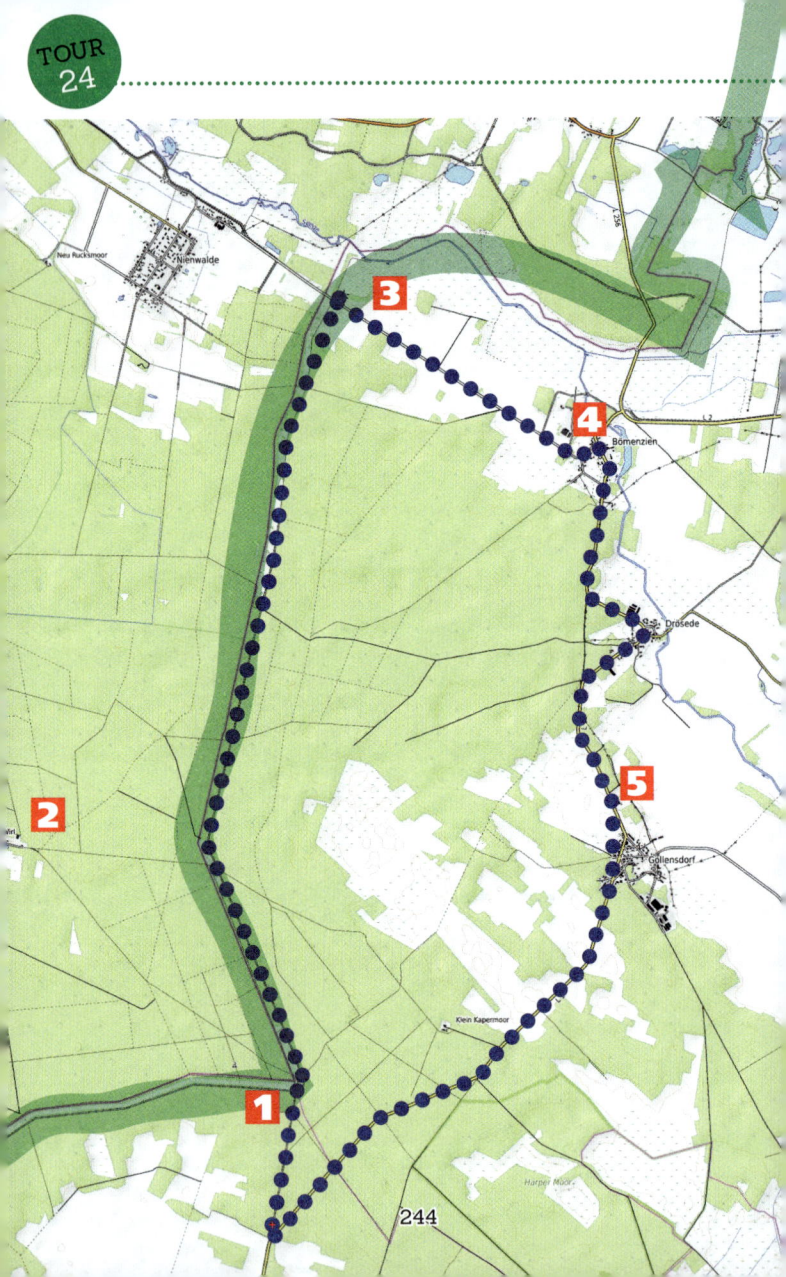

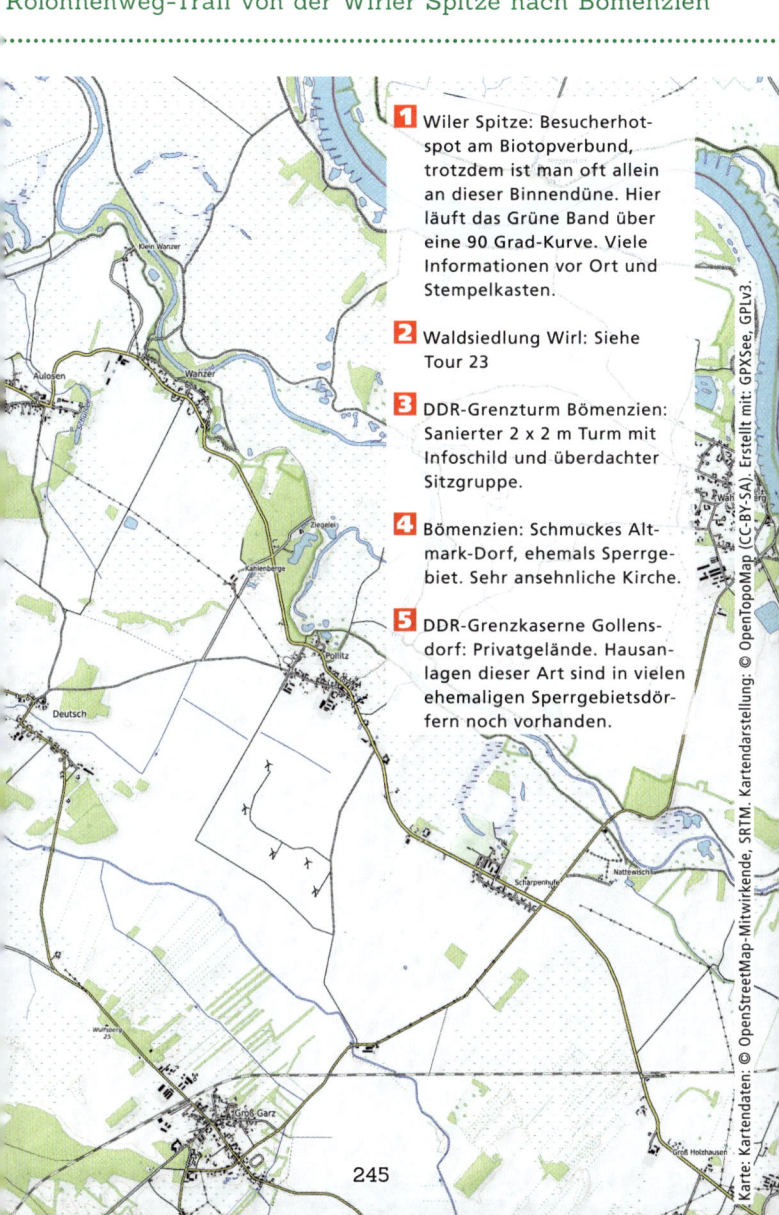

1 Wiler Spitze: Besucherhotspot am Biotopverbund, trotzdem ist man oft allein an dieser Binnendüne. Hier läuft das Grüne Band über eine 90 Grad-Kurve. Viele Informationen vor Ort und Stempelkasten.

2 Waldsiedlung Wirl: Siehe Tour 23

3 DDR-Grenzturm Bömenzien: Sanierter 2 x 2 m Turm mit Infoschild und überdachter Sitzgruppe.

4 Bömenzien: Schmuckes Altmark-Dorf, ehemals Sperrgebiet. Sehr ansehnliche Kirche.

5 DDR-Grenzkaserne Gollensdorf: Privatgelände. Hausanlagen dieser Art sind in vielen ehemaligen Sperrgebietsdörfern noch vorhanden.

BÖMENZIEN-STRESOWER-

GRENZLANDTOUR

Tour-Info	Bömenzien liegt 800 m vom Grünen Band entfernt. Ein echtes Sperrgebietsdorf, das mehr als 30 Jahre nach der Wiedervereinigung an ländlicher Idylle kaum zu überbieten ist. Stresow liegt noch näher an der ehemaligen innerdeutschen Grenze – und wurde deshalb geschliffen. Jetzt wird dort Naturschutz großgeschrieben: Die Garbe-Aland-Niederung fasziniert mit stillen und fließenden Gewässern, seltenen Tierarten und gut ausgebauten Radwegen sowie einem perfekten Radwegeleitsystem.
Start & Ziel	Bömenzien I Dorfstr. 28 I Backsteinkirche
Art	Radrundweg oder Rundwanderung
Länge & Dauer	13 km I 2,5 h
Kategorie	leicht
Hinkommen & Parken	Auto & Rad: Bömenzien I über L 1 (Arendsee) oder L 2 (Seehausen) bzw. B 493/L 256 aus Gartow/Kapern/Gummern Bahn & Bus: www.insa.de Parken: an der Kirche Bömenzien
Tipps	» E-Bikes aufladen: LADEpünktchen Altmark-Standort in Bömenzien Nr. 38 (letztes Haus rechts Richtung Drösede, Fam. Wegener) » Wasser- und Naturerlebnistouren können gebucht werden: siehe unter Adressen. » Zw. Bömenzien und Kapern gibt es am Grünen Band eine alte DDR-Grenzsäule sowie einen Erdbeobachtungsbunker. » Andere Radwege, die wir tangieren bzw. teilweise fahren: Eurovelo 13 „Iron Curtain Trail" I Auentour I Vier-Länder-Grenzradweg I Altmarkrundkurs I Elberadweg

Am Anfang der Tour steht ein Highlight: die neogotische **1** Backsteinkirche in Bömenzien. Eine offene Kirche, die tgl. von 10-18 Uhr besichtigt werden kann. Der Ort ist idyllisch, dazu reichlich Wasser in der Umgebung (Altarme, Teiche, Flüsschen Seege und Aland). Bömenzien hat einen eigenen, gut sanierten DDR-Grenzturm mit überdachter Sitzgruppe und Infotafel. Der Turm liegt 2,5 km westlich des Ortes, Richtung Nienwalde (kann auf den Touren „Vom Gartower See zum Wildgehege mit Wolfslehrpfad" oder „Kolonnenweg-Trail von der Wirler Spitze nach Bömenzien" besichtigt werden). Wir starten vom

Bömenzien & seine Kirche

Ende des 12. Jh. ist der Ort vermutlich eine kleine Stadt mit Marktrecht. Lag an einer alten Verkehrsstr., die Gartow sowie die Prignitz mit Arendsee und Salzwedel verband. Die ev. Dorfkirche ist das älteste Gebäude im Ort. Backsteingotik pur. Der Turm ist aus dem 15. Jh., das Kirchenschiff aus dem späten 19. Jh., eine offene Kirche, Gäste sind willkommen. Kontaktdaten vor Ort.

Wüstung Stresow

1310 erstmals benannt, immer schon Ort in einem Grenzgebiet (Stredso = Wache oder Warte). Sechzehn Bauerngehöfte zu Beginn des 20. Jh.; 1952 Beginn der Zwangsaussiedlungen (Aktion „Grenze" und „Ungeziefer"). Zusätzlich Flucht von Bauern in die BRD. Bis 1974 Abriss der Gebäude. Heute eine vielbesuchte Erinnerungsstätte zur innerdeutschen Grenzgeschichte. Reichlich Info- und Übersichtstafeln vor Ort. Parkplatz und Zaunreste sowie ein Kunstprojekt und Badesee vorhanden. Der DDR-Grenzsoldat Reinhard Dahms (1944–1966) wurde bei seinem Fluchtversuch am 1.01.1966 bei Bömenzien erschossen.

Ortskern Richtung Norden. Auf die L 2 zu, die Aulosen (Sachsen-Anhalt) mit Kapern und Gummern (Niedersachsen) verbindet. Diese Straße wurde nach 1990 gebaut. Ein straßenbegleitender Radweg auf einem niedrigen Deich führt uns in Richtung Aulosen. An der ersten Abzweigung geht es nach Norden (links), direkt auf den Erinnerungsort **2** Wüstung Stresow zu. Ausschilderung vorhanden. An der Gedenkstätte kann man sich umfangreich mit den Geschehnissen der Jahre 1949-1990 beschäftigen. Danach weiter zum **3** NABU-Aussichtsturm. Er liegt nur 150 m entfernt. Wir befinden uns in der Garbe-Aland-Niederung mit den Feuchtniederungen/ Poldern „Wrechow" und „Gummern Wiesen". Lust auf Umweltbildung? Auf dem Aussichtsturm gibt es jede Menge Tafeln, die über

Zehrengraben vor Drösede

etliche Belange der umliegenden Flora & Fauna Auskunft geben. Sitzplätze sind vorhanden. Dann zieht es uns weiter über betonierte Deichwege, ca. 2 km südöstlich. Wir halten auf **4** Aulosen zu. Deich- und Vordeichlandschaft. Ein sandiger Wiesenweg führt uns rein in den Ort. Auf den Wiesen sehen wir etliche Kuh- und Pferdeherden. Die Kirche ist sehenswert, ein imposanter Fachwerk-Backstein-Bau mit wunderschönem Friedhof. Durch den Ort hindurch

NABU-Projekt Wrechow in der Garbe-Aland-Niederung

150 ha-Fläche. Im Winter oft zu 50% durch das Elbehochwasser überflutet. Im Sommer etliche größere Teiche zurückbleibend. Rast- und Nahrungsraum für viele Vögel. Zu sehen sind u.a. Gänse, Enten, Schwäne, Kraniche, Fischotter und Biber. Auch Amphibien fühlen sich dank der flachen, ruhigen Wasserflächen wohl. Wertvolles Schilfröhricht umgibt die Wasserflächen.

Kunstprojekt an der Gedenkstätte Stresow

(Friedensstr., Ernst-Thälmann-Str. und Mühlenweg). Den Wiesenweg nach **5** Drösede nutzen. Die Querverbindung zw. Aulosen und Drösede hat einen neuen Wegebelag bekommen: Betonstreifen.

Vor Drösede queren wir auf der K 1014 den Zehrengraben, relativ breite Rinne mit schönem Bewuchs. Über die L 1 verlassen wir den Ort (Richtung Nordwesten). Die Asphaltstraße führt uns nach 2 km zurück

Drösede

Gehört zur Gemeinde Zehrental. Sehr kleiner Ort, aber idyllisch mit teils großen Eichen und Fachwerkhäusern. Ein ursprünglich unplanmäßig angelegtes Haufendorf. Hieß auch mal Drusede, Drusedow, Drosede oder Dreßde. Heute knapp über 20 Einwohner.

Aulosen

Liegt im NSG Aland-Elbe-Niederung, das Teil des Biosphärenreservats Mittelelbe ist. Der Name bedeutet so viel wie Wasserwalddorf. Zwischen Aulosen und der niedersächsischen Grenze lag das zu DDR-Zeiten geschleifte Dorf Stresow - heute eine Grenz-Gedenkstätte.

Adressen

Touristinfo Seehausen
Arendseer Str. 6
39615 Seehausen (Altmark)
www.seehausen-altmark.
de/header-stadt-info/
tourist-information

i.wend Gästeinformation
Johannisstr. 2-3
29439 Lüchow (Wendland)
www.region-wendland.de

Biosphärenreservat Flusslandschaft Elbe
Infozentren
www.flusslandschaft-elbe.de/
informationszentren

Ferienwohnung Fam. Werner
„Zimmer mit Aussicht"
Dorfstr.10
39615 Bömenzien
www.ferienwohnung-
boemenzien.de

zum Ausgangsort Bömenzien. Sehenswert ist neben der Kirche auch der
alte Grafensteiner-Apfelbaum der Familie Hüttenrauch. Wir kommen daran
vorbei, wenn wir über die Dorfstraße
auf die Kirche zuhalten. Hausnr. 7.,
großes Infoschild „Str. der alten Obstsorten" ist vorhanden. Hier kann man
lesen, was Mensch und Obstbäume
verbindet: Kulturgeschichte & Land-
leben. Wenn Sie Glück haben, treffen
Sie Heiko Hüttenrauch, der viel zum
Ort erzählen kann.

Amanda Hasenfusz

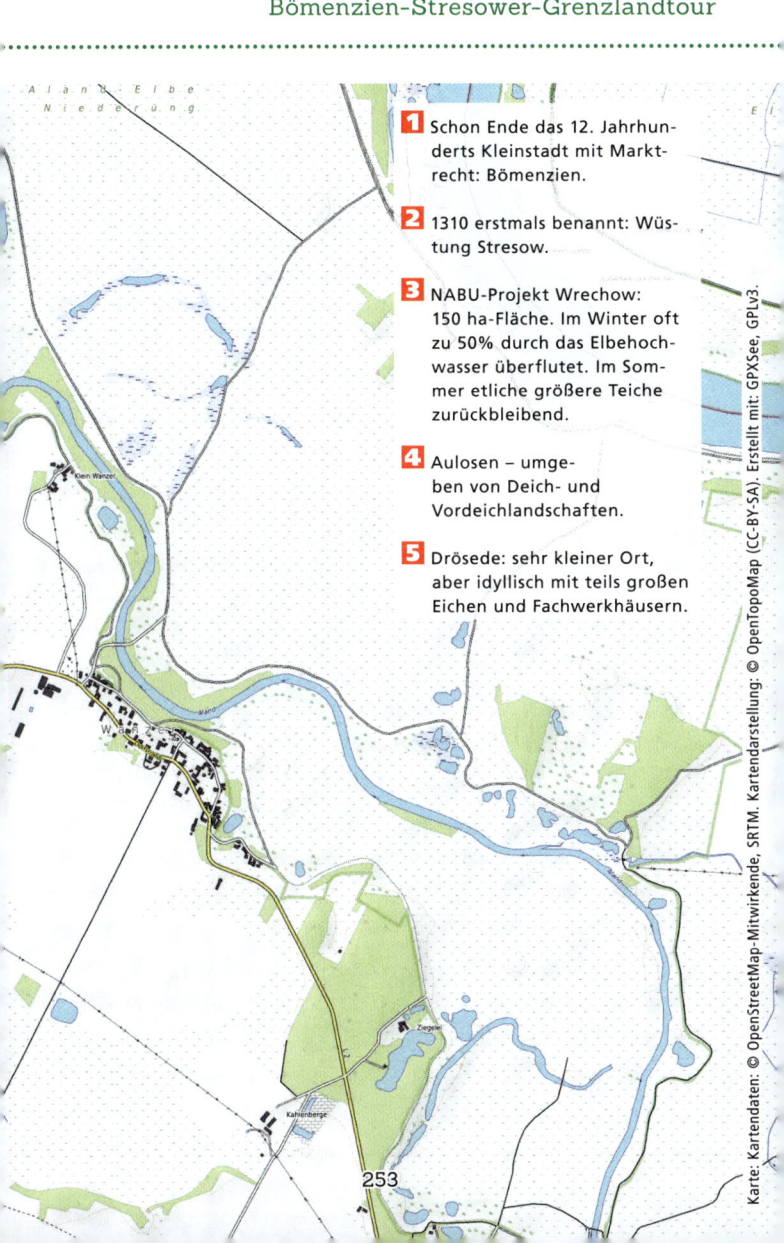

1 Schon Ende das 12. Jahrhunderts Kleinstadt mit Marktrecht: Bömenzien.

2 1310 erstmals benannt: Wüstung Stresow.

3 NABU-Projekt Wrechow: 150 ha-Fläche. Im Winter oft zu 50% durch das Elbehochwasser überflutet. Im Sommer etliche größere Teiche zurückbleibend.

4 Aulosen – umgeben von Deich- und Vordeichlandschaften.

5 Drösede: sehr kleiner Ort, aber idyllisch mit teils großen Eichen und Fachwerkhäusern.

In Sachsen-Anhalt ganz oben

Im äußersten Norden Sachsen-Anhalts befindet sich die Verbandsgemeinde Seehausen mit ihren über 50 Dörfern und der Hansestadt Seehausen nahe der Grenze zu Brandenburg und Niedersachsen. Aufgrund der Grenznähe zu Niedersachsen ist die Ausgangslage für Ausflüge entlang des Grünen Bandes ideal. Die Verbandsgemeinde Seehausen lockt mit dem Grenzturm Bömenzien, der Gedenk- und Begegnungsstätte Stresow, der Wirler Spitze und WISCHE & WEITE! Nachdem seit dem Mauerfall 1989 die Grenzanlagen nahezu komplett abgebaut wurden, ist der Bömenziener Grenzturm eines der wenigen Denkmäler, die an den Eisernen Vorhang erinnern und damit zugleich ein Mahnmal für alle zukünftigen Generationen. Das Dorf Stresow befand sich im 500 m breiten „Schutzstreifen" unmittelbar am DDR-Grenzzaun. Im Juni 1952 begannen die ersten Zwangsaussiedlungen der ca. 100 Dorfbewohner. An die schicksalhaften Geschehnisse jener Zeit erinnert heute ein Original-Nachbau der damaligen DDR-Grenzbefestigungsanlagen. Die Wirler Spitze zeigt ebenso eindrucksvoll, wie die deutsche Teilung in der Landschaft Spuren hinterlassen hat.

Fahrrad-Touristen erleben auf dem Iron Curtain Trail, dem Elberadweg, dem Altmarkrundkurs und der Milde-Biese-Aland-Tour Natur pur und Rastplätze, die zum Picknicken und Seele-Baumeln einladen.

Von der Bockwindmühle Wanzer gelangen Sie in das Naturschutzgebiet Hohe Garbe, eines der noch existierenden Auen-Juwele im Biosphärenreservat Flusslandschaft Elbe. Auf dieser Halbinsel erstreckt sich ein Auwald über 200 Hektar.

Zur Erkundungstour lädt auch die Hansestadt Seehausen mit ihren kleinen Geschäften und der Kirche St. Petri ein. Ihr romanisches Portal gehört zu einem der Schönsten im norddeutschen Raum an der Straße der Romanik. Von weither sind die beiden prachtvollen 62 m hohen Türme zu bewundern. Wohnmobilreisende finden direkt hinter der Touristinformation der Hansestadt Seehausen einen idealen und aktuell kostenfreien Stellplatz in ruhiger Lage. Auch eine Ver- und Entsorgungsstation ist vorhanden. Die An- und Abreise ist rund um die Uhr möglich.

Infos

Touristinformation und Caravan-Stellplatz Hansestadt Seehausen
Arendseer Straße 6
39615 Seehausen
Tel.: 039386 54783
info@stadt-seehausen.de
www.seehausen-altmark.de

Tipps

» Kirche St. Petri an der Straße
der Romanik mit Besichtigung
der Türmerwohnung
» Stiftskirche in Beuster: Eine der
ältesten Backsteinkirchen nördlich der Alpen – eine Perle an
der Straße der Romanik
» Turmuhrenmuseum in Seehausen: Eine einzigartige Sammlung alter Turmuhrwerke
» Waldbad Seehausen: Ent-
spannung und Erfrischung im
Schillerhain
» Forst-Erlebnis Barsber-
ge mit Waldspielplatz und
Damwildgehege
» Storchendorf Wahrenberg mit
über 20 Horsten

STRESOW-WANZER-STORCHENTOUR

DURCHS AUENLAND

Tour-Info	Der Gedenkort Stresow am Grünen Band lockt mit vielfältiger Erinnerungslandschaft und jeder Menge Informationstafeln, einem Badesee und nahem NABU-Aussichtsturm. Auf dem Deichradweg weiter zur Auenwildnis „Hohe Garbe". Das Storchen- und Mühlendorf Wanzer ist absolut sehenswert. Zwischendrin queren wir den Altmark-Fluss Aland zweimal.
Start & Ziel	Gedenkstätte Stresow zw. Bömenzien und Wanzer
Art	Radrundweg oder Rundwanderung
Länge & Dauer	15 km ǀ 2,5 h
Kategorie	leicht
Hinkommen & Parken	Auto & Rad: Stresow ǀ über L 1 (Arendsee) oder L 2 (Seehausen) bzw. B 493/L 256 aus Gartow/Kapern/Gummern Bahn & Bus: www.insa.de Parken: Parkplatz an der Gedenkstätte Stresow
Tipps	» E-Bikes aufladen: LADEpünktchen Altmark-Standort in Wanzer an der Feuerwehr/Dorfgemeinschaftshaus (gegenüber Dorfstr. Nr. 20) » Tour eignet sich auch als Wanderung, jedoch längere Strecken auf Asphalt und Betonwegen. » Wasser- und Naturerlebnistouren können gebucht werden: siehe unter Adressen » Andere Radwege, die wir tangieren bzw. teilweise fahren: Eurovelo 13 „Iron Curtain Trail" ǀ Auentour ǀ Vier-Länder-Grenzradweg ǀ Altmarkrundkurs ǀ Elberadweg

TOUR 26

Auf zur **1** Wüstung Stresow! Das Dorf gibt es nicht mehr, aber die Erinnerungen sind geblieben. Der Gedenkort an der ehemaligen innerdeutschen Grenze ist sehenswert, weil eine gute Informationsinfrastruktur aufgebaut wurde. Hier kann man sich umfangreich mit den Geschehnissen der Jahre 1949-1990 beschäftigen. Danach weiter zum **2** NABU-Aussichtsturm, der in der Nähe zu finden ist. Er liegt nur 150 m vom Grünen Band entfernt. Wir befinden uns in der Garbe-Aland-Niederung mit den Feuchtniederungen/Poldern Wrechow und Gummern Wiesen. Lust auf Umweltbildung? Auf dem Aussichtsturm gibt es jede Menge Tafeln, die über die Niederung Auskunft geben. Sitzplätze sind vorhanden. Anders als bei der Bömenzien-

Stresower-Grenzlandtour biegen wir am Aussichtsturm nicht rechts in die Landschaft, sondern fahren links weiter. Erstmal auf Schnackenburg zu, dann rechts abbiegen Richtung Auenwildnis Hohe Garbe, Ausschilderung vorhanden. Wir fahren hinter dem Deich, können also nicht immer Richtung Elbe sehen. Unsere Richtung: Nordosten. 3,5 km geradeaus. An der **3** Brücke über den Altmark-Fluss Aland (nach 900 m) wird uns ein wunderbarer Blick auf das 2,5 km entfernte Schnackenburg gewährt. An der Brücke gibt es Infos zum nahen Dreiländereck (Sachsen-Anhalt, Niedersachsen, Brandenburg), zu den DDR-BRD-Grenzstrukturen und zur Auentour der Burg Lenzen.

Danach gemütlich weiter geradeaus. Kiebitze begleiten unseren Weg. Sie sind äußerst scheu. Im Sommer ist Heuernte im Deichvorland, wunderbare Düfte. Wo Baumgruppen zu finden sind, tummeln sich Fasane und Nutztierherden. Nach 3,5 km Gesamtlänge dieses nördlichsten Abschnittes unserer Tour geht es rechts weiter, ebenfalls ein Deichweg. Vorher kurzer Blick auf die nahe Elbe. Gegenüber sieht man den kleinen Ort Lütkenwisch, andere Seite des Flusses. Wir fahren nun entlang der Auenwildnis **4** Hohe Garbe. An unserer Strecke kommt ein Informationsschild zum Naturschutzprojekt. Nach der Hohen

Hohe Garbe

Umweltprojekt des Auenzentrums auf der Burg Lenzen. Das Gebiet ist eines der letzten naturnahen Auenwälder an der Elbe. Eine Halbinsel, die zu selten überschwemmt wurde. Bauarbeiten sollen Abhilfe schaffen, damit der Wald lebendig bleibt und zu einem wertvollen Lebensraum für Seeadler, Schwarzstorch und Co. wird. Die Hohe Garbe soll zudem einem wichtigen Beitrag zum ökologischen Hochwasserschutz leisten. Bitte nicht in die Fläche des Waldes hineingehen.

NABU-Aussichtsturm unweit der Gedenkstätte Stresow

Garbe gleich südlich halten und im Deichvorland auf **5** Wanzer zu. Erneute Querung des Aland kurz vor Wanzer. Zuerst grüßt uns die Bockwindmühle! Schöne Sitzoptionen und große Infotafel zur Auentour vorhanden.

Wir durchfahren den Ort von West nach Ost und schauen uns alles in Ruhe an (Rundtour). Nutzen Sie die Backtage des Ortes! Brot, Kuchen und Pizza entstehen frisch vor Ihren Augen. Immer von Mai bis September

jeden 2. Sonntag ab 14 Uhr, direkt an der romanischen Backsteinkirche im Ortskern. Dann zurück zur Bockwindmühle am Ortsausgang. Über gut ausgebaute Radwege Richtung Klein Wanzer, entlang des mäandernden Aland. Von der Deichkrone in Klein Wanzer kann man einen guten Blick auf die Weich- und Hartholzaue des Aland werfen. Infoschild vorhanden. Silberweiden, Bruchweiden, Strauchweiden – die Artenvielfalt bei den Weiden ist groß. Wehranlagen zur

Alte Scheune in Wanzer

Regulierung der Elbe und des Aland sind im Deichland zu sehen. Dem Kartenmaterial im Buch folgen, um die Richtungswechsel zu finden. Es geht über Deichwege retour nach Stresow. Im Sommer: Ein kühles Bad im See von Stresow nehmen.

Amanda Hasenfusz

Wanzer

Gehört zur Gemeinde Aland. Eigentlich „Groß Wanzer", war zu DDR-Zeiten Sperrgebiet. Ein Reihendorf zw. Aland und Elbe. Superidyllisch, viele Störche und pittoreske kleine Häuser. Lebendige Dorfgemeinschaft mit Mühlen- und Backtagen. Ca. 100 Einwohner. Romanische Backsteinkirche aus dem 14. Jh. mit Spiel- und Gemeindeplatz sowie Museum. Die Bockwindmühle ist eine der letzten ihrer Art in der Altmark. 2007 wurde sie neu in Betrieb genommen. Der Windmühlen- und Heimatverein Garbe e. V. kümmert sich liebevoll um die Mühle (siehe auch Text in diesem Buch „Jonny Buck. Mühlendorf am Aland").

Adressen

Touristinfo Seehausen
Arendseer Str. 6
39615 Seehausen (Altmark)
www.seehausen-altmark.de/header-stadt-info/tourist-information

Windmühlen- und Heimatverein Garbe e. V.
Dorfstr. 24
39615 Aland / OT Wanzer
www.wanzer.de

Biosphärenreservat Flusslandschaft Elbe
Infozentren
www.flusslandschaft-elbe.de/informationszentren

Pension „Alandblick"
Dorfstr. 43
39615 Aland/ OT Wanzer
www.alandblick.de

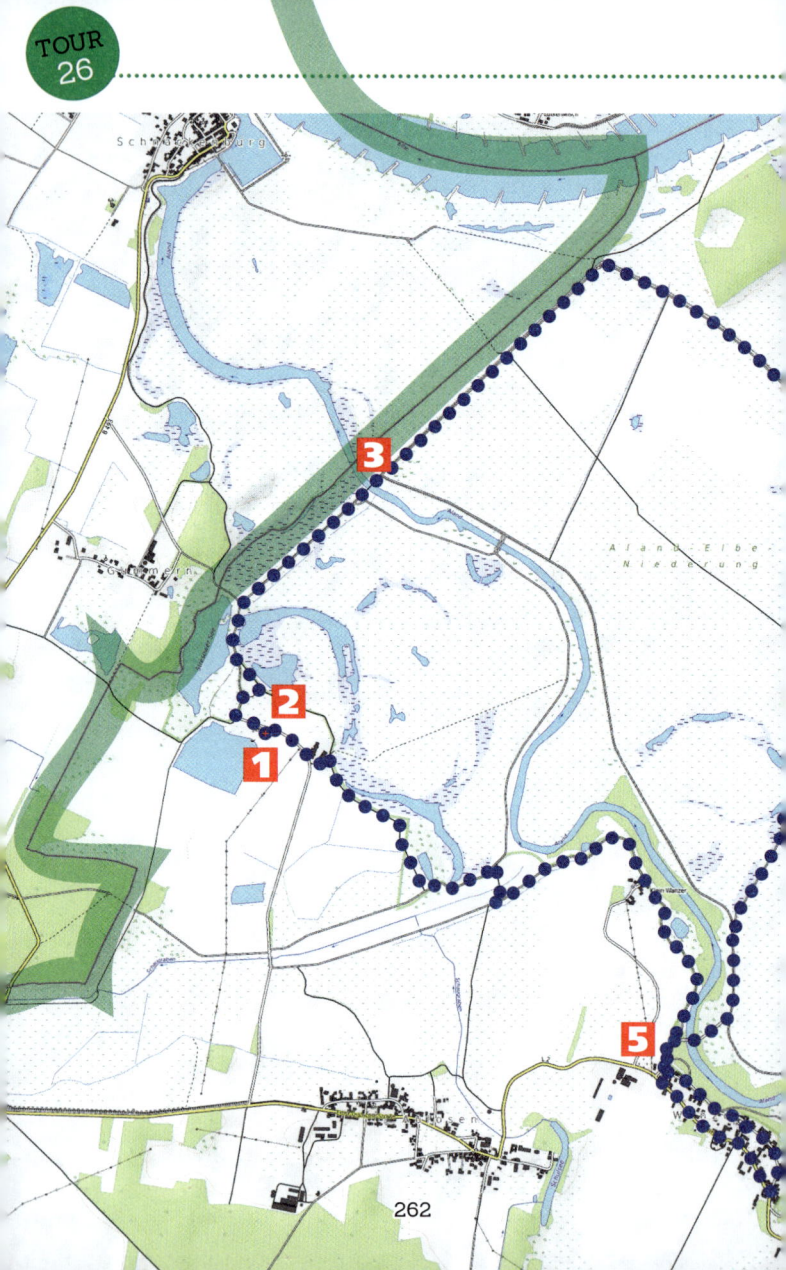

1 Wüstung Stresow: Siehe Tour 25

2 NABU-Aussichtsturm: Gute Option, um das Fernglas zu nutzen. Infos zur Garbe-Aland-Niederung mit den Feuchtniederungen/Poldern „Wrechow" und „Gummern Wiesen".

3 Brücke über Alandfluss: Wunderbarer Blick auf das ca. 2,5 km entfernte Schnackenburg. Infos zum nahen Dreiländereck (Sachsen-Anhalt, Niedersachsen, Brandenburg).

4 Hohe Garbe

5 Wanzer mit Bockwindmühle

Karte: Kartendaten: © OpenStreetMap-Mitwirkende, SRTM. Kartendarstellung: © OpenTopoMap (CC-BY-SA). Erstellt mit: GPXSee, GPLv3.

Biosphärenreservat

Foto: Mirko Pannach

Die Modellregion für ein nachhaltiges Miteinander zwischen Mensch und Natur lädt zu faszinierenden Entdeckungstouren ein

Das Großschutzgebiet zählt zu Deutschlands ältesten UNESCO-Biosphärenreservaten und glänzt mit Kulturerbestätten von internationalem Rang. Als mäandrierendes Band steht die Elbe hier im Zentrum. Das Landschaftsbild wird durch weitgehend naturbelassene Flussläufe,

Mittelelbe

Foto: Philipp Ritzmann

Foto: Mirko Pannach

Informationszentren

Eintritt frei! Zertifiziert durch „Reisen für Alle"

Natura-2000-Informationszentrum Haus der Flüsse
Elbstraße 2,
39539 Havelberg
Website:
www.haus-der-fluesse.de
Tel.: 039387 609976
Mail: hausderfluesse@
    biores.mwu.sachsen-anhalt.de
Öffnungszeiten:
April – Oktober:
Mo – So 9-17 Uhr,
November – März: Di – So 9-17 Uhr;
24. – 26.12., 31.12. & 01.01. geschlossen

Informationszentrum Auenhaus
Am Kapenschlösschen 3,
06785 Oranienbaum-Wörlitz
OT Oranienbaum
Website:
www.mittelelbe.com
Tel.: 034904 40631
Mail: auenhaus@
    biores.mwu.sachsen-anhalt.de
Öffnungszeiten:
Mai – Oktober:
Mo – Fr 10-17 Uhr und Sa, So, Feiertage 11-17 Uhr,
November – April: Mo – Fr 10-16 Uhr, Feiertage 11-17 Uhr;
24. – 26.12., 31.12. & 01.01. geschlossen

inmitten regelmäßig überfluteter, reich strukturierter Auen geprägt. Großflächig zusammenhängende Auenwälder mit ihrer herausragenden Artenvielfalt haben an der Mittelelbe die Zeiten überdauert – ein in Mitteleuropa selten gewordenes Juwel, das es zu bewahren gilt.

Jonny Buck

Mühlendorf am Aland

Jonny Buck kommt mit einem alten, leuchtend grünen Deutz-Trecker zur Bockwindmühle am Ortsrand von Wanzer gefahren. Auf der hinteren Ladefläche hat er eine große Werkzeugkiste. „Es gibt hier immer etwas zu reparieren", erklärt er noch vor der Begrüßung. Der Aufdruck „Windmühlen- und Heimatverein Garbe e.V." auf der verblichenen Cappy weist auf das Engagement des Siebzigjährigen hin. Er ist Vorsitzender des Vereins.

Schon von weitem sieht man die Bockwindmühle am Ortsausgang auf einer kleinen Anhöhe. Sie ist das sichtbare Zeichen einer aktiven Dorfgemeinschaft. Und Jonny Buck ist einer von ihnen. Er hat die meiste Zeit seines Lebens in Wanzer verbracht. Das Dorf mit knapp 100 Einwohnern liegt am Fluss Aland unweit der Elbe im Dreiländereck Sachsen-Anhalt/Niedersachsen/Brandenburg. „Die Menschen hier standen unter besonderer Beobachtung. Als Jugendlicher nahm man das alles locker", erinnert sich Jonny. „Während meiner Ausbildung musste ich immer mit dem Fahrrad nach Wittenberge." Er wusste, dass es auf dem Weg Signaldrähte gab, die einen Alarm auslösten. Für

ihn kein Problem, denn er konnte sich an den entsprechenden Grenzposten mit seinem Passierschein ausweisen. Manchmal hob er sein Fahrrad über die Drähte und überraschte die Grenzposten als er ohne „Vorwarnung" ankam. „Für mich war das eher Spaß. Angst hatte ich keine", sagt er heute trocken. Dann erzählt er von einem Discobesuch im Nachbarort. Er hatte sich das Eiserne Kreuz seines Großvaters an den Hosenbund gehängt. Warum, kann er heute nicht mehr sagen. „Ich war jung und da probiert man manches aus." Ein Abschnittsbevollmächtigter, wie man die Volkspolizisten in der DDR nannte, die für eine bestimmte Gemeinde zuständig waren, stellte ihn zur Rede. Gemeinsam mit zwei Grenzsoldaten wurde er zur Grenzkompanie nach Aulosen zum Verhör gebracht. „Das Kreuz ließ ich in der Hosentasche verschwinden. Im zweistündigen Verhör habe ich immer wieder beteuert, dass ich es weggeworfen habe." Buck vermutet, dass man dachte, es sei ein Kreuz von den Nazis aus dem Zweiten Weltkrieg. Aus dem Discoabend wurde nichts mehr, er konnte nur noch beim Aufräumen helfen. Wie „vernagelt" das Leben im Sperrgebiet war, merkte Buck erst, nachdem er einige Jahre außerhalb gelebt hatte und dann 1980 nach Wanzer zurückkam. Ihm war bewusst, dass sich Mitarbeiter der Stasi mehr erlauben konnten als andere DDR-Bürger. Er erzählt von einem „Cola-Arsch", das regelmäßig in die Kneipe gekommen sei, um Leute auszuhorchen. Statt Bier trank dieser Mann Cola. „Die für die Stasi arbeiteten, hatten alle abstehende Ohren", kommentiert er ironisch. Buck verspürt und verspürte keinen Zorn. „Als selbstständiger Handwerker hatte ich Spaß an meiner Arbeit und habe mich mit dem Rest arrangiert", bringt er es auf den Punkt. „Ich habe immer ‚ja-ja' gesagt und dann doch mein Ding gemacht", schmunzelt er in sich hinein.

Nach der Wende war Jonny Buck mit kurzer Unterbrechung 14 Jahre lang Bürgermeister in Wanzer. „Den alten Bürgermeister wollte man nicht mehr und niemand anderes erklärte sich bereit", begründet er dieses Engagement neben seiner Berufstätigkeit. „Aber wir haben in dieser Zeit viel bewegt – von Backhaus bis Sanierung der Straßen und Gehwege – vor allem Projekte, von denen das Dorf auch langfristig etwas hat."

Buck sieht schwierige Zeiten auf Wanzer zu kommen. „Wir brauchen mehr Wertschöpfung im Ort und in der Region. Wenn wir so weitermachen, verarmt die Altmark", blickt er pessimistisch in die Zukunft. „Es braucht junge Leute, die in den Ort ziehen und sich einbringen." Dann erzählt er voller Stolz von den vielen Aktivitäten im Dorf, die der Verein organisiert: Pfingstmarkt, Herbstmarkt, Backtage, Museum, Vermietung von Wohnungen in der alten Schule etc. „Solange ich kann, engagiere ich mich für Wanzer", sagt er zum Abschied und blickt stolz auf die neu errichtete Mühle an dem historischen Standort.

Beatrix Flatt

VOM GARTOWER SEE

ZUM WOLFSLEHRPFAD

Tour-Info	Achtung vor dem europaweit geschützten Wolf! Wir sind im umweltzertifizierten Gartower Forst unterwegs. Da kann Meister Isegrim schon mal vorbeitraben. Keine Angst, es hat noch keine Angriffe auf Menschen gegeben. Stattdessen gibt es einen Wolfslehrpfad am Wildgehege bei Gartow. Zuvor besuchen wir die Obere Seegeniederung mit Seeadler-Aussichtsturm zwischen Gartow und Nienwalde sowie den sanierten DDR-Grenzturm zwischen Nienwalde und Bömenzien
Start & Ziel	Gartow I Hauptstr. I Parkplatz an Bushaltestelle nahe Schloss
Art	Radrundweg oder Rundwanderung
Länge & Dauer	15 km I 2,5 h
Kategorie	mittelschwer
Hinkommen & Parken	Auto & Rad: B 493 und L 256 nach Gartow Bahn & Bus: www.mobil-im-wendland.de/fahrplanauskunft Parken: Gartow I Parkplatz I Hauptstr. 99 a (Bushaltestelle I Brücke)
Tipps	» E-Bikes aufladen: LADEpünktchen Wendland-Standort in Gartow, Springstr. 14 an der Touristinformation LADEpünktchen Altmark-Standort in Bömenzien Nr. 38 (letztes Haus rechts Richtung Drösede, Fam. Wegener) » Offene und fahrradfreundliche Kirche in Gartow mit Obstsorten-Pfarrgarten.

Wir starten im schmucken See-Örtchen **1** Gartow. Vom See aus treibt es uns zuerst zum spätbarocken Schloss. Es befindet sich gegenüber vom Parkplatz. Wir nutzen den Weg

Gartow

Sehr schmucker Flecken im Landkreis Lüchow-Dannenberg. Gehört zur Samtgemeinde Gartow. Liegt in der historischen Landschaft Wendland am westlichen Ufer der Seege, eines Elbzuflusses, der sich nördlich von Gartow zu einem in den 1970er-Jahren künstlich aufgestauten See ausweitet. In der Hauptstraße Häuser mit Kletterrosen, viele kleine Geschäfte (Bioladen, Bäckerei, Eisladen, Dönerladen, Fahrradladen), Unterkünfte, Schloss, Kirche, Orgelsommer, Kunstausstellungen, Wendland-Therme. In Gartow befinden sich auch die Gräflich Bernstorff'schen Betriebe, ein Familienbetrieb in der 11. Generation (siehe dazu im Buch der Text „Anna Gräfin von Bernstorff und Catharena Gräfin von Bernstorff. In Gartow wird Zukunft gedacht"). Im 14. Jh. und im 19.Jh. gehörte der Ort eine Zeit lang zur Mark Brandenburg und damit zur Altmark. Ebenso Schnackenburg und die Dörfer drumherum. Es gibt Annahmen, dass der Ortsname von Gartow slawischer Herkunft ist, identisch mit dem polnischen Ortsnamen Chartowo (dieser geht auf die Hunderasse Windhund zurück, chart = Windhund).

Seeadler-Aussichtsturm

Seeadler-Aussichtsturm: 15 m hoch. Holzbauweise in Windmühlenoptik. Blick auf die Seegeniederung. Gesponsert von der Rut- und Klaus Bahlsen-Stiftung. Entstanden in Kooperation mit der Samtgemeinde Gartow, dem NABU Niedersachsen, der Biosphärenreservatsverwaltung Niedersächsische Elbtalaue sowie dem Umweltministerium Niedersachsen.

„Schloss" (in manchen Karten auch Kirchweg genannt). Im Schloss residiert seit 1694 die Familie von Bernstorff. Erbaut wurde das Schloss 1710 bis 1727. Kurzer Blick auf das sehr schöne Ensemble und das gut gepflegte Gelände. Bernstorffs bieten auch Ferienunterkünfte an und betreiben einen Hofladen sowie die Foodstation „Zur Schlossecke" mit hohem Direkt- und Wildvermarktungsanteil. Weiter den Kirchweg bis zur K 34 (Nienwalder Str.). Diese 300 m fahren, dann links rein. Pferdeabsperrungen (Draht) öffnen und wieder schließen und über den betonierten Weg am Fuß des Deiches an einer uralten Eiche vorbei, um sich der Seegeniederung zu nähern. Blick über den Deich möglich – herrliche Landschaft mit Kunstelementen. Biberlehrpfad vorhanden. Immer weiter geradeaus, bis zum **2** Seeadler-Aussichtsturm.

Neugieriges Damwild im Wildtiergehege des Forstes Gartow

Hier kann der Blick so richtig in die Weite schweifen, knapp 2,5 km bis zur Elbe. Der Turm kann kostenfrei 24/7 begangen werden. Infotafeln innen und außen zur Flora und Fauna in der elbetypischen Urstromtallandschaft mit ihren Flussschleifen, Enten, Gänsen, Kranichen und natürlich dem Seeadler. Letztgenannten sieht man nur, wenn man Glück hat, Geduld ist gefragt.

Dann weiter geradeaus Richtung Altes Dorf nördlich von Nienwalde.

Durch das Dorf fahren (Tipp: der Deichweg nördlich der Siedlung kann ebenfalls befahren werden). Danach steuern wir direkt auf das Grüne Band zu. Entfernung: 1 km. Ein alter DDR-Grenzpfeiler grüßt und der von der Verbandsgemeinde Seehausen sanierte **3** BT 2 x 2 DDR-Grenzturm Bömenzien steht nicht weit. Überdachte Sitzgruppe und Infoschild vorhanden. Ein Grasweg führt zum Turm. Nebenbei zu hören: der Pirol. Nach der Grenzturmbesichtigung wenden wir

Rastplatz am Forsthaus Falkenmoor

uns südlich und fahren den ausgewiesenen Kolonnenweg weiter, ca. 600 m. Trockene Sanddünen und wild aufgewachsener Kiefernbestand. Ab und an sind Ausschilderungen und eingezäunte ökologische Kleinstnischen zu finden. Hier war der Grüne-Band-Aktivist Jürgen Strack aus Binde aktiv (siehe Text zu ihm in diesem Buch). Nach den 600 m Kolonnenweg geht es rechts rein in den Gartower Forst, der in weiten Teilen der Familie Bernstorff gehört. Jetzt sind wir in Niedersachsen. Zuerst noch ein Wechsel von Wald und Feld, später nur noch Wald. Achtung: teilweise sehr schwer zu fahrende Sandpisten, die durch forstliche Nutzung aufgewühlt sein können. Der Wald wird naturnah und nachhaltig bewirtschaftet (PEFC-Zertifizierung). Wir fahren direkt auf die **4** Waldsiedlung am Rucksmoor zu. Stiller Ort mitten im Wald, ein Hauch von Schweden. Weiter Richtung **5** Wildgehege. Dazu dem Kartenmaterial im Buch folgen. Waldwege semioptimal zum Radfahren, aber perfekt zum Wandern. Immer dran denken: Wolfsgebiet. Man kommt ihm näher (zumindest theoretisch), wenn

Waldsiedlung am Rucksmoor

Forstwirtschaftliche Nutzung. Förstergrabstein am Beginn der Siedlung. Vermietung von Ferienwohnungen im Schäferhaus (Fam. Bernstorff, buchbar unter www.bernstorff.de/ ferienwohnungen/ haus-im-wald-rucksmoor)

Adressen

Biosphärenreservat Flusslandschaft Elbe
Infozentren
www.flusslandschaft-elbe.de/informationszentren

i.wend Gästeinformation
Johannisstr. 2-3
29439 Lüchow (Wendland)
www.region-wendland.de

Tourist-Information Gartow und Infostelle des Biosphärenreservates Niedersächsische Elbtalaue
Springstr. 14
29471 Gartow
www.gartow-erleben.de/touristinfo

Kirchspiel an Elbe und Seege
Hauptstr. 1
29471 Gartow
www.kirch-spiel.de

Gräflich Bernstorff`sche Betriebe
Hauptstr. 6
29471 Gartow
www.bernstorff.de

man sich auf den Wolfslehrpfad am Wildgehege begibt. Infotafeln, auch zum Thema Herdenschutz, vorhanden. Ansonsten sieht man im Gehege: Damwild, Rehwild, Schwarzkittel. Daneben gibt es die sog. Sauenhütte und die Hirschhütte als kleine Rastplätze. Über den Prezeller Weg geht es nun Richtung Gartow zurück. Unterwegs kommen wir am Falkenmoor mit Forsthaus vorbei – auch sehr idyllisch. Sitzplatz vorhanden.

Den Prezeller Weg weiterfahren, dann auf den straßenbegleitenden Radweg der B 493 wechseln (Hahnenberger Str.), Ortsmitte ansteuern (Hauptstr.). Wunderschöne Backsteinhäuser mit üppigen Rosenblüten im Juni, viele kleine Geschäfte. In der Springstraße befindet sich die Tourist-Information Gartow. Die St. Georg-Kirche kann besichtigt werden (offene Kirche). Spannend dort: Standort der Route der alten Obstsorten im Wendland). Infoschild zum Pfarrgarten in der Nähe der Kirche.   Amanda Hasenfusz

Route der alten Obstsorten im Wendland

Führt uns zu einzigartigen Streuobstwiesen, verwunschenen Alleen und prächtigen alten Einzelbäumen. Mehr Infos:
www.route-der-alten-obstsorten-im-wendland.de

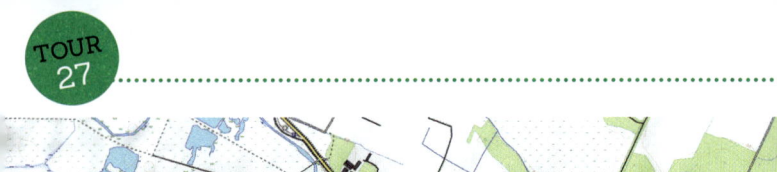

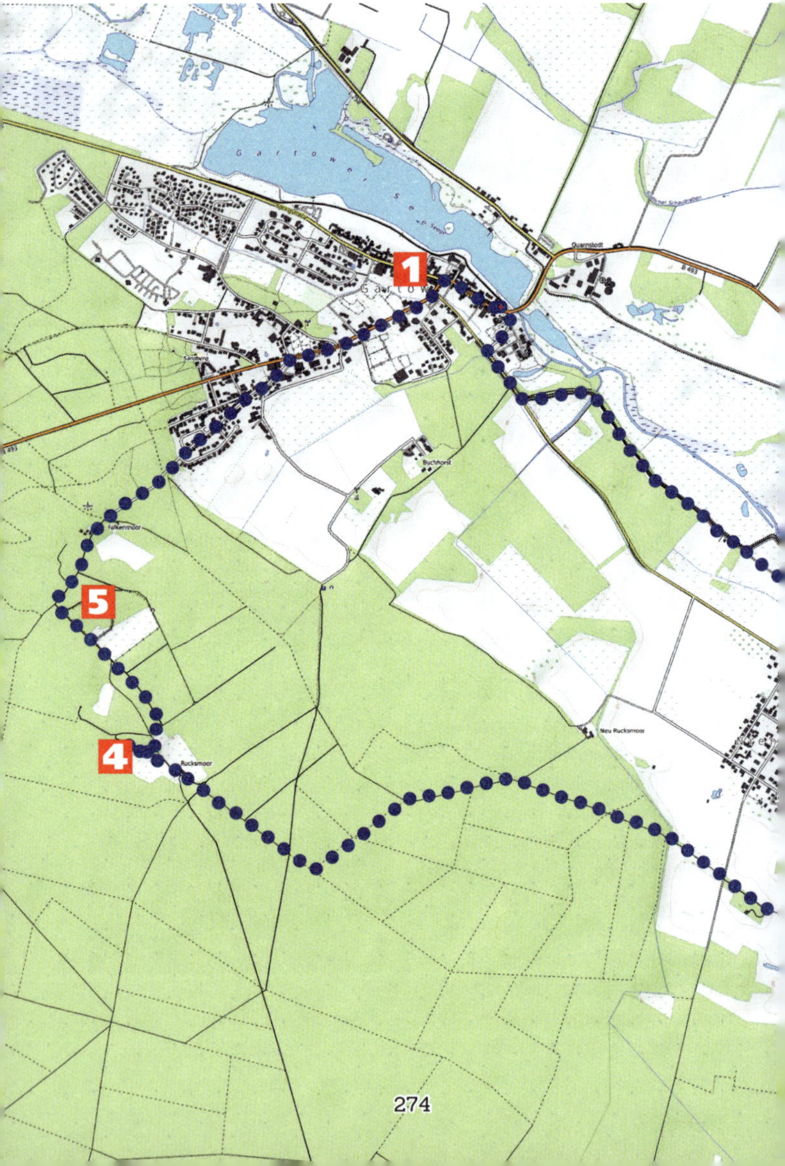
Gartower See
Gartow
Quarnstedt
B 493
Buchhorst
Falkenmoor
Rucksmoor
Neu Rucksmoor
1
5
4

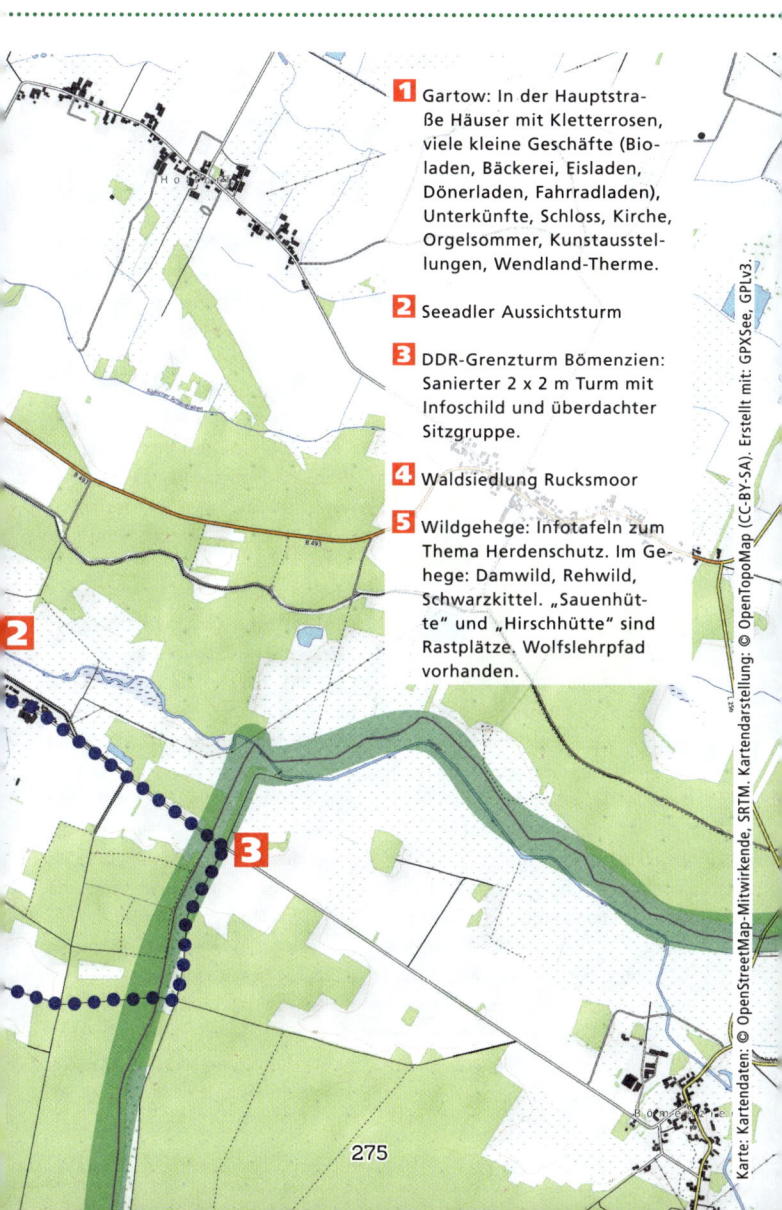

1 Gartow: In der Hauptstraße Häuser mit Kletterrosen, viele kleine Geschäfte (Bioladen, Bäckerei, Eisladen, Dönerladen, Fahrradladen), Unterkünfte, Schloss, Kirche, Orgelsommer, Kunstausstellungen, Wendland-Therme.

2 Seeadler Aussichtsturm

3 DDR-Grenzturm Bömenzien: Sanierter 2 x 2 m Turm mit Infoschild und überdachter Sitzgruppe.

4 Waldsiedlung Rucksmoor

5 Wildgehege: Infotafeln zum Thema Herdenschutz. Im Gehege: Damwild, Rehwild, Schwarzkittel. „Sauenhütte" und „Hirschhütte" sind Rastplätze. Wolfslehrpfad vorhanden.

Karte: Kartendaten: © OpenStreetMap-Mitwirkende, SRTM. Kartendarstellung: © OpenTopoMap (CC-BY-SA). Erstellt mit: GPXSee, GPLv3.

Anna Gräfin von Bernstorff und Catharena Gräfin von Bernstorff

In Gartow wird Zukunft gedacht

Zwei Frauen, Schwiegermutter und Schwiegertochter, Anna Gräfin von Bernstorff und Catharena Gräfin von Bernstorff, erzählen in ihren Büroräumen in Gartow von ihren Visionen und von ihrer Verantwortung aufgrund ihres Besitzes. Bekannt wurde die Familie, als sie sich in den 70er-Jahren weigerte, ihr Land über dem Salzstock zu verkaufen, in dem das Atommüllendlager Gorleben in unmittelbarer Nähe zur ehemaligen innerdeutschen Grenze entstehen sollte. „Für was wir heute stehen, baut auf dem Engagement und Widerstand meiner Schwiegereltern auf", so Catharena Gräfin von Bernstorff anerkennend.

Als Land- und Forstbetrieb, der über Generationen wirtschaftet, war Nachhaltigkeit schon immer ein Thema. „Wir haben uns schon immer gefragt, welche Auswirkungen unsere Entscheidungen auf die nächste Generation haben werden", erklärt Anna Gräfin von Bernstorff die Philosophie des Unternehmens. Die niedersächsische Landesregierung rechnete nicht mit so großem Protest und Widerstand als sie 1977 bekanntgab, dass in Gorleben eine Wiederaufbereitungsanlage

und ein Endlager für Atommüll entstehen soll. Sie rechnete vor allem nicht damit, dass Familie von Bernstorff, der die größte Fläche über dem Salzstock in Gorleben gehört, ihr Land nicht verkaufen wird. „Wir hatten das Gefühl, dass hier nicht nach bestem Wissen und Gewissen entschieden wurde", erinnert sich Anna Gräfin von Bernstorff. „Mir war sofort klar, dass hier weder im Sinne der Bewahrung der Schöpfung noch im Sinne der Nachhaltigkeit gehandelt wurde." Ihr Mann, Andreas Graf von Bernstorff, sei zunächst ambivalent gewesen. Er war zu diesem Zeitpunkt CDU-Mitglied und auch in der Kommunalpolitik aktiv. Zu seinem Demokratieverständnis gehörte, dass man Mehrheitsentscheidungen akzeptieren müsse, auch wenn es nicht der eigenen Meinung entspricht. „Aber mit seiner fragenden und kritischen Haltung sei er bei seinen Parteikollegen überhaupt nicht angekommen." Der Graf trat aus der CDU aus und kämpfte ab diesem Zeitpunkt gegen das Projekt. Obwohl ihm von der Landesregierung viel Geld geboten wurde, verkaufte er sein Land nicht. Stattdessen klagte die Familie, andere Eigentümer schlossen sich an.

Der Protest und der Kampf gegen das Endlager wurden zum Lebenswerk der Familie von Bernstorff. Nach 40 Jahren haben Kläger und somit die Protestbewegung Recht bekommen. Mittlerweile ist wissenschaftlich bestätigt, dass der Salzstock bei Gorleben ungeeignet ist. Der Protest gegen Gorleben hat die Region stark verändert. „Es entwickelte sich eine interessante und reichhaltige Kunst- und Kulturszene im Wendland. Landwirtschaftliche Gebäude erhielten eine andere Nutzung", blickt Anna Gräfin Bon Bernstorff zurück. Auch die Familie von Bernstorff

bereicherte das Wendland mit ihrem Engagement. Sie organisierten regelmäßig Ausstellungen, Konzerte, Festivals und Vorträge. Derzeit wird der barocke Getreidespeicher in Sichtweite des Schlosses renoviert und umgebaut. In das denkmalgeschützte Gebäude sollen Kunst und Kultur einziehen. Und die junge Gräfin hat noch größere Visionen: „Es soll ein Ort für Transformationsprozesse werden. Denn hierfür schlägt unser Herz. Es ist ein riesiger Besitz, für den wir Verantwortung haben, aber es ist vor allem ein Familienbetrieb in der 11. Generation und unsere Aufgabe ist es, diesen in die Zukunft zu führen", so Catharena. Nachhaltig und gleichzeitig ökonomisch zu denken, ist für die Umweltwissenschaftlerin kein Widerspruch. „Obwohl wir ein historischer Betrieb sind, sind wir ein Transformationsbetrieb in einer Transformationsgesellschaft. Umbruchzeiten hat es in der Geschichte des Betriebes schon öfters gegeben, und jetzt müssen wir diesen Umbruch bewältigen." Catharena erläutert: „In der Forstwirtschaft arbeiten wir schon lange nachhaltig und die Landwirtschaft ist seit einigen Jahren ein anerkannter Biobetrieb." Aber die Transformation der Landwirtschaft geht noch weiter: „Vor zehn Jahren nahmen wir an einem Forschungsprojekt teil, um mit Hilfe von Pflanzenkohle und Kompost aus nährstoffarmen Böden nachhaltig fruchtbare Böden zu machen, die keinen Kunstdünger mehr brauchen", erklärt Catharena enthusiastisch. „Im Kleinen funktioniert das gut, aber nicht im großen Stil." So hat die Familie entschieden, auf den landwirtschaftlichen Flächen mit Hilfe einer eigenen, stetig wachsenden Rinderherde Kompostwirtschaft zu betreiben. „Man spricht von „regenerativer Landwirtschaft". Ein Beratungsunternehmen für Nachhaltigkeit in der Agrar- und Lebensmittelbranche bestätigte uns, dass wir auf den gesamten Betrieb gerechnet mehr CO_2 binden als wir ausstoßen."

Catharenas Herz schlägt schon seit ihrer Studienzeit in Lüneburg für das Wendland. „Ich kam regelmäßig zu Demonstrationen und zu Kulturveranstaltungen. Ich war ein Hippie und bin es noch heute in meinem Herzen", erklärt sie leidenschaftlich ihr Engagement im strukturschwachen und dünn besiedelten Wendland, das direkt an das Grüne Band angrenzt. Sie gründete einen Waldkindergarten und engagiert sich in der Kommunalpolitik. Vor den Toren des Schlosshofs steht eine Foodstation mit Biocatering als Treffpunkt für Einheimische und Touristen. Regelmäßig veranstaltet sie zusammen mit ihrem Mann Fried Graf von Bernstorff wissenschaftliche Symposien und erklärt interessierten ihre Betriebs- und Lebensphilosophie.

Genau in dem Wald, der für das Atommüllendlager weichen sollte, plant die Familie trotz Widerständen einen Windpark. „Wir brauchen jedes Windrad, um die Energiewende zu schaffen", so die Umweltwissenschafterin. Ihre Schwiegermutter ergänzt: „Ein Windpark lässt sich zurückbauen, wenn man bessere Technik hat, ein Atommüllendlager ist auf eine Million Jahre ausgelegt." In Gartow hat die Zukunft begonnen und hier soll sie weitergedacht werden.

Beatrix Flatt

HÖHBECK-TOUR NACH LENZEN

UND ZUM RUDOWER SEE

Tour-Info	Diese Tour ist vielfältig und hält (geografische) Höhen & Tiefen für uns bereit. Der Höhbeck lockt mit dem Schwedencafé und reichlich Artenvielfalt, die Elbe mit Glitzerwasser und naturnahen Elbtalauen sowie die Burg Lenzen mit informativen Ausstellungen und lehrreichem Park. Der Rudower See lädt zum Umrunden und Baden ein.
Start & Ziel	Pevestorf | Fährstr. nahe der Fähre
Art	Radrundweg
Länge & Dauer	18,5 km | 3 h
Kategorie	mittelschwer
Hinkommen & Parken	Auto & Rad: L 258 von Gartow oder Gorleben Bahn & Bus: www.mobil-im-wendland.de/fahrplanauskunft Parken: Pevestorf | Parkplatz Höhbeck | Fährstr. | 500 m vor Fähre
Tipps	» Fährzeiten vorab checken: www.amtlenzen.de/seite/630582/aktuelle-informationen » Lesetipp „Rambower Moor": Dirk Reuber/Rahel Straubel „Gerade, kreuz und quer. Wandern & Radfahren durchs westliche Brandenburg", ab S. 17-31, Omnino Verlag Berlin, 2022. » Andere Radwege, die wir tangieren bzw. teilweise fahren: Eurovelo 13 „Iron Curtain Trail" | Vier-Länder-Grenzradweg | Elberadweg | Biber-Tour | Tour Brandenburg

Wir starten südlich der Riesendü-ne **1** Höhbeck kurz vor der Fähre Westprignitz Pevestorf-Lenzen in der Fährstraße (Parkplatz Höhbeck). Ab-stecher: Wer will kann zuerst den Aussichtsturm Höhbeck (Pendant zum Turm in Schnackenburg) und den Kaffeegarten „Schwedenschan-ze" auf dem Höhbeck besuchen (am besten zu Fuß, ohne Rad). Dazu den Naturlehrpfad am Parkplatz Höhbeck nutzen, immer weiter westlich wan-dern, dann berghoch. Oben findet man den Aussichtsturm mit Infor-mationstafeln zum Biosphärenre-servat Flusslandschaft Elbe und ein Stück weiter die Schwedenschanze. Wer das nicht möchte, macht sich gleich Richtung Fähre auf und setzt über. Im Sommer kann hier reichlich Verkehr sein, denn wir befinden uns nicht nur in einem Hotspot der Ar-tenvielfalt, sondern auch der tou-ristischen Nutzung (vor allem die

Höhbeck

76 m über N.N. Eine Endmoräne/ Geestinsel mit einer Ausdehnung von 2 x 4 km, die u.a. wäh-rend der Saaleeiszeit vor etwa 230.000 Jahren entstanden ist. Rangt inselartig aus der Umge-bung. Obendrauf ist ein weithin sichtbarer Richtfunkturm – 344 m hoch (rot-weiße Farbe). Der Höhbeck war einst eine Insel im Fluss Elbe.

Lenzen

Befindet sich im äußersten Nord-westen Brandenburgs an der Grenze zu Mecklenburg-Vorpom-mern und Niedersachsen zwi-schen den Biosphärenreservaten Flusslandschaft Elbe-Mecklen-burg-Vorpommern und Flussland-schaft Elbe-Brandenburg. Kleine Backsteinstadt mit Besucherzen-trum auf der Burg, Park, klei-nen Geschäften sowie stattlicher Backsteinkirche. Knapp 2.000 Einwohner.

Burg Lenzen lockt viele Gäste aus Nah und Fern). Nach der Fähre se-hen wir am Ufer in Brandenburg zu-erst den BT 2 x 2 DDR-Grenzturm am Elbedeich. Bevor wir dort ankom-men: rechts, unter einer Eiche, ist ein Gedenkstein für einen verdienstvol-len Deichhauptmann platziert, 1922 aufgestellt. Der DDR-Grenzturm kann mittels Außenwendeltreppe erschlossen werden – ebenfalls ein guter Platz für weite Blicke. Rund um den Grenzturm kann man sich in Infos zur Naturlandschaft der Elbe einlesen (u.a. auch zu einer großen Deichrückverlegung). Sitzplätze vorhanden. Danach weiter nach **2** Lenzen: Genutzt werden kann die di-rekte Verbindung: L 13 (Straße Fähr-haus) und weiter die B 195 (Lenzener Straße). Teilweise sind straßenbeglei-tende Radwege vorhanden.

Begehbarer DDR-Grenzturm zw. Fähre und Lenzen

Erster Zwischenstopp: die Löcknitz-Brücke vor Lenzen. Der kleine Fluss breitet sich linksseitig herrlich aus. Wasserpflanzenpracht, Schilf, Röhricht, Feuchtwiesen. Rein in die Stadt und gleich rechts den Elise-Lensing-Weg nutzen, um auf die Burg Lenzen zuzufahren. Ausschilderung vorhanden. Die Burg, das Besucherzentrum und den Burgpark sollte man sich unbedingt anschauen, man braucht dazu schätzungsweise 1,5 h. Im Park befindet sich ein multimedialer und optisch sehr ansprechender Naturlehrpfad für Kinder… durchaus auch für Erwachsene. Beachtung

TOUR
28

Eingangsbereich der Burg Lenzen

Hotel, Restaurant & Besucherzentrum Burg Lenzen

Vermutlich im 8. Jh. ließen sich Slawen vom Stamm der Linonen an der Elbe nieder. Sie errichteten am Standort der heutigen Burg eine ringförmige Befestigungsanlage – die Burg Lunkini. Schriftlich erwähnt wurde Burg Lunkini erstmals im Jahre 929, als König Heinrich I., gereizt durch die aufständischen Slawen, seine Truppen über die Elbe schickte, um die slawische Königsburg einzunehmen. Die Burg wurde mehrmals umgebaut. Mehr zu Historie unter www.burg-lenzen.de/burg_lenzen/burg-und-park/burggeschichte/geschichte Gehört heute dem BUND. In der Burg befindet sich das europäische Zentrum für Auenökologie, Umweltbildung und die Besucherinformation des Biosphärenreservates Flusslandschaft Elbe-Brandenburg. Der 24 m hohe Burgturm beherbergt eine Ausstellung und kann als Aussichtsturm bestiegen werden. In der Burg befindet sich außerdem seit Juli 2021 das ahead burghotel, Deutschlands größtes veganes Hotel. Ebenfalls vor Ort: Kanuausleihstation, Führungen auf Wasserwegen buchbar.

Rudower See

Schmaler, fast 4 km langer See. 175 ha groß. Fast 7 Millionen m3 Wasservolumen. Über die Löcknitz mit der Elbe verbunden. Vogelbrut- und Rastgebiet. Bade- und Angelgewässer.

sollten auch das Burg-Restaurant und das Hotel finden. Dann über die Schulstraße an der großen Katharinenkirche vorbei, die Berliner Straße nutzen, um Richtung **3** Rudower See zu gelangen. Ca. 1 km bis zum Kreisverkehr, 2. Ausfahrt (Karstädter Straße), dann gleich rechts rein in den Mühlenweg. Weiter geradeaus, über Rekener Straße Richtung Osten. Unsere Seeumrundung beginnt. Wir verlassen bald das Siedlungsgebiet. Dem Kartenmaterial im Buch folgen. Der Weg wird erst etwas sandig, dann, im Wald, auch leicht hüglig. Die meiste Zeit radelt man dicht am Ufer entlang. Die Temperatur ist im Sommer sehr angenehm. Feuchter Wald, sogar Erlenbruch. Man braucht zuweilen viel Rad-Schwung, um die kleinen Waldhügel am Uferweg zu bewältigen – ein ständiges Auf und Ab. Kurzweilig! Immer auf Gegenverkehr achten! Am Ende des Sees gibt es eine schöne Badestelle (inoffiziell, aber im Sommer gut besucht). Die Badestelle hat versorgungstechnisch weit bessere Zeiten hinter sich, wie der HO-Kiosk aus DDR-Zeiten unter einer großen Buche mit den Antimarketing-Spruch „Urlauberversorgung" signalisiert.

Wer noch nicht nach Lenzen zurückmöchte, kann einen Abstecher zum 450 ha großen Naturschutzgebiet **5** Rambower Moor unternehmen. Es ist in nordöstlicher Richtung 7,5 km vom

Kanuausleihstation an der Burg Lenzen

Rudower See entfernt. Hin- und zurück als Rundweg 13 km (oder Extratour unternehmen, siehe Lesetipp). Das Moor ist Lebensraum für viele bedrohte Tier- und Pflanzenarten. Alte Torfstiche und Entwässerungsgräben sind noch vorhanden. Wer das Moor nicht ansehen möchte oder die Besichtigung für eine weitere Tour aufhebt, fährt an der Nordseite des Rudower Sees retour nach Lenzen. Über die Seestraße düsen wir in den Ort hinein, an der kleinen Töpferei links in den Mühlenweg. Kleiner Rundweg an Privathäusern, immer weiter auf dem Mühlenweg, dann südlich an der Alten Wassermühle Lenzen vorbei. Am Kreisverkehr, den wir vorhin schon nutzten, wieder in die Berliner Straße. Dann rechts über die Hamburger Straße (gegenüber der Kirche) und die Achter d'Muer den Stadtkern umrunden bis wir wieder auf die Löcknitz-Brücke treffen. Zum krönenden Abschluss noch ein Gastrotipp: **6** Café Eisvogel am kleinen Jacht- bzw. Sportboothafen, 800 m von der Fähre entfernt. Kühle Getränke, selbstgemachter Kuchen, Frozen Joghurt und eine herrlich maritime Atmosphäre (Hausboot-Flair). Über die Fähre zurück nach Peverstorf/Höhbeck. Geschafft.

Amanda Hasenfusz

Adressen

Kaffeegarten Schwedenschanze
Schwedenschanze 1
29478 Höhbeck / OT Brünkendorf
www.
kaffeegartenschwedenschanze.de

Besucherzentrum Burg Lenzen &
Europäisches
Zentrum für Auenökologie und
Umweltbildung
Burgstr. 3
19309 Lenzen (Elbe)
www.burg-lenzen.de/
burg_lenzen

Café Eisvogel
im Sport- und Jachthafen Lenzen
www.pension-am-elbdeich.de/
eisvogel-yachthafen-lenzen-1

Unterkünfte über

i.wend Gästeinformation
Johannisstr. 2-3
29439 Lüchow (Wendland)
www.region-wendland.de

Tourist-Information Wittenberge
Paul-Lincke-Platz 1
(Eingabe für Navigation: Bahn-
str. 56)
19322 Wittenberge
www.wittenberge.de (Bereich
Tourismus, Touristinformation)

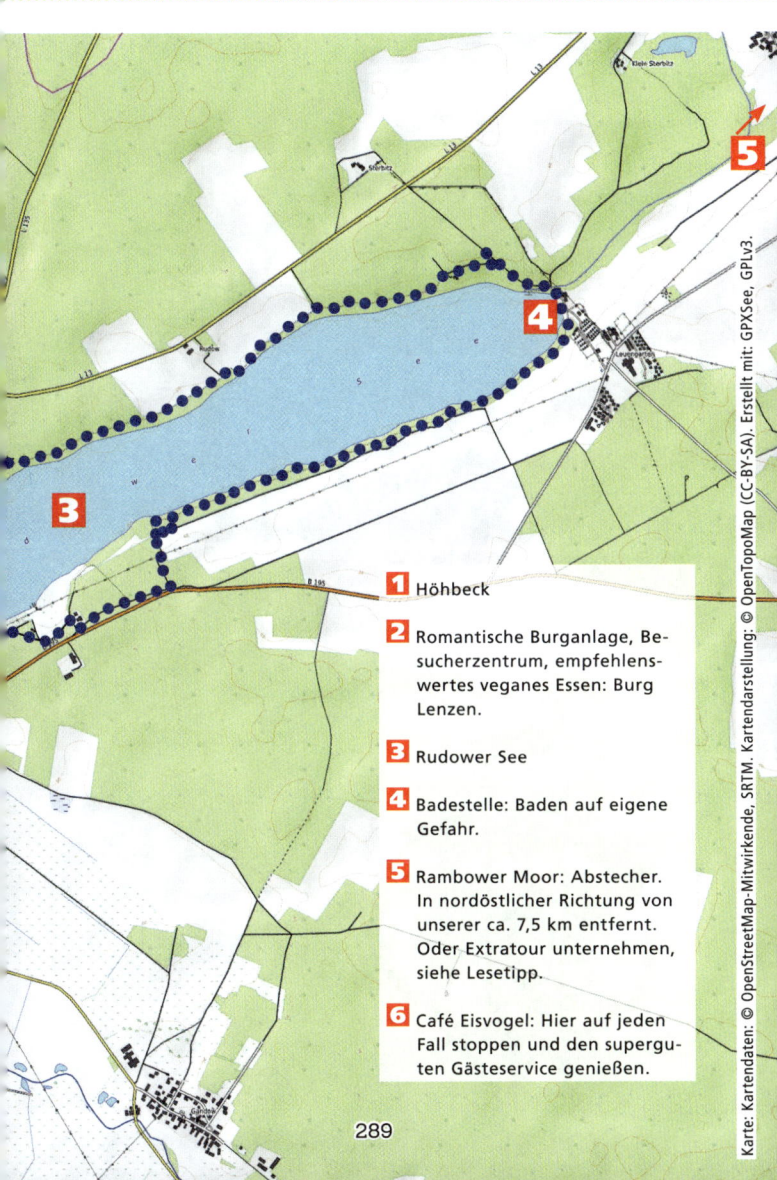

1 Höhbeck

2 Romantische Burganlage, Besucherzentrum, empfehlenswertes veganes Essen: Burg Lenzen.

3 Rudower See

4 Badestelle: Baden auf eigene Gefahr.

5 Rambower Moor: Abstecher. In nordöstlicher Richtung von unserer ca. 7,5 km entfernt. Oder Extratour unternehmen, siehe Lesetipp.

6 Café Eisvogel: Hier auf jeden Fall stoppen und den superguten Gästeservice genießen.

Karte: Kartendaten: © OpenStreetMap-Mitwirkende, SRTM. Kartendarstellung: © OpenTopoMap (CC-BY-SA). Erstellt mit: GPXSee, GPLv3.

VIETZE-GARTOW-HÖHBECK-TRAIL

ZU KARL DEM GROSSEM

Tour-Info	Auch diese Tour hält (geografische) Höhen & Tiefen bereit. Radtechnisch weitaus anspruchsvoller als die Lenzen-Tour! Kapitänshäuser und das Höhbeck-Museum locken in Vietze. Es folgt der Naturlehrpfad Laascher See, die Seegeniederung sowie der Gartower See. Über die frühbronzezeitliche Anlage Woodhenge geht's zur größten Naturkostsafterei Deutschlands. Dann über den Höhbeck! Wir kommen direkt am Funkturm vorbei und treffen entlang des wunderbaren Entdeckerpfades auf das castellum hohbuoki Karls des Großen.
Start & Ziel	Vietze | Hütten-Hotel Elbhöhe | Am Elbufer 9 29478 Höhbeck / OT Vietze
Art	Radrundweg
Länge & Dauer	25 km | 4 h
Kategorie	schwer
Hinkommen & Parken	Auto & Rad: K 28 aus Gartow bzw. Brünckendorf Bahn & Bus: www.mobil-im-wendland.de/fahrplanauskunft Parken: Hütten-Hotel Elbhöhe | Am Elbufer 9 | 29478 Höhbeck / OT Vietze
Tipps	» Einige Abschnitte im Höhbeck sind nicht fahrbar, nur schiebbar. » Andere Radwege, die wir tangieren bzw. teilweise fahren: Eurovelo 13 „Iron Curtain Trail" | Elberadweg | Biber-Tour | Lüneburger Heide-Radweg | Elbe-Heide-Tour | Elb-Höhenweg | Entdeckerpfad auf dem Höhbeck | Naturlehrpfad Laascher See » Lesetipp: kostenfreie Broschüre „Zeitfenster – Spurensuche in der Geschichte. Der Höhbeck im Wandel der Zeit", Hg.: UNESCO-Biosphärenreservat Niedersächsische Elbtalaue, 3. Auflage 2023. Liegen am Woodhenge oder in Touristinfo Gartow aus.

Wir starten am rustikalen **1** Hütten-Hotel Elbhöhe in Vietze. Biergarten (offen Fr.-So.) mit Blick zur Elbe! Ganz nahe ist das Grüne Band – die Mitte der Elbe. „Drüben" ist Brandenburg! „Hüben" ist Niedersachsen. Das Hütten-Hotel liegt unmittelbar am Beginn des Entdeckerpfad auf dem Höhbeck (Ecke Zum Heidberg/Am Elbeufer). Wir kommen auf der Rücktour automatisch daran vorbei, jetzt erstmal nicht besuchen. Stattdessen westlich weiter, über Straße Am Elbufer und Bergstraße nach **2** Vietze mit dem

Gartow

siehe Route „Vom Gartower See zum Wildgehege mit Wolfslehrpfad"

Höhbeck-Museum und Feldsteinkapelle. Der Ort Vietze ist absolut sehenswert! Ein Museumsbesuch lohnt in der Saison.

Nachdem wir uns umgeschaut haben, geht es weiter über die Kapellenstraße zum Ortrand. Dort steht das wahrscheinlich älteste Gebäude des Dorfes: die um 1.100 als schlichter romanischer Feldsteinsaal errichtete Kapelle. Ungewöhnlich, weil Feldsteinkirchen im Wendland eine Ausnahme sind. Man findet sie eher in der Altmark. Der Friedhof ist sogar noch älter als der Steinbau. Die Kirche gehört zu den offenen Kirchen des Kirchspiels an Elbe und Seege. Besucher willkommen!

Weiter über den straßenbegleitenden Radweg der K 28 Richtung Meetschow. Diesen nach der Kapelle 600 m fahren, dann links rein zum **3** NABU-Naturlehrpfad Laascher See. Die Wegequalität ändert sich: feste, gut fahrbare Sandpiste. Es geht 700 m südlich durch eine abwechslungsreiche und naturschutzfachlich wertvolle Trockenlandschaft mit einigen kleinen Teichen. Danach östlich weiter durch Kiefernwald, ca. 1,4 km. Dem Kartenmaterial im Buch folgen. Noch

Vietze

Sehr nettes Fluss- und Schifferdörfchen an der Elbe. Gehört zur Gemeinde Höhbeck. Viele Wohnbauten haben einen Fischer- bzw. Schiffshintergrund – hier lebten Kapitäne, Schiffseigener, Steuerleute, Schiffer, Fischer und Maschinisten. Sehenswert ist auch die expressionistisch gestaltete Gedenkhalle Am Elbeufer (1921 erbaut I erinnert an die Toten aus zwei Weltkriegen), daneben Rastplatz und Schiffermast. Auch das schmucke und ehrenamtlich geführte Höhbeck-Museum im Zentrum sollte man sich ansehen: Mit den Abteilungen Archäologie, Flora & Fauna, Elbschifffahrt und Alltagskultur lädt es zu einer Zeitreise ein. Achtung Saisonbetrieb, vorab nach den Öffnungszeiten erkundigen.

Supermarkt für Sandbienen im Entdeckerpfad Höhbeck

vor Brünkendorf biegen wir wieder in die südliche Richtung ab – Radwegeleitsystem im Wald vorhanden. Richtung Gartow in die Seegelandschaft. Am Fuß des Deichs entlang. Gute Radpiste, weil betoniert. Man sieht die Seegelandschaft nur, wenn man oben auf dem Deich ist. Dem Deichweg folgen, 2 km bis kurz vor Restorf. Dann spitzer Winkel nach Süden (Deichstraße), über eine hölzerne Seege-Brücke. 50 m weiter gleich wieder links den Feldweg nehmen. Jetzt 1 km durch die Seegelandschaft auf den Gartower See zu. Der Ausschilderung nach **5** Gartow folgen. Hier

Offene Kirche in Restorf

Woodhenge

Ein Zeitfenster! Nachbau einer frühbronzezeitlichen Kultstätte. 56 Holzpfosten. Könnte als Observatorium gedient haben, vergleichbar mit Stonehenge (England) oder Pömmelte sowie Goseck in Sachsen-Anhalt. Wahrscheinlich zur „Aunjetitzer Kultur" (ca. 1.800 v. Chr. I Übergang von der Stein- zur Bronzezeit) gehörend, die am Höhbeck ein großes Siedlungsgebiet hatte. Infotafel vor Ort vorhanden.

können etliche Touristen unterwegs sein, sehr guter Weg an der Westseite des Sees entlang. Wir werden, immer dem Deichweg folgend, automatisch oben am Südufer des Sees entlanggeführt. Eine Badestelle und der Imbiss am See folgen. Schöne Rasenflächen zum Ausruhen. Am Restaurant Gartower Seeterrassen den betonierten Deichweg verlassen und südlich haltend in die Springstraße abbiegen. Einen Blick in die Touristinfo Gartow (TI) in der Springstr. 14 werfen. Dort befindet sich auch eine Informationsstelle des UNESCO-Biosphärenreservates Niedersächsische Elbtalaue. Wer mit dem E-Bike unterwegs ist, kann am LADEpünktchen Wendland direkt an der Touristinfo sein Bike aufladen (Außensteckdose).
Nun zieht es uns weiter zum Eismacher. Das kleine Eiscafé liegt nur

150 m entfernt in der Hahnenberger Str. 2 (Ecke zur B 493). Päuschen! Danach weiter südöstlich Richtung Nienwalde. Die Straße 1,2 km immer geradeaus fahren. Am Deich links halten. Pferdeabsperrungen (Draht) öffnen und wieder schließen und über den betonierten Weg am Fuß des Deiches weiter an einer uralten Eiche vorbei, um sich der Seegeniederung und dem **5** Biberlehrpfad zu nähern. Blick über den Deich möglich – herrliche Landschaft mit Kunstelementen. Wir steuern den Biberlehrpfad an, der nicht einfach zu erreichen ist! Überhaupt folgt jetzt der anstrengendere Teil unserer Route. Zum Biberlehrpfad: Am Pumpenhäuschen, 200 m hinter der Eiche, die Treppe links nehmen, Rad hochschieben, Deich queren, wieder zum Deichfuß runter. Den Grasweg dahinter nutzen, der rechts (Himmelsrichtung: südöstlich) weiterführt. Oft

Höhbeck

76 m über N.N. Eine Endmoräne/Geestinsel mit einer Ausdehnung von 2 x 4 km, die u.a. während der Saaleeiszeit vor etwa 230.000 Jahren entstanden ist. Rangt inselartig aus der Umgebung. Obendrauf ist ein weithin sichtbarer Richtfunkturm – 344 m hoch (rot-weiße Farbe). Der Höhbeck war einst eine Insel im Fluss Elbe.

kaum zu erkennen in der Vegetationsperiode. Leider auch nicht ausgeschildert. Noch weiter links halten und den Single Trail zwischen den Bäumen nehmen. Betreten auf eigene Gefahr. Manchmal liegen Bäume im Weg, diese können sanft umfahren werden. Sehr schöner Weg – das ist bereits der Biberlehrpfad. Aber er geht noch weiter. An der ersten Wiesenkreuzung links gibt es das erste Infoschild! Nördlich über die Wiese (am Rand!) weiter – auch, wenn man denkt, dass dies nicht möglich ist. Kurz vor der Seege befindet sich Schilf. Wenn man sich nähert, erkennt man die Weiterführung des Weges. Über die Seegebrücke und dem freigeschnittenen Weg folgen. Wir kommen so automatisch nach Gartow zurück.

Unterwegs herrliche Laubengänge und Kunst am Wegrand in der Seegeniederung. An der Ostseite des Sees tauchen wir wieder auf – direkt an der B 493. Nun die Straße queren und auf den Seerundweg zurück. Hier befindet sich die 2. Badestelle und eine sehr gute touristische Infrastruktur (Restaurants, Bootsverleih, Standup Paddeling etc.). Die Flächen sind weit, die Holzhäuschen wie aus Schweden – in schwedenrot. Immer weiter am Norduferweg des Sees entlang – alles wunderbar fahrtüchtig. Parallel läuft die L 258

nach Restorf nördlich von uns. Am Ende des Sees diese Landesstraße kurz nutzen, links halten auf Restorf zu. Nach 100 m wieder links abbiegen auf den Holzpfostenkreis **6** Woodhenge zu. Hier kann man sich informieren über die ersten Siedlungen am und auf dem Höhbeck. 4.000 Jahre Siedlungsgeschichte!

Dann weiter auf der L 258 nach Restorf. Besuch der offenen St. Johanniskirche in der Kirchstr. Hinter dem Dorf geradeaus weiter über die K 28 auf Brünkendorf zu, straßenbegleitender Radweg vorhanden. Brünkendorf kurz anschauen (nett, nett, nett), dann über einen Seitenweg namens Brode südlich des Ortes auf Pevestorf zu. Ein betonierter Waldweg folgt – sehr gute Fahrtstrecke. Wir kommen an der **7** Naturkostsafterei Voelkel vorbei, die größte in Deutschland. Dort arbeitet man in der 4. Generation an Bio- und Demetersäften. Weiter in den Ort hinein – pittoreske Häuser, direkt am Fuß des Höhbeck liegend. Die Fährstraße führt durch den Ort. Nicht bis zur Fähre durchfahren, sondern noch im Ort links rein in die Straße Bollberg. Ab jetzt wird es anstrengend, es geht berghoch. Wer sein Rad liebt, der schiebt. E-Bike-Fahrer haben einen echten Vorteil, später wandelt sich dieser in einen Nachteil. Nach 2 km fahren wir am Fuße des 344

Kaffeegarten Schwedenschanze auf dem Höhbeck

m hohen Funkturms entlang – auf unseren Routen in der Elbegegend ist er weithin zu sehen. Dann weiter bis zur nächsten Straßenkreuzung, dort rechts fahrend die Bergstraße (langgestreckt und geologisch „gefaltet") nutzen, um zum Aussichtsturm zu kommen. Gleich nebenan befindet sich der **8** Kaffeegarten Schwedenschanze. Etliche gute Infotafeln zur frühen Geschichte des Ausflugslokals, zur Geologie und Kulturgeschichte des Höhbeck sind hier zu finden. Nach der Besichtigung des Turms und einem Kurzaufenthalt in der Schwedenschanze zieht es uns

weiter. Den „gefalteten" Weg, den wir nutzten, um zum Aussichtsturm zu kommen, ein Stück zurückfahren, nach 300 m gleich rechts rein. Achtung: E-Bike-Fahrer*innen mit schweren Bikes und Radfahrer*innen, die nicht mehr viel Kraft haben, fahren die Bergstraße weiter geradeaus bis Vietze zurück, 3 km (die Tour, die die anderen nun beginnen, können die nach Vietze Durchfahrenden zu Fuß vom Startpunkt der Tour [Hütten-Hotel] aus unternehmen). Für die anderen Radfahrer beginnt jetzt der eigentliche Thrill. Es wird spannend und sehr anstrengend!

Nach der Abbiegung, die uns vom Weg zum Turm herunterholt, kann man noch 300 m auf der Schotterpiste fahren, dann wieder rechts rein (in der Nähe liegt ein umzäuntes Grundstück). Kartenmaterial im Buch beachten! Jetzt beginnt ein leicht abschüssiger Grasweg, der bald zu einem Waldweg wird. Teilweise nicht gemäht im Sommer. Dem Weg immer weiter folgen. Ein Single Trail – absolute Vorsicht bei Gegenverkehr. Es wird steiler. Wer denkt, das war es an Aufregung, der kennt den weiteren Verlauf des Weges noch nicht: Es folgen Serpentienenwege hoch und runter, die man nicht fahren kann! Absteigen, schieben. Holztreppenstufen erleichtern einem den Auf- und Abstieg nicht. Bei Regen kann es glatt werden. Geduld und gute Nerven sind gefragt. Man gelangt irgendwann in den Grund der ehemaligen Thalmühle (Infotafeln an einer Holzbrücke vorhanden, Kulturgeschichte). Weiter geradeaus, unter uns fließt in 100 m Entfernung die nicht zu sehende Elbe bzw. das Grüne Band. Steilhang! Nach einiger Zeit gelangen wir an ein grasiges, rechteckiges Hochplateau. Wir sind am **9** Entdeckerpfad auf dem Höhbeck. Die ersten Infotafeln erzählen uns die Geschichte dieses Platzes. Hier lag um 800 das strategisch wichtige castellum hohbuoki, ein Militärlager Karls des Großen. Nicht auszuschließen, dass der Kaiser einst selbst hier war. Nebenbei: Das heutige Wappen der Gemeinde Höhbeck zeigt die damalige Festung Karls. 810 wurde der Platz von den Slawen zerstört, 811 wieder aufgebaut. Die Elbe war lange Zeit die Grenze zwischen dem sächsischen und slawischen Siedlungsgebiet. Entlang des Entdeckerpfades gibt es reichlich Informationen! Viele Aspekte werden beleuchtet. Ansehen sollte man sich auf jeden Fall das nachgebaute Wächterhäuschen aus Holz (barrierefrei) mit grandiosem Blick auf die Elbe und seine großen Infotafeln mit dem Gesamtzusammenhang der Historie. Europäische Dimension! Man beachte die

Adressen

Hütten-Hotel Elbhöhe (Restaurant – Hotel – Biergarten)
Am Elbufer 9
29478 Höhbeck / OT Vietze
www.huetten-hotel.de

Höhbeck-Museum Vietze
Hauptstr. 1
29478 Höhbeck / OT Vietze
www.museum-vietze.de
Saisonbetrieb: April bis Oktober

Kirchspiel an Elbe und Seege
Hauptstr. 1
29471 Gartow
www.kirch-spiel.de

Kaffeegarten Schwedenschanze
Schwedenschanze 1
29478 Höhbeck / OT Brünkendorf
www.
kaffeegartenschwedenschanze.de

Voelkel GmbH
Fährstr. 1
29478 Höhbeck / OT Pevestorf
www.voelkeljuice.de

Unterkünfte über

i.wend Gästeinformation
Johannisstr. 2-3
29439 Lüchow (Wendland)
www.region-wendland.de

Tourist-Information Gartow und
Infostelle des Biosphärenreservates Niedersächsische Elbtalaue
Springstr. 14
29471 Gartow
www.gartow-erleben.de/
touristinfo

Insignien Karls des Großen in der schmiedeeisernen Flagge auf dem Dach des Wächterhäuschens. Davor sieht man einen Holz-Schilderbaum mit historischen Bezeichnungen. Dann: Den Weg am Hang nutzen, um weiter westlich zu kommen. Jetzt kann teilweise gefahren werden. Es folgt eine weitere Infostation mit sehr schönen Sitzgelegenheiten und dem Supermarkt für Sandbienen: ein sandiger Steilhang runter zur Elbe – nicht betreten! Gute Aussicht. Die Holzstufen nutzen, um weiter Richtung Vietze zu gelangen. Wir kommen direkt am Hütten-Hotel heraus. E-Bike-Fahrer können ihr Rad dort stehen lassen und begeben sich zu Fuß in den Entdeckerpfad. Jetzt ein kühles Getränk… der Thrill hat ein Ende! Puhhh…

Amanda Hasenfusz

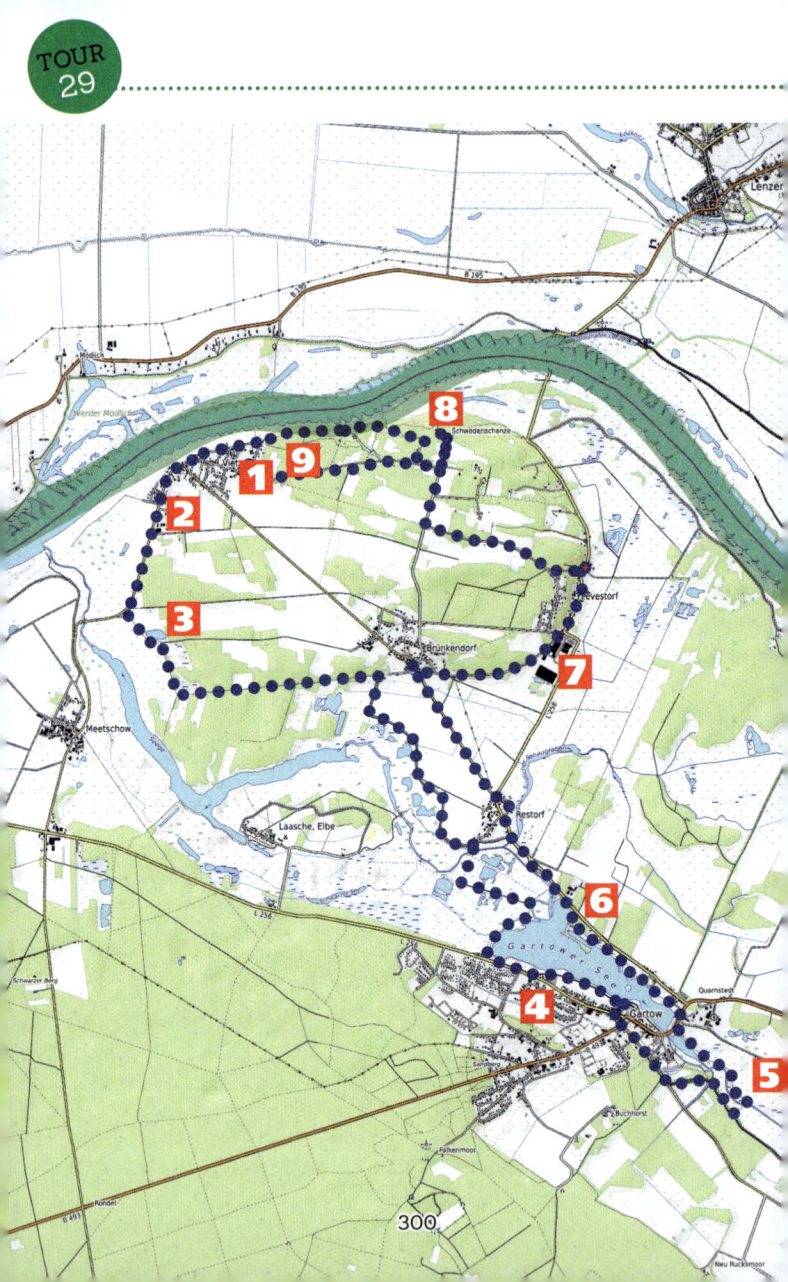

300

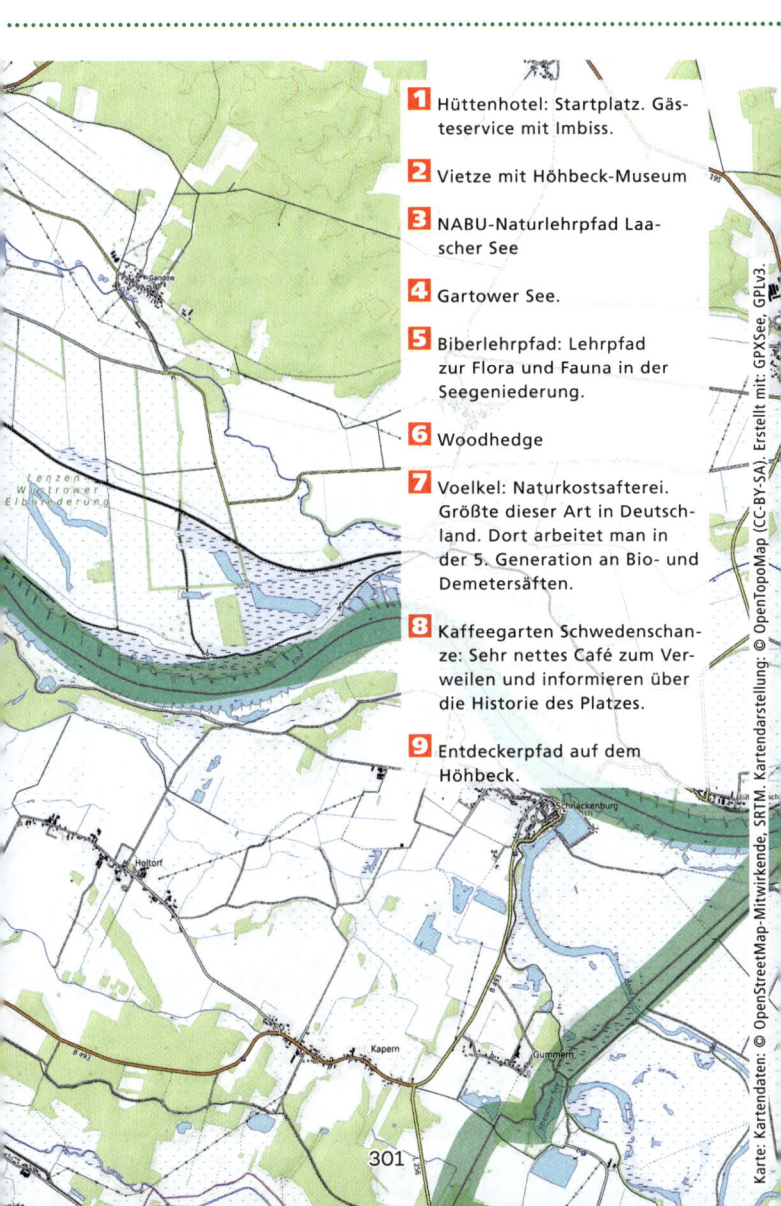

1 Hüttenhotel: Startplatz. Gästeservice mit Imbiss.

2 Vietze mit Höhbeck-Museum

3 NABU-Naturlehrpfad Laascher See

4 Gartower See.

5 Biberlehrpfad: Lehrpfad zur Flora und Fauna in der Seegeniederung.

6 Woodhedge

7 Voelkel: Naturkostsafterei. Größte dieser Art in Deutschland. Dort arbeitet man in der 5. Generation an Bio- und Demetersäften.

8 Kaffeegarten Schwedenschanze: Sehr nettes Café zum Verweilen und informieren über die Historie des Platzes.

9 Entdeckerpfad auf dem Höhbeck.

Karte: Kartendaten: © OpenStreetMap-Mitwirkende, SRTM. Kartendarstellung: © OpenTopoMap (CC-BY-SA). Erstellt mit: GPXSee, GPLv3.

Niedersachsens wilder Osten

Direkt am Grünen Band liegt das Wendland mit urwüchsiger Natur, beschaulichen Dörfern, Abgeschiedenheit und Stille. Die Flusslandschaft der Elbe und Jeetzel sowie die Ausläufer des Drawehn-Höhenzugs prägen das Landschaftsbild.

Zwischen weiten Feldern und sanften Hügeln liegen verstreut, unzählige kleine Dörfer, mit teils kurios anmutenden Namen wie Tolstefanz oder Middefeitz. Viele der Dörfer fallen durch ihre besondere Form auf. Die Häuser stehen kreisförmig, mit dem Giebel zur Mitte, um den Dorfplatz herum und werden als Rundlinge bezeichnet.

Zahlreiche Künstler und Kunsthandwerker leben hier, wo die Kreativität Platz und Ruhe hat sich zu entfalten. Unter freiem Himmel erklingt an manchen Orten Musik und Theaterkunst wird auf großen Bühnen, in ehemaligen Dorfkneipen oder Wohnzimmern geboten.

Abseits von Hektik, Stress und großen Straßen, gibt es ausgeschilderte Wandertouren, auf denen sich Kunst, Kultur, Natur und Landschaft entdecken lassen.

Infos

Gästeinformation Lüchow
Johannisstraße 2-3
29439 Lüchow (Wendland)
Telefon 0 58 41-97 47 386
e-mail: info@region-wendland.de
home: www.region-wendland.de

URLAUB, WO JEDER JEDE SAU KENNT.

WEN**D**LAND
REGIONALMARKETING

WWW.REGION-WENDLAND.D

SCHNACKENBURG-

GARTOWER-LANDLUST

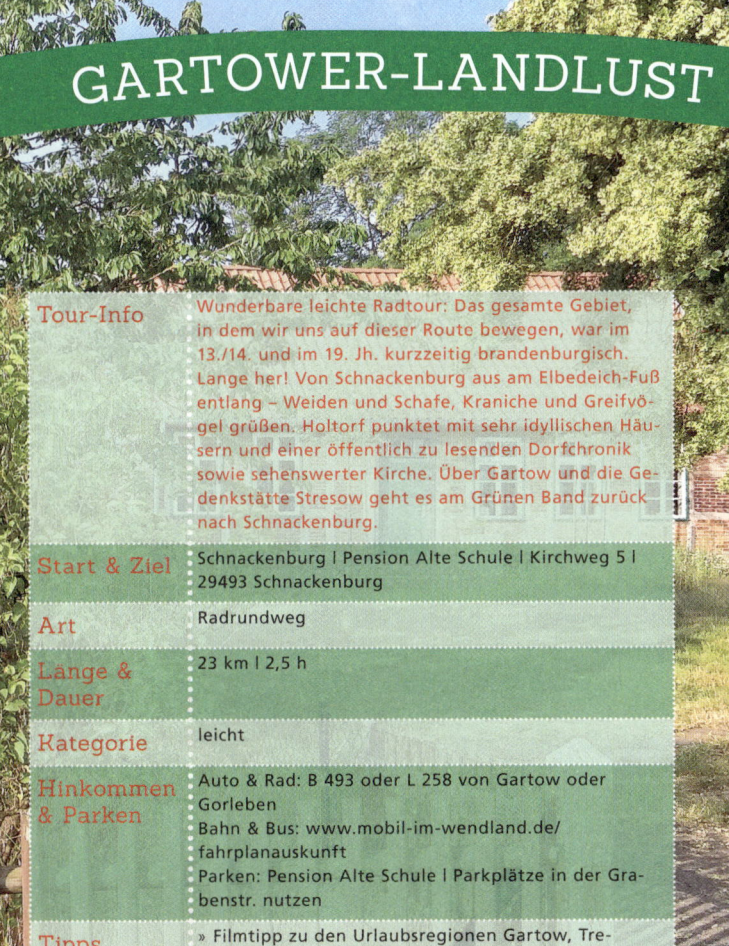

Tour-Info	Wunderbare leichte Radtour: Das gesamte Gebiet, in dem wir uns auf dieser Route bewegen, war im 13./14. und im 19. Jh. kurzzeitig brandenburgisch. Lange her! Von Schnackenburg aus am Elbedeich-Fuß entlang – Weiden und Schafe, Kraniche und Greifvögel grüßen. Holtorf punktet mit sehr idyllischen Häusern und einer öffentlich zu lesenden Dorfchronik sowie sehenswerter Kirche. Über Gartow und die Gedenkstätte Stresow geht es am Grünen Band zurück nach Schnackenburg.
Start & Ziel	Schnackenburg | Pension Alte Schule | Kirchweg 5 | 29493 Schnackenburg
Art	Radrundweg
Länge & Dauer	23 km | 2,5 h
Kategorie	leicht
Hinkommen & Parken	Auto & Rad: B 493 oder L 258 von Gartow oder Gorleben Bahn & Bus: www.mobil-im-wendland.de/fahrplanauskunft Parken: Pension Alte Schule | Parkplätze in der Grabenstr. nutzen
Tipps	» Filmtipp zu den Urlaubsregionen Gartow, Trebel, Lenzen & Elbe: www.youtube.com/watch?v=LnepqUEpVLo

Wenn eine Tour leicht ist, dann diese! Die Autorin dieser Zeilen hat sie am frühen Morgen eines schönen Juni-Tages unternommen, noch vor dem Frühstück. Fahrbar ist sie aber auch an Abenden im Herbst, Winter und Frühling, denn die Wegequalitäten sind optimal. Wir starten in der kleinsten Stadt Niedersachsens: **1** Schnackenburg. Die Grabenstraße bis zur Elbstraße fahren, ein kurzes Stück Weg. Unsere Route geht nicht oben auf dem Deich entlang, sondern am Deichfuß. Betonpiste. Alle paar Hundert Meter kann man absteigen und die Deichkrone erklimmen, um die schöne Elbe anzuschauen. Nach 3 km links Richtung Süden, der Ausschilderung nach **2** Holtorf folgen. Dort eine erste Rast einlegen: Kirche und das Dorf besichtigen. Dann weiter Richtung Westen – Holtorf ist ein langgestrecktes Dorf. Am Ende des Ortes führt uns der Weg wieder nach Süden – Richtung zur B 493. Rechts

Schnackenburg

siehe Tour „Von Schnackenburg in die Prignitzer Elblandschaft".

und links Ackerflächen und Wiesenflächen, Ackerrandstreifen mit Bäumen. An der B 493 rechts weiter auf Gartow zu. Am östlichen See-Ende befindet sich die Bernstorff'sche **3** „Zehntscheune" – ein Ausstellungsbereich des in Gartow ansässigen Westwendischen Kunstvereins. Eine Besichtigung lohnt – vorab nach den aktuellen Ausstellungen und Öffnungszeiten erkundigen. Direkt neben der Zehntscheune läuft unser Deichweg weiter, die Betonpiste führt Richtung Osten. Infoschilder des UNESCO-Biosphärenreservates Niedersächsische Elbtalaue informieren über Hochwasser, Seeadler, Biber und Kunst in der Seegeniederung. Wunderbarer Blick in die Niederung. Rinder weiden friedlich. Wir fahren 2 km am Deichfuß entlang. Wer möchte kann nach diesen 2 km einen kurzen Abstecher Richtung Süden über die Seege zum **4** Seeadler-Aussichtsturm der Rut- und Klaus Bahlsen-Stiftung unternehmen (siehe dazu Infos in Route „Vom Gartower See zum Wildgehege mit Wolfslehrpfad"). Dann retour zur Strecke weiter nördlich und immer geradeaus am Deichfuß. Es folgt Kiefernwald.

Holtorf

Marschhufendorf. Relativ einheitliche Bebauung. Schmucke Gehöfte mit viel Landcharme. Etliche landwirtschaftliche Betriebe. Im Dorfkern gibt es eine ausführliche Dorfchronik zu lesen, unweit steht die offene Kirche (14. Jh., trägt Wandmalereien aus dem 15./16. Jh. in sich). Besucher willkommen

Und wieder... tierische gute Deichpflege
(hier vor Schnackenburg)

Wir fahren gemütliche 5 km, queren die L 256 (Bömenzien ist nahe). Nochmals 500 m weiter. Dann passieren wir das Grüne Band (GB). Kein Infoschild vorhanden – man merkt es nur an der Oberflächenbeschaffenheit des Weges. Der Betonweg endet, es beginnt eine Sandpiste. Jetzt sind wir wieder in Sachsen-Anhalt, in der Altmark. Die Landschaft wird ein Stück authentischer, natürlicher! Die nahe Umgebung hält eine wertvolle sandbasierte Vegetation bereit. Kurz nach der Querung des Grünen Bands beginnen auch die Kolonnenwegplatten (leicht zu befahren), die uns nach

Reichlich Rastoptionen entlang unserer Strecke

Norden zur **5** Gedenkstätte Stresow führen. Auf 1 km läuft nun links von uns, in einer Entfernung von 400 m das Grüne Band mit. Äcker rechts und links. Wir nähern uns der Gedenkstätte von hinten. Abstecher dorthin lohnt, alles in Ruhe ansehen. Im Sommer lockt der nahe Badesee. Weiter Richtung NABU-Aussichtsturm, der über das Naturschutzprojekt in der Wrechow-Wasserebene der Garbe-Aland-Niederung informiert. Am Deichfuß weiter Richtung

Schnackenburg – Ausschilderung vorhanden. Wir queren das Grüne Band nun erneut – wieder fast unmerklich. Diesmal erkennt man die Stelle nur an der alten DDR-Grenzsäule und dem Begrüßungsschild des Biosphärenreservates. Nun auf **6** Gummern zu – dazu den Deichweg verlassen. Der Mini-Ort liegt westlich

Gedenkstätte Stresow

siehe „Bömenzien-Stresower-Grenzlandtour".

308

Adressen

Pension Alte Schule
Kirchweg 5
29493 Schnackenburg
www.pensionalteschule.de

Grenzland-Museum
Schnackenburg
Am Markt 4
29493 Schnackenburg
www.museum-schnackenburg.de

Kirchspiel an Elbe und Seege
Hauptstr. 1
29471 Gartow
www.kirch-spiel.de

Westwendischer Kunstverein
e. V.
Hauptstr. 10
29471 Gartow
www.westwendischer-
kunstverein.de

Touristinfo Seehausen
Arendseer Str. 6
39615 Seehausen (Altmark)
www.seehausen-altmark.
de/header-stadt-info/
tourist-information

Tourist-Information Gartow und
Infostelle des Biosphärenreservates Niedersächsische Elbtalaue
Springstr. 14
29471 Gartow
www.gartow-erleben.de/
touristinfo

Marschhufendörfer

Marschhufendörfer gibt es nur als planmäßige Anlage oftmals infolge systematischer Kolonisierung und vor allem der Eindeichung von See- und Flussmarschen. Die Verbreitung der Marschhufendörfer ist daher auf die Küstenlandschaften der Nordsee und die Uferrandzonen der Unterläufe der großen Flüsse (Elbe!) beschränkt.

davon. Gummern ist zwar auch der Name einer Salatgurke, aber hier ist es ein Ortsteil von Schnackenburg. Durchfahren und sich die netten Häuser ansehen. Dann auf die B 493 einschwenken, 1,5 km auf der Straße fahren (kein Radweg vorhanden!). An der ersten Option wieder auf den Deich und gemütlich zurück nach Schnackenburg. Hier locken das Grenzland-Museum und der Aussichtsturm am Zollhafen.

Amanda Hasenfusz

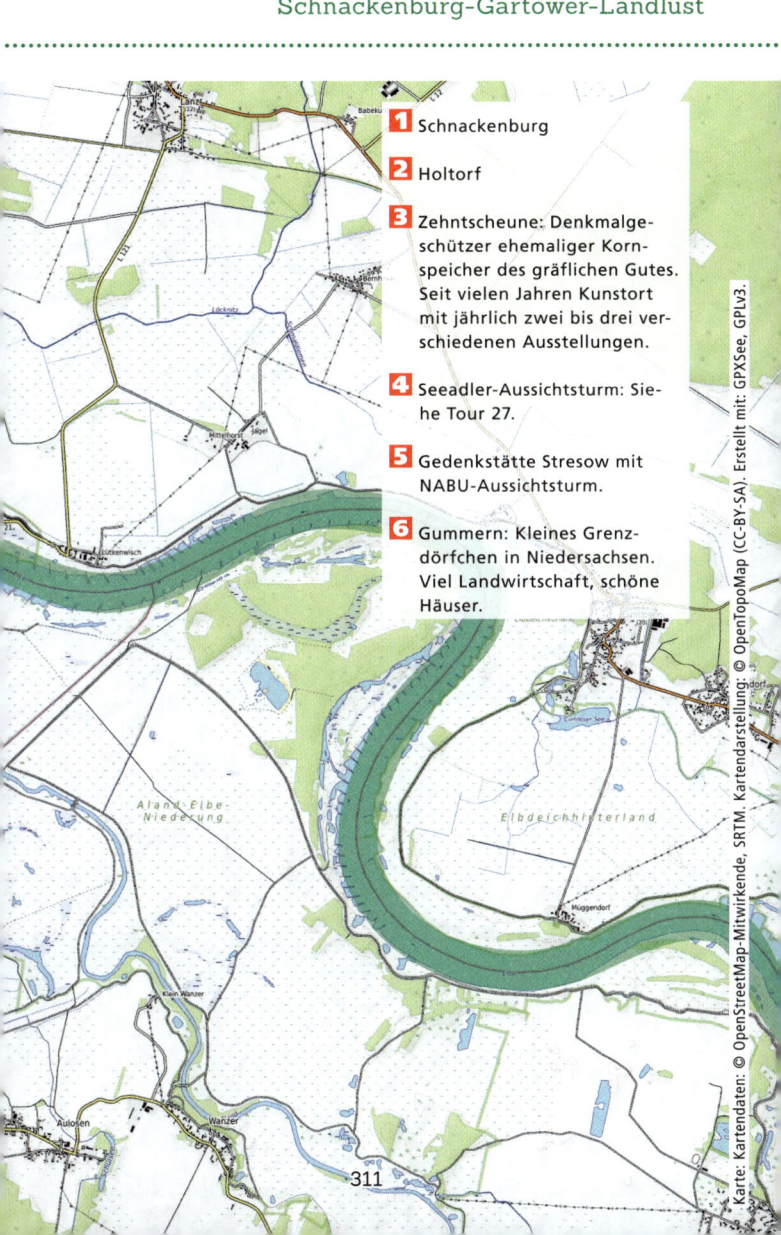

1 Schnackenburg

2 Holtorf

3 Zehntscheune: Denkmalge-
schützer ehemaliger Korn-
speicher des gräflichen Gutes.
Seit vielen Jahren Kunstort
mit jährlich zwei bis drei verschiedenen Ausstellungen.

4 Seeadler-Aussichtsturm: Siehe Tour 27.

5 Gedenkstätte Stresow mit
NABU-Aussichtsturm.

6 Gummern: Kleines Grenz-
dörfchen in Niedersachsen.
Viel Landwirtschaft, schöne
Häuser.

VON SCHNACKENBURG IN DIE

PRIGNITZER ELBLANDSCHAFT

Tour-Info	Wir befinden uns im Dreiländereck Niedersachsen, Brandenburg, Sachsen-Anhalt. In der kleinsten Stadt Niedersachsens, Schnackenburg, mündet der Aland in die Elbe. Grenzland-Museum und Aussichtsturm am alten Zollhafen locken, dann mit der Fähre „Ilka" ins brandenburgische Lütkenwisch. Nach der Fährfahrt rein in die Naturkulisse der Elblandschaft mit vielen Erinnerungsorten und kleinen Prignitzdörfern.
Start & Ziel	Schnackenburg | an der Fähre
Art	Radrundweg
Länge & Dauer	19 km | 2,5 h
Kategorie	leicht
Hinkommen & Parken	Auto & Rad: B 493 über Gartow und L 256 über Bömenzien Bahn & Bus: www.mobil-im-wendland.de/fahrplanauskunft Parken: Schnackenburg| Alandstr. am Hafen (für Wohnmobile geeignet)
Tipps	» Fährzeiten vorab checken: www.schnackenburg-elbe.de/Faehre-Ilka » Grenzland-Museum Schnackenburg ist ein LADE-pünktchen-Standort für E-Bikes. » Andere Radwege, die wir tangieren bzw. teilweise fahren: Eurovelo 13 „Iron Curtain Trail" | Vier-Län-der-Grenzradweg | Elberadweg | Biber-Tour | Tour Brandenburg

Wir starten im Elbestädtchen **1** Schnackenburg. Kleinste Stadt in Niedersachsen! Immer noch sehr idyllisch mit ihren vielen Backstein-Fachwerkhäusern. Die Stadt liegt unmittelbar an der Elbe. Bevor wir „rübermachen", lohnt unbedingt ein Blick ins Grenzland-Museum am Markt sowie der Weg über die neue Herrmann-Arends-Brücke zum Aussichtsturm am Zollhafen. Grenzenlose und grandiose Blicke in die naturnahe Elblandschaft. Nun mit dem Rad zur Fähre namens „Ilka". Das bekannte braune Grenzöffnungsschild grüßt uns. In der Mitte des Flusses verläuft das Grüne Band. Schon die Fährfahrt ist zauberhaft! Trotz der Dieselmotorgeräusche sind sofort Urlaubsgefühle im Herzen. Am gegenüberliegenden Ufer erwartet uns der **2** Hans-Georg Lemme-Gedenkplatz. Am 19.08.1974 wurde der junge Mann durch ein

Schnackenburg

Liegt an der Mündung des Altmark-Flusses Aland in die Elbe. Holz-Aussichtsturm am Zollhafen mit Blick über die Elbe. War im Kalten Krieg eine wichtige Zollstation, das Grenzland-Museum am Hafen erinnert daran (siehe Text in diesem Buch „Andreas Koch und Karin Teschner. Stadt im Dornröschenschlaf"). Schmucke Backsteinstadt, die durchaus noch Zuzug vertragen kann

Friedrich-Ludwig Jahn

1778-1852. Pädagoge, Publizist und Politiker. Initiierte die deutsche Turnbewegung (v.a. das Geräteturnen), die mit der frühen Nationalbewegung verknüpft war, um die deutsche Jugend auf den Kampf gegen die napoleonische Besetzung vorzubereiten. Jahn äußerte sich im Duktus seiner Zeit wiederholt nationalistisch, franzosenfeindlich und antisemitisch – heute ein Kritikpunkt.

Boot der DDR-Grenztruppen in der Elbe schwimmend tödlich verletzt. Er wollte das andere Ufer, den Westen, erreichen.

Wir befinden uns nach der Fährfahrt in der Prignitz (Brandenburg), die auf der östlichen Seite bis kurz vor Dömitz reicht. Im Juni ist die Heuernte auf den Elbwiesen in vollem Gange. Stieglitze und Schafstelzen sind zu sehen. Uns treibt es ins ehemalige Fischerörtchen Lütkenwisch (zuerst L 121) in der Lenzener Elbtalaue. Infoschild zum Naturschutzgroßprojekt kurz vor dem Ortseingang auf dem Deich. Rastoption am Örtchen mit überdachten Bänken und weiteren Infotafeln zur Grenzgeschichte des Ortes. Dann geht es 1,5 km östlich, entlang des Deiches bis links der kleine Ort **3** Jagel angekündigt wird. Rein in den Ort, 1 x

Tierisch gute Deichpflege

Elbefähre „Ilka" in Schnackenburg

umrunden. Relativ große, stattliche Häuser. Über den Weg „Mittelhorst" geht es nordwestlich weiter bis zur L 121, die uns zügig nach 4 Lanz bringt. Hier wurde Friedrich-Ludwig Jahn, besser bekannt als Turnvater Jahn, geboren. Eine Gedenkstätte im Ortskern erinnert an ihn (Am Ring, nahe Kirche). Der Turm der Kirche ist verbrettert, drumherum ein schöner Platz zum Verweilen mit Spielplatz, zahlreichen Turngeräten (der Turnvater grüßt) und Bänken unter Lindenbäumen, die im Juni herrlich blühen und duften. Lanz war einst

ein Rundling – man sieht es im Ortskern. Über den Hopfenweg verlassen wir nördlich das Dorf und biegen links in einen schönen Waldweg ein. Alternativ kann die K 7035 (Alte Lüneburger Bahn) südlich des Ortes gefahren werden – Asphaltstraße Der Waldweg ist 2 km lang, mühsam zu fahren, aber gerade im Sommer eine echte Wohltat im Schatten der Bäume. Nach den 2 km südlich halten. Es schließt sich ein Asphaltwaldweg an, der uns nach 5 Wustrow führt. Der Ortsname ist slawischen Ursprungs und bedeutet so viel wie Insel (tschechisch

Adressen

Grenzland-Museum
Schnackenburg
Am Markt 4
29493 Schnackenburg
www.museum-schnackenburg.de

Biosphärenreservat Flusslandschaft Elbe
Infozentren
www.flusslandschaft-elbe.de/
informationszentren

Unterkünfte und Gastronomie
über
i.wend Gästeinformation
Johannisstr. 2-3
29439 Lüchow (Wendland)
www.region-wendland.de

Tourist-Information Gartow und
Infostelle des Biosphärenreservates Niedersächsische Elbtalaue
Springstr. 14
29471 Gartow
www.gartow-erleben.de/
touristinfo

Tourist-Information Wittenberge
Paul-Lincke-Platz 1
(Eingabe für Navigation: Bahn-
str. 56)
19322 Wittenberge
www.wittenberge.de (Bereich
Tourismus, Touristinformation)

ostrov). Den Ortskern kann man leicht umrunden oder direkt hindurchfahren. Die gut sanierte Backstein-Fachwerk-Kirche fällt sofort ins Auge – ein Kleinod. Eine „Offene Kirche", die Kontaktdaten finden sich vor Ort. Südlich weiter über die Dorfstraße, auf die Elbe zu. Wir queren in der Lenzen-Wustrower-Elbniederung das lauschige Flüsschen Löcknitz. Danach geht es östlich auf dem Elbdeich 2 km zurück zur Fähre. Wieder übersetzen, geschafft.

Amanda Hasenfusz

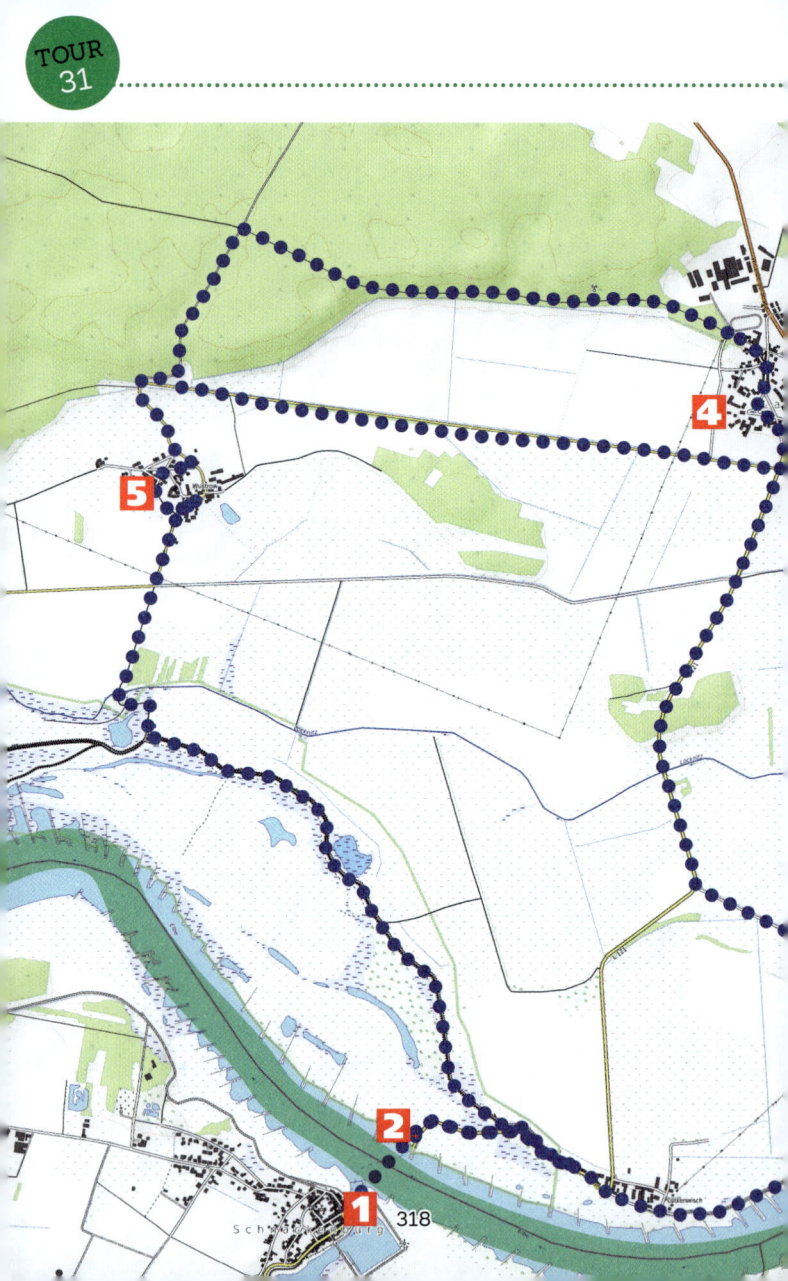

318

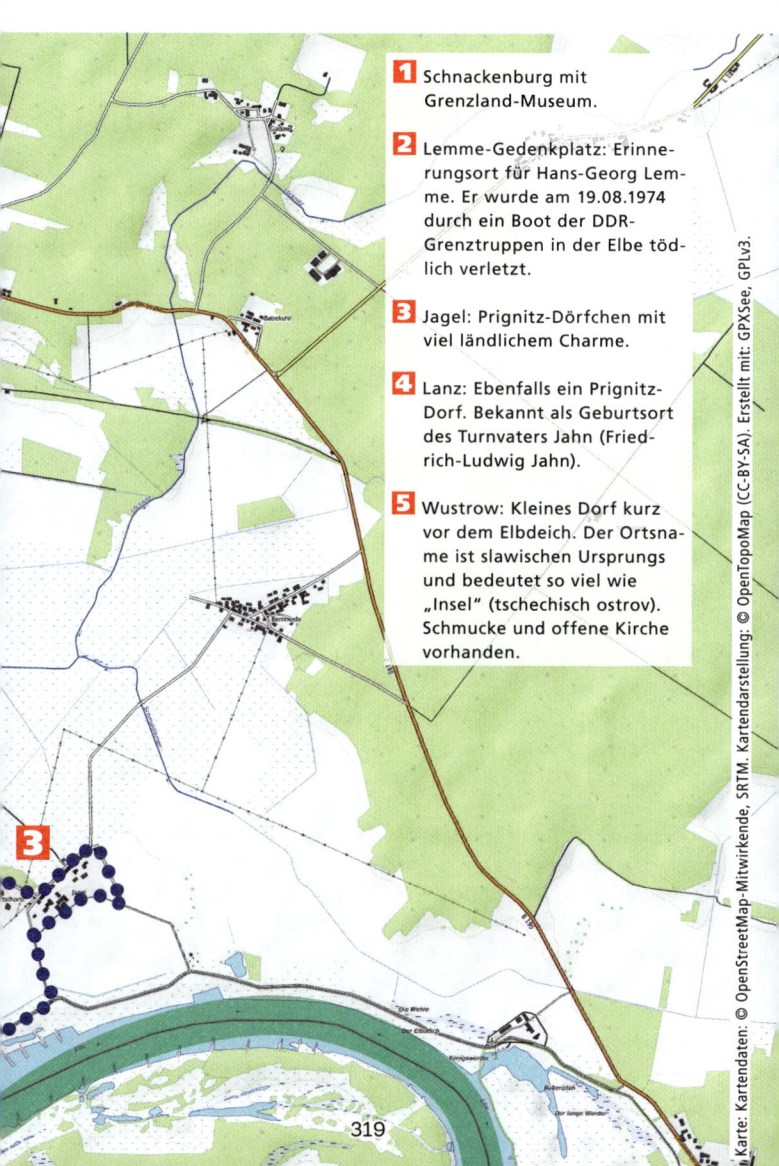

1 Schnackenburg mit Grenzland-Museum.

2 Lemme-Gedenkplatz: Erinnerungsort für Hans-Georg Lemme. Er wurde am 19.08.1974 durch ein Boot der DDR-Grenztruppen in der Elbe tödlich verletzt.

3 Jagel: Prignitz-Dörfchen mit viel ländlichem Charme.

4 Lanz: Ebenfalls ein Prignitz-Dorf. Bekannt als Geburtsort des Turnvaters Jahn (Friedrich-Ludwig Jahn).

5 Wustrow: Kleines Dorf kurz vor dem Elbdeich. Der Ortsname ist slawischen Ursprungs und bedeutet so viel wie „Insel" (tschechisch ostrov). Schmucke und offene Kirche vorhanden.

Stadt im Dornröschenschlaf

Andreas Koch und Karin Teschner

Schnackenburg zehrt von der Vergangenheit und ist auf der Suche nach neuer Strahlkraft. Die Stadt an der Elbe am östlichsten Zipfel von Niedersachsen gehört mit etwa 550 Einwohnern zu den kleinsten Städten Deutschlands. Infrastruktur, wie man es von einer Stadt erwarten könnte, gibt es hier nicht, dafür ein vollkommen erhaltenes historisches Stadtbild mit vielen schönen, teilweise herrschaftlichen Häusern, einen Marktplatz, eine Schifferkirche mit einem schwebenden Taufengel, ein Grenzlandmuseum im alten Fischerhaus und einen Hafen. Reich geworden ist Schnackenburg im Mittelalter durch die Schifffahrt und Einnahmen durch den Elbzoll. Während der deutschen Teilung war Schnackenburg Sitz des Zolls, der gleichzeitig die Aufgaben der Grenzpolizei übernommen hatte. Andreas Koch, ehemaliger Mitarbeiter des Zoll, und Karin Teschner, Stadtführerin und Vorsitzende des Fördervereins Grenzland-Museum Schnackenburg, schwärmen vom Leben in der Grenzstadt bis 1990. „Wir hatten hier fünf Gaststätten, einen Supermarkt, ein Hotel, eine Apotheke und mehrere Arztpraxen", zählt Koch auf. „Und alles ist innerhalb von zwei Jahren nach der Wende weggefallen." Der kleine Ort profitierte jahrzehntelang von den 40 bis 50 gut bezahlten Zollbeamten, die mit ihren Familien hier lebten. „Und dann gab es noch den Zauntourismus", ergänzt Koch. Er erinnert sich, dass an manchen Wochenenden die Stadt komplett zugeparkt war. „Die Leute konnten Schiffe auf der Elbe und im Hafen beobachten oder sie standen auf dem Deich und schauten in die DDR."

Andreas Koch musste mit seinen Kollegen 1990 die Zollstation in Schnackenburg abwickeln. Dazu gehörte beispielsweise auch, sich um die Zollhunde zu kümmern, bis man für diese eine neue Verwendung fand. Danach arbeitete er ein Jahr lang als Zollbeamter im Hamburger Hafen. „Da wurde mir erst bewusst, was für ein ruhiges Leben wir in Schnackenburg hatten. Wenn wir 20 Schiffe pro Tag abfertigten – meist aus Tschechien, dann war das viel. In Hamburg waren es im Schnitt 1000 pro Tag." Das Aufregendste im Zollamt in Schnackenburg war, wenn die Routine unterbrochen wurde, wenn zum Beispiel nachts das Telefon klingelte

oder wenn man über das „Rote Telefon" – eine telefonische Direktverbindung zwischen den Grenzbeamten in West und Ost – eine Meldung zu den DDR-Kollegen machen musste.

„Ich hörte den Herzschlag des Kollegen auf der anderen Elbseite durch das Telefon", erzählt Koch. Sorge hatten die Zollbeamten, zu deren Aufgabe es gehörte, die DDR-Grenze

vom Westen her abzusichern, immer, dass Menschen versuchen, über Elbe oder Aland zu flüchten. Sie konnten und durften Menschen erst helfen, wenn sie das Staatsgebiet der DDR verlassen hatten. „Das war schon ein psychischer Druck, den wir hier manchmal verspürten", so Koch.

Im Grenzlandmuseum im alten Fischerhaus wird die Geschichte der innerdeutschen Grenze auf drei Etagen dokumentiert. Ein Schnellboot der DDR-Grenztruppen direkt am Fähranleger weist den Besucher*innen den Weg. Zeitzeugen haben diese Ausstellung in jahrelanger ehrenamtlicher Arbeit zusammengetragen. Heute sind es meist Zeitzeugen, die ehrenamtlich Museumsdienst verrichten und ganz nebenbei von ihrer täglichen Arbeit und vom Leben in Schnackenburg mitten im Kalten Krieg erzählen.

Und wie sieht die Zukunft für die Stadt am Grünen Band aus? „Wir brauchen Zuzug", so Karin Teschner. Es gäbe zwar immer wieder Menschen, die in Schnackenburg ein Haus erwerben, aber nicht sofort hierherziehen. „Aber wir brauchen vor allem Menschen, die das Stadtleben bereichern und die sich vor Ort engagieren." Tagesgäste gibt es viele in Schnackenburg, denn die Stadt liegt am Elberadweg und ist über eine Fähre auch vom brandenburgischen Elbufer gut zu erreichen. Jährlich gibt es das Musikfestival Schubertiade, das Künstler*innen aus aller Welt und viele Besucher*innen nach Schnackenburg lockt. Auch das jährliche Osterfeuer ist weit über die Stadtgrenzen hinaus bekannt. Künstler*innen, die ihre Ateliers öffnen, haben sich hier niedergelassen. Und darüber kann Karin Teschner während ihrer Stadtführungen schwärmen und Menschen für Schnackenburg begeistern. Aber auch die Natur rund um Schnackenburg ist einmalig. „Wo hat man denn sonst Biber, Gänse oder Kraniche in dieser Vielzahl?"

„Die Fähre ist unsere Lebensader", so Teschner. „Das haben wir vor allem gemerkt, als die Fähre kaputt war und diese erst nach einer Spendenaktion nach mehreren Monaten repariert werden konnte." „Was fehlt, ist Gastronomie!", sind sich Koch und Teschner einig. Aber auch hier haben sie Hoffnung, dass sich eines Tages jemand für Schnackenburg interessiert und mit einem gastronomischen Alleinstellungsmerkmal Menschen anlockt und für neue Strahlkraft sorgt.

Beatrix Flatt

AUF DEM „IRON CURTAIN TRAIL"

DURCH EUROPA

Tour-Info	Beinahe 50 Jahre trennte der Eiserne Vorhang „Ost" von „West". In einem einmaligen Projekt, dem Euro-Velo 13, initiiert vom Europa-Abgeordneten (MdEP) Michael Cramer, wurde die Teilung des europäischen Kontinents als Radfernweg „Iron Curtain Trail" im wahrsten Sinne des Wortes „erfahrbar" gemacht. Die Route reicht von der Barentssee bis zum Schwarzen Meer. Der „EuroVelo 13 - Iron Curtain Trail" lädt Rad-fahrer*innen ein, einen wichtigen Teil der Geschichte des Kontinents zu erkunden.
Start & Ziel	Je nach Startpunkt
Art	Radfernweg
Länge & Dauer	10.000 km I viele Wochen I kann in Abschnitten ge-fahren werden
Kategorie	mittelschwer
Tipps	» Routenansicht, Track-Download & wichtige Infos: de.eurovelo.com/ev13 & en.eurovelo.com/ev13

Die EuroVelo Route EV13 ist ein europäischer Radfernweg. Die Strecke führt über ca. 10.000 km von der Barentssee bis ans Schwarze Meer, tangiert 20 Länder und 14 Welterbestätten der UNESCO. Während des Kalten Kriegs verlief entlang vieler Streckenabschnitte des heutigen Radweges der „Eiserne Vorhang" (englisch „Iron Curtain"). Im Gegensatz zu dem Projekt „Grünes Band Europa" (Green Belt Europe), einem Biotopverbund, auf dessen Gebiet der Iron Curtain Trail größtenteils verläuft, gibt es keine von dem Radfernweg abzweigende Nebenstrecken. Ein weiterer Unterschied zum Green Belt Europe besteht darin, dass dieses durchweg auf dem Grenzstreifen der ehemals kommunistisch regierten Staaten liegt, während der „Iron Curtain Trail" auf vielen Streckenabschnitten über Wege auf der anderen Seite der Grenze verläuft. Die Zahl der touristischen Gäste, die mit dem Rad, E-Bike oder wandernd an der ehemaligen innerdeutschen Grenze unterwegs sind, steigt jedes Jahr kontinuierlich. Mindestens seit dem 30. Jubiläum des Mauerfalls und der damit verbundenen vermehrten Berichterstattung, Vermarktung und weiteren Thematisierung des Grünen Bandes rückte die ehemalige innerdeutsche Grenze vermehrt in den Fokus von Individualtourist*innen. Sie wollen die letzte „Wildnis" Deutschlands sehen und Gegenden kennenlernen, die ihnen zuvor unbekannt waren. Sie sind erstaunt und erfreut über die Schönheit und Ruhe der Landschaften am Grünen Band. Gerade auch in der Altmark.

Infos

Bikeline-Heft
ISBN Deutsch-Deutscher Radweg (deutschsprachige Ausgabe):
978-3-85000-872-3
ISBN German-German Border Trail (englischsprachige Ausgabe):
978-3-85000-790-0
ISBN Berlin Wall Trail (englischsprachige Ausgabe):
978-3-85000-458-9

Vorträge zum ICT vom Initiator Michael Cramer (ehemaliges Mitglied des Europäischen Parlaments)
E-Mail: michacramer@t-online.de

80 KM-WANDERUNG ZWISCHEN

GRENZLANDMUSEUM
SCHNACKENBURG

Somogyfajsz
1128 km

20

im gesam
Hafenbere

Fischerhaus
Informations-
Zentrum

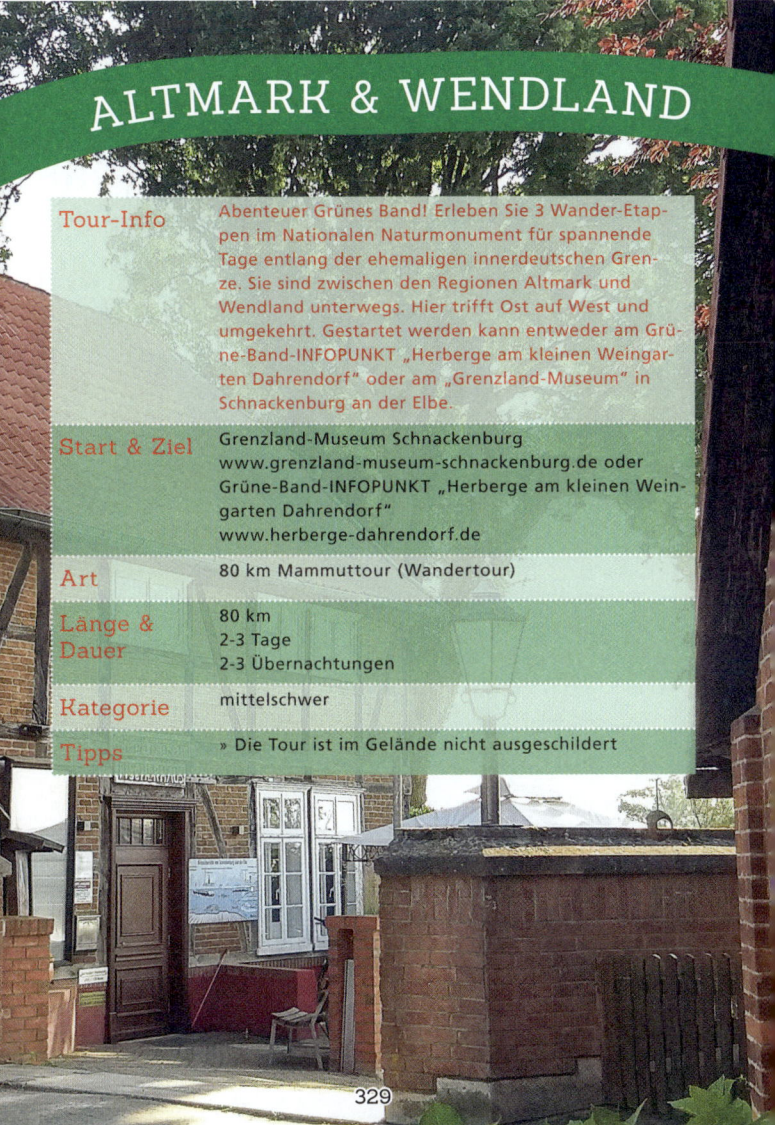

ALTMARK & WENDLAND

Tour-Info	Abenteuer Grünes Band! Erleben Sie 3 Wander-Etappen im Nationalen Naturmonument für spannende Tage entlang der ehemaligen innerdeutschen Grenze. Sie sind zwischen den Regionen Altmark und Wendland unterwegs. Hier trifft Ost auf West und umgekehrt. Gestartet werden kann entweder am Grüne-Band-INFOPUNKT „Herberge am kleinen Weingarten Dahrendorf" oder am „Grenzland-Museum" in Schnackenburg an der Elbe.
Start & Ziel	Grenzland-Museum Schnackenburg www.grenzland-museum-schnackenburg.de oder Grüne-Band-INFOPUNKT „Herberge am kleinen Weingarten Dahrendorf" www.herberge-dahrendorf.de
Art	80 km Mammuttour (Wandertour)
Länge & Dauer	80 km 2-3 Tage 2-3 Übernachtungen
Kategorie	mittelschwer
Tipps	» Die Tour ist im Gelände nicht ausgeschildert

GRENZGEBIET
Sperrzone!
Betreten und Befahren verboten!

Früher verboten, heute erlaubt: Wandern & Radfahren an der alten innerdeutschen Grenze

Der 80 km lange Wanderweg führt durch 20 unterschiedliche Naturräume – Sanddünen, aber auch weite Wiesenlandschaften, Seen oder feuchte Erlenbruchwälder. 1.200 Tierarten, die auf der Roten Liste der gefährdeten Arten stehen, leben im Grünen Band. Ein Biodiversitäts-Hotspot. Der Weg führt zudem zu wichtigen Erinnerungsstätten und geschleiften Dörfern an der ehemaligen deutschen-deutschen Grenze. Unterwegs begegnen Ihnen authentische Menschen, die in den kleinen Dörfern des ehemaligen Sperrgebietes leben – immer schon dort Ansässige oder Zugezogene. Auch die in der Nähe liegenden Städte Lüchow und Salzwedel können besichtigt werden. Tipps zu den Themen Übernachtung und Gastronomie bereichern das Erlebnisangebot dieser eindrucksvollen Tour, die durchaus als „Mammutmarsch" bewältigt werden könnte. Auf zum Grünen Band, dessen offizielles Motto lautet: Vom Todesstreifen zur Lebenslinie.

Amanda Hasenfusz

Infos
Flyer & Kooperationspartner unter:
www.region-wendland.de

Kolonnenweg zum DDR-Grenzturm Dahrendorf

Scannen Sie den OR-Code ein und rufen damit die
Website mit der Karte der Wandertour auf.

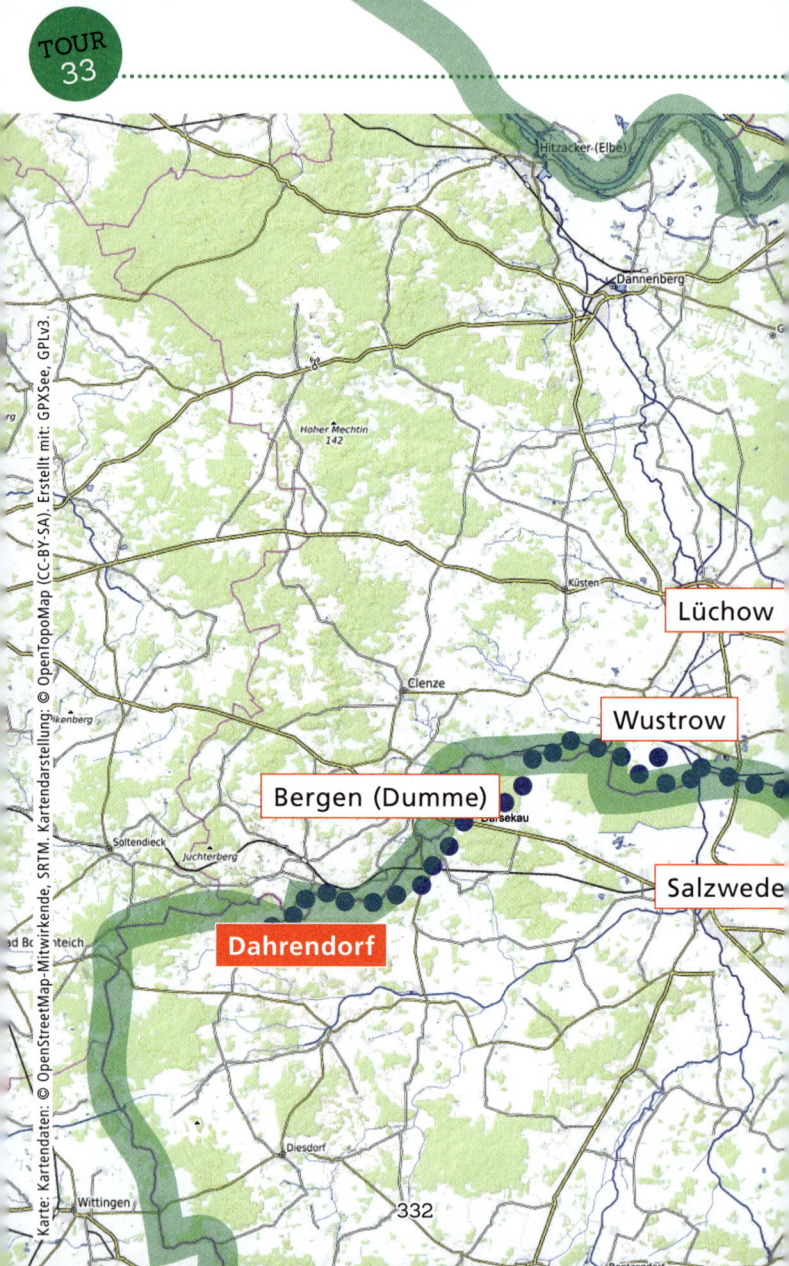

TOUR
33

Hitzacker (Elbe)

Dannenberg

Höher Mechtin
142

Küsten

Lüchow

Clenze

Wustrow

Bergen (Dumme)

Darsekau

Salzwede

Soltendieck

Juchterberg

Dahrendorf

Diesdorf

Wittingen

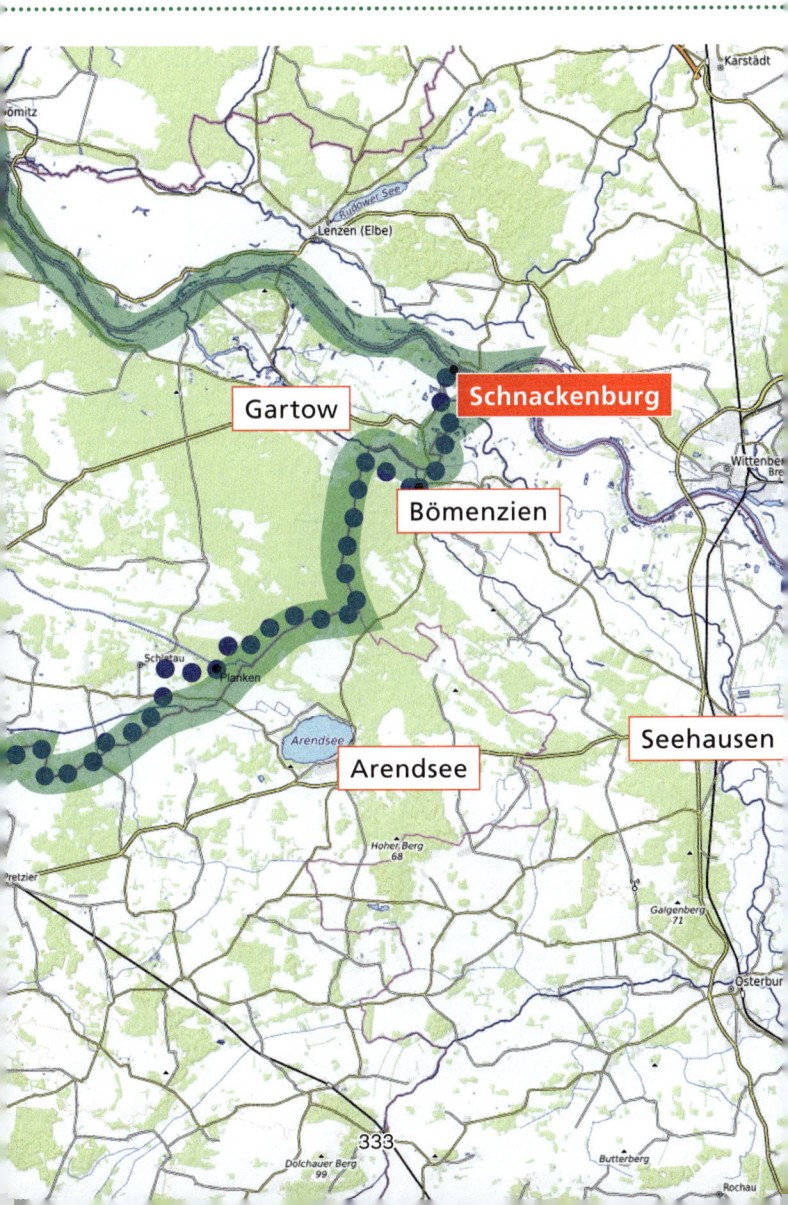

Altmark – Stolze Städte. Weites Land.

Wer in die Altmark kommt, hat die Weite gesucht und gefunden. Entdecken Sie eine Urlaubsregion, die überrascht. Mit kleinen, feinen Hansestädten. Historischen Persönlichkeiten und prächtigen Gutshäusern. Theaterfestspielen und Konzerten. Grünen Wiesen und blauen Seen. Kanutouren und Reiterhof-Ferien. Bauernmärkten und regionalen Spezialitäten.

In der Altmark Aktiv-App oder auf dem Altmarkportal www.altmark.de haben wir für Sie interessante Urlaubsangebote, Aktivtouren zum Radfahren, Wandern, Reiten oder Wasser, herzliche Gastgeber, Gasthöfe und Restaurants, Hofläden und regionale Erzeuger, Kulturerlebnisse und Veranstaltungen abgebildet. Lassen Sie sich von der Vielfalt der einzigartigen Kulturlandschaft Altmark überraschen. Wir freuen uns auf Sie!

Infos

Altmärkischer Regionalmarketing- und Tourismusverband
Marktstraße 13
39590 Tangermünde
Tel. 039322 726010
info@altmark.de
www.altmark.de

 www.facebook.com/RegionalmarketingAltmark

 www.instagram.com/altmark.de/

Die Altmark
Stolze Städte. Weites Land.

Altmark
Stolze Städte. Weites Land.

Eine App.
Alle Infos.

Laden im
App Store

Jetzt bei
Google Play

Danksagung

Ein Buch wie dieses kann nicht ohne Mithilfe und Mitdenken entstehen. Aus diesem Grund danken wir folgenden Personen und Institutionen ganz besonders:

Dr. Alexander Schug
(Omnino Verlag Berlin | Verleger, der die Altmark sehr mag)

Dr. Barbara Fritsch
(Gebietsreferentin Archäologie am Landesamt für Denkmalpflege und Archäologie Sachsen-Anhalt, zuständig u.a. für Altmark)

Dr. Ingo Eichfeld
(Kreis- und Stadtarchäologe Landkreis Gifhorn)

Jürgen Starck
(Grüne-Band-Aktivist der ersten Stunde. Hat sehr viele Ausschilderungen und Führungen am Grünen Band rund um die Wirler Spitze bis nach Hoyersburg vorgenommen)

Uwe Körner
(Bewohner Waddekath | an Historie, Archäologie, alten Handwerkstechniken interessiert)

Wilhelm Ebeling
(viele Jahre Grüne-Band-Exkursionsleiter bei Schmölau | ehrenamtlicher Mitarbeiter im Museum Deutsche Einheit Bad Bodenteich)

Susanne Kamien
(Geschäftsführerin Wendland Regionalmarketing in Lüchow)

Michael Cramer
(ehemaliger Europa-Abgeordneter und Initiator des Iron Curtain Trails | Eurovelo 13)

Ines Agte
(interessierte Bürgerin aus Reddigau)

Prof. Dr. Thorsten Franz
(Ehemann von Amanda | Infos in diesem Buch zum Thema „Geschichte der DDR-Grenzanlagen")

Uwe Katzenberger
(Thüringer Ministerium für Umwelt, Energie und Naturschutz, Referat 43: Schutzgebiete, Grünes Band, Naturtourismus | UNESCO-Thematik)

Ines Godazgar
(Erinnerungskultur | Buch: „Grenzschicksale. Als das Grüne Band noch grau war", Verlag Janos Stekovics 2023)

Landesamt für Denkmalpflege und Archäologie Sachsen-Anhalt (Institut für Landesgeschichte, Bereich Grünes Band)

Landesheimatbund Sachsen-Anhalt e. V. (Projekt „Erinnerungskultur und Engagement am Grünen Band")

...und natürlich allen im Buch erwähnten Menschen, die sich Zeit genommen haben, über ihre Arbeit, ihr Engagement und ihre Leidenschaft für das Grüne Band zu berichten.

Außerdem danken wir für die Unterstützung unserer **Crowdfunding-Aktion** auf startnext: Daniela Pensold, Steuerberaterin A.-K. Muschke, Christian Vatter, 1. Salzwedeler Baumkuchenfabrik, Bettina Hennig, Dorothea Fründ, Ulrike Schreckenbach, Barbara Fritsch.